JN082870

人新世における失われた世界の未来

米国社会の分断と中国社会の権威主義を中心に

安 部 雅 人

The Future of Lost World in Anthropocene

Focusing on Division of American Society and Authoritarianism of Chinese Society

Masato ABE, Ph.D.

序章

　「人新世(Anthropocene)」という言葉は、東京大学大学院総合文化研究科・東京大学教養学部の斎藤幸平准教授が執筆された「人新世の『資本論』」により、今日、広く耳にするようになっている。この「人新世(Anthropocene)」という言葉は、ギリシャ語の「人間の新たな時代」から由来したものであり、人類による地質への影響や生態系に与える影響を鑑み、地質時代における 12,000 年前の農耕革命が始まった時期から現代を含む区分である。

　「人新世(Anthropocene)」の最も若い年代、特に第一次世界大戦後から今日に至る時期においては、人類の技術革新が飛躍的に進んだ時期である。特に 21 世紀以降においては、グローバル化による世界的な社会経済の発展と共に地球環境の変動が劇的に増加することになり「人新世(Anthropocene)」における「Great Acceleration(大加速)」と呼ばれるようになった。この「人新世(Anthropocene)」における「Great Acceleration(大加速)」の特徴は、地球温暖化等の気候変動、大量絶滅による生物多様性の喪失、リサイクルが難しい化学物質の大量排出による生態系への影響、化石燃料の燃焼による汚染物質の増加等により、地球全体の生命体が絶滅を含む危機的状況に陥る等、多岐に渡っている。特にその多くが人類の活動が原因とされている。

　他方、「人新世(Anthropocene)」における「Great Acceleration(大加速)」の状況下において冷戦後の旧ソビエト連邦の崩壊により誕生したロシアは、その初期においてペレストロイカによる社会構造の変化および急激なグローバル化の波にうまく対応できず、国内の経済的な混乱、国力の低下といった「負の側面」に晒されていくことになる。それに対して、中華人民共和国(以下、「中国」という。) は、国際世論の厳しい批判を受けながらも冷戦後に発生した「第二次天安門事件」を武力鎮圧により収束させた中国共産党中央軍事委員会主席 (1981 年～1989 年) 鄧小平(以下、「鄧小平」という。) の決断により「改革開放」路線の継続を進めていった結果、高い経済成長を遂げると共に「世界の工場」としての地位を揺るぎないものにしていったのである。

　実際、中国の台頭により、外交戦略・経済戦略・安全保障戦略・環境戦略等に係るパワー・バランスに変化が生じている。「国際政治経済の重心」が大西洋から太平洋に移行したことで、アジア太平洋地域は、世界の「国際政治経済の重心」となりつつある。そして、その将来の行方は、世界的な関心の対象となっている。

　経済的な側面からみると、2022 年時点では、世界第 1 位の経済大国がアメリカ合衆国(以下、「米国」という。)であり、第 2 位が中国であり、そして第 3 位が日本である[1]。こうした世界の最も巨大な三つの経済大国がアジア太平洋地域を取り囲んでいるところを軍事大国であるロシアが北から注視している。それ故にアジア太平洋地域は、世界で最もダイナミックかつ世界で最も注目される重要な地域になっている。そして、同時に、この地域では、領土問題や安全保障上の対立が溢れており、偶発的な軍事衝突が起こりうる緊張も数多くみられる。そのため、この地域における今後の動向が将来の世界秩序の行方を大きく左右するといっても過言では、ない。

　そこで本著書は、**「人新世における失われた世界の未来」** と題して、「人新世(Anthropocene)」における「Great Acceleration(大加速)」の状況下における米国社会の分断と中国社会の権威主義について分析し考察すると共に今後の米中両国を含む国際社会の外交戦略・経済戦略・安全保障戦略・環境戦略等の特徴について論じるものである。

　なお、本著書は、序章を除く 9 章によって構成されている。各章のエッセンスについては、次のとおりである。

第 1 章は、「米国社会におけるトランプ政権の登場と影響」である。
　本章では、2020 年米国大統領選挙について検証して論じると共に第 45 代米国大統領(2017 年～2021 年)ドナルド・ジョン・トランプ(以下、「トランプ」という。)政権における光と影について分析し考察している。

　現在、第 46 代米国大統領(2021 年～)ジョセフ・ロビネット・バイデン・ジュニア(以下、「バイデン」という。)政権による消極的な外交姿勢により、中国共産党中央委員会総書記(2012 年～)・国家主席(2013 年～)習近平(以下、「習近平」という。)政権による香港での民主派への弾圧、台湾侵攻の危機、アフガニスタンにおけるタリバン政権の復活、ロシアによるウクライナ侵攻等、国際秩序が大きく乱れている。そのため、安定的な支持層を持つトランプが 2024 年米国大統領選挙に立候補すれば、当選する可能性が高いともいわれている。つまり、間もなく第二次トランプ政権がみられるということである。その前に、トランプ政権の外交問題・経済問題・安全保障問題等と共に環境問題・内政問題・社会福祉問題等について独自の判断と戦略により、全て「ディール(deal)」により解決しようとする特徴や 2020 年米国大統領選挙の投票状況について振り返り検証する必要がある。特に 2020 年米国大統領選挙については、大接戦であり、各州における開票状況の変化は、注目に値するものであった。開票序盤は、トランプが優勢であり、本人が「勝利宣言」を発したものの、開票中盤から劣勢となった。そして、開票終盤となり、挽回が難しくなっても、結局、トランプは、2020 年米国大統領選挙での「敗北」を認めなかった。確かに激戦州の開票結果をみると、郵便投票がなければ、逆の選挙結果となり、トランプが 2020 年米国大統領選挙に勝利し、大統領に再選されていた可能性が高かったといえる。

　他方、トランプ政権の主要公約であった減税、規制緩和、対外的に強気の通商政策の「3 本の矢」で構成するトランポノミクス(トランプ政権の経済政策)における実績としては、プラス面とマイナス面の両方があった。プラス面は、トランプの減税と歳出拡大が効果を上げたことであるが、元々、これは、トランプが 2016 年に大統領に就任した時点において米国経済が依然として景気刺激策を必要としていたからである。

その一方で、マイナス面は、景気刺激策により需要を伸ばしたことによって得られた成功によって、米国にとって保護主義的な貿易政策により経済への打撃を見えづらくしたことである。

また、トランプの対中国政策では、「新冷戦」と一部で呼ばれる程、米中両国の対立が激化したものの、それもトランプ流の「ディール(deal)」を導くための戦術であるとしたら、トランプ政権の4年間において世界は、彼の術中に嵌り、彼の手の平で踊っていたことになる。

第2章は、「トランプ政権下における米中対立と安全保障戦略」である。

本章では、トランプ政権下における米中対立状況について分析すると共に北大西洋条約機構(North Atlantic Treaty Organization：NATO)(以下、「NATO」という。)分担金について米国負担分の減額を求める等、安全保障戦略にマネジメント手法を取り入れたトランプ政権の特徴やトランプ政権下おける安全保障上の対立軸と同盟関係について分析し考察している。

米国では、対中強硬姿勢のさらなる強化の必要性について、民主党および共和党が共に合意できる数少ないテーマとなっており、米国側からの米中関係の修復は、当然見込めないことになる。もし、米中関係の修復が見込めるとするならば、中国側からの歩み寄りが必要であるが、現状を踏まえると米中関係の修復は、期待できない状態が続いている。Allison(2018)が「トゥキディデスの罠：覇権国と新興国との対立」として論じているとおり、国際社会のトップにいる国がその地位を守るために現状維持を望む一方で、台頭する国は、トップにいる国に潰されることを懸念して既存の国際ルールを自分に都合が良いように変えようと試みる。その結果、トップにいる国と台頭する国が直接的な衝突に発展することになる。つまり、軍事予算上、世界第1位の米国に対して、世界第2位の中国が挑む状況が続くパワーゲームの中で米中両国は、直接的な衝突に発展する危険性を孕んでいることになる。

他方、米中関係の対立により、経済界は、冷戦時代のようなデカップリングを懸念しているものの、グローバル化の進展に伴い、米国経済は、「世界の工場」である中国への経済的な依存度を高めており、簡単には、デカップリングは、引き起こされないと考えられている。国際通貨基金(International Monetary Fund：IMF)(以下、「IMF」という。)によると、対中貿易額が対米貿易額を上回る国は、中国の世界貿易機関(World Trade Organization：WTO)(以下、「WTO」という。)加盟を契機に急速に増加したといわれている。2017年12月に開催された中国共産党第19回全国代表大会において習近平が「人類運命共同体」を掲げた背景には、新興国および発展途上国の盟主として中国が確固たる地位を築いたことに対する強い自信と自負の存在が挙げられる。

第3章は、「米国社会における差別問題と負のスパイラル」である。

本章では、米国社会における黒人若しくはアフリカ系もインドのカースト制度と同様に、「人間であって、人間では、ない」という人工的な身分制度の最下層に抑え込まれてきた歴史的および社会的経緯について論じると共に保守層とリベラル層との対立による黒人に対する締め付けが時には、強化され、時には、緩和される中で生じているメカニズムについて分析し考察している。

米国のカースト制度の上層に属する奴隷所有者の白人は、キリスト教の教えに絡めながら「黒人若しくはアフリカ系は、人間では、ない」と決め付けることで、黒人若しくはアフリカ系をどれだけ酷使し、虐待し、残虐に殺したとしても、「自分は、良きキリスト教徒である」として罪悪感を覚えることは、なかったのである。

また、米国のカースト制度で階層の低い層に属している貧しい白人は、「自分は、生まれつき白人」というだけで「黒人若しくはアフリカ系よりは、優れた存在だ」と安心し、自分にプライドを持つことができたのである。こうしてみると、米国での黒人若しくはアフリカ系への差別は、ただの偏見による差別ではなく、政策や社会の慣習等を使ってカーストの下層の者をそこから抜け出せないようにするための「構造的差別」であったと考えられる。

2020年5月25日、ミネアポリス近郊にて、黒人男性のジョージ・ペリー・フロイド・ジュニア(以下、「フロイド」という。)が警察官の不適切な拘束方法によって死亡させられといった事件(以下、「フロイド事件」という。)が発生している。その結果、米国各地にて、ブラック・ライヴズ・マター(Black Lives Matter)(以下、「BLM」という。)の抗議運動が広まり、BLMの抗議行動が米国内各地で沸き上がった結果、民主党内から、バイデン政権に対して警察の過剰な実力行使を規制する法律の施行が求められたのである。

しかしながら、BLMの抗議行動は、警察官が警察署を放棄する等の事態に追い込み、その結果、警察による治安維持ができない「警察の空白地帯」を生み出したことから、黒人若しくはアフリカ系による暴行や略奪等の犯罪が米国各地にて発生する等して、地域の治安が悪化し、犯罪発生件数も増加する等の事態に陥っている。このような状況下で、もし、バイデン政権が警察組織の関連改革を推し進め、警察の過剰な取り調べを規制する法律を施行すれば、警察による治安維持に支障をきたすようになり、犯罪検挙率の下降が避けられない。当然ながら、警察による治安維持が弱まれば、民間人による自衛目的による銃の重武装化が進むことになる。そして、銃による大量殺人事件が増加すれば、銃規制の強化が世論として沸き上がり、それと共に警察による治安維持および犯罪検挙の強化が求められる。もし、そうなれば、当然ながら黒人若しくはアフリカ系容疑者に対する警察による取り調べが強化されることになる。その結果、フロイド事件のような黒人若しくはアフリカ系に対する誤認逮捕や警察による過度な取り調べによる傷害致死事件等が多発するようになり、BLMの抗議行動のようなムーブメントが再び全米各地にて発生することになる。これこそが米国社会における警察・犯罪・銃を巡る負のスパイラルの構図である。

米国社会における警察・犯罪・銃を巡る負のスパイラルについては、そのアクター毎に「民主党等のリベラル層による支持」と「共和党等の保守層による支持」が異なる。例えば、「BLMのような警察に対する抗議行動の激化」、

「警察の過剰な実力行使を規制する法律の施行」、「銃による大量殺人事件の増加による銃規制の強化」等については、「民主党等のリベラル層による支持」が強い。それに対して、「黒人若しくはアフリカ系による犯罪の増加および治安の悪化への対策強化」、「民間人による自衛目的による銃の重武装化」、「警察による治安維持の強化および犯罪検挙率の上昇」、「黒人若しくはアフリカ系の容疑者に対する警察による圧力および強硬な姿勢」等については、「共和党等の保守層による支持」が強い。つまり、「民主党等のリベラル層による支持」と「共和党等の保守層による支持」がアクター毎に交互に興隆し、入れ替わりながら米国社会における警察・犯罪・銃を巡る負のスパイラルを形成していることが判る。その結果、米国社会における差別問題が永久に解決されない要因となっている。

第 4 章は、「中国における『社会主義現代化強国』の実現とエネルギー資源調達のリスク分散」である。

本章では、中国における「社会主義現代化強国」の実現のために掲げた目標について分析すると共に中国が国内の環境保全と地球温暖化対策のために天然ガスの輸入拡大や新エネルギーの研究開発を積極的に進めている点について分析し考察している。

中国は、5 年に 1 度の中国共産党第 19 回全国代表大会(2017 年 12 月)において「30 年間の強国長期構想」を発表している。その中では、21 世紀半ばまでの 30 年間を 2 段階に分けて「社会主義現代化強国」を実現する時代としている。「社会主義現代化強国」を実現する時代の第 1 段階は、2020 年から 2035 年までとしており、具体的には、「経済力・科学技術力の向上」、「イノベーション型国家の構築」、「国家統治システム・能力の現代化」、「文明度の向上」、「文化的ソフトパワーの補強」、「中華文化に対する中国政府の影響力の行使」、「中所得層のボトムアップ」、「都市と農村間の発展格差の縮小」、「全国民の共同富裕の実現」、「現代的社会統治の実現」、「生態環境の改善による美しい中国の実現」等の目標を掲げている。

他方、新型コロナウイルス感染症(COVID-19)の蔓延拡大は、世界のエネルギーシフトを加速させ、人間の働き方を変えたともいえる。そして、企業や政府が脱炭素に一気に舵を切ったことで、旧来の石油・天然ガス・石炭等の化石燃料を巡っての覇権争いから脱炭素に必要な新しいエネルギーの確保に向けた覇権争いに移りつつある。

実際、脱炭素が世界的な大きな課題である中で、中国は、再生可能エネルギーやリチウムイオン電池等について供給網を通じた新戦略を打ち出しており、脱炭素の分野において世界をリードしている。確かにグローバル化が進展した世界では、産業の分業化が進んでいることから、米国との間で戦略的な同盟関係を持つ国といえども、中国からの供給網を無視することは、できない。今後、中国は、グローバル経済における供給網の重要な役割を担い続けるものであり、世界各国は、新型コロナウイルス感染症(COVID-19)のような疫病のリスクならびに米中対立による外交上の圧力および安全保障上の圧力による供給網の混乱に対して抵抗力を持つ必要がある。

現在、世界で 14 億台あるといわれている自動車は、2050 年には、さらに 20 億台まで増えるといわれている。その 3 分の 1 が電気や水素燃料に置き換わるとしても、残り 3 分の 2 は、そのまま石油を燃料として引き続き使用される。今後、新型コロナウイルス感染症(COVID-19)等の感染症の蔓延拡大防止のために、医療用機器の部品やフェースシールド等、化石燃料を原料とするプラスチックの需要が高まれば、化石燃料と新技術のミックスシステムが必要となる。それに加えて炭素回収等の新技術の開発も進めば、化石燃料を使用するデメリットが低減されることから、今後も世界は、石油関連産業を必要とすることになり、石油関連産業が消滅することには、ならないのである。それでも、将来的に脱炭素の流れは、変えられないものであり、水素社会の実現が期待されている。

実際、中国は、国家事業として莫大な資金を投入して水素技術の研究開発等を進めている。それに対してパリ協定からの離脱等の地球温暖化対策に背を向けたとされるトランプ政権期の「空白の 4 年間」は、米国にとって水素技術や脱炭素技術の分野における研究開発の点での停滞を引き起こしたといえる。そして、米国は、この分野において中国の大きな躍進を許すことになったのである。

第 5 章は、「中国の『核心的利益』と『一帯一路』構想」である。

本章では、中国の「核心的利益」と「一帯一路」構想にある「陸のシルクロード」や「海のシルクロード」による経済開発を駆使した外交戦略・経済戦略・安全保障戦略・環境戦略等について分析し考察している。

中国については、習近平政権の下での「社会主義現代強国」の実現のために、マラッカ海峡を通過しない石油の調達や石炭から天然ガスへのエネルギーシフトを進めている。そのため、中国は、LNG 輸入を拡大させている一方で、トルクメニスタン、ミャンマー、ロシアからの天然ガスパイプライン網を整備させている。

また、「一帯一路」構想にある「陸のシルクロード」や「海のシルクロード」による経済開発の推進により、中国の外交戦略・経済戦略・安全保障戦略・環境戦略等の点でも「変化」がみられる。

今後、習近平は、かつて中国共産党中央委員会主席が 1945 年から 1976 年に死去するまで手放さなかった中国共産党の最高指導者ポストである中国共産党中央委員会主席を復活させて、就任したいと考えている。中国共産党中央委員会主席・習近平が実現すれば、実質的に、中国における終身最高指導者となる。

現在、中国は、世界の工場としての経済的な地位を築いており、今後、さらなる外交戦略・経済戦略・安全保障戦略・環境戦略等の点において影響力の誇示をみせようとしている。そうした中で、習近平政権は、① 中国共産党を中心とした習近平による独裁・新中華思想の展開、② 中国経済の安定に必要なシーレーンの確保・エネルギー資源の需給の安定・石油および天然ガスパイプライン・プロジェクトの推進・国際市場の確保、③ 新興国および発展途上国への対外援助の増加・国際社会での中国の役割および地球温暖化対策への取り組み・国際連合の専門機関および関連機関における中国人の代表選出等、これら 3 つの項目について重視している。

第6章は、「中国社会におけるウイグル人」である。

　本章では、中国西部にある新疆ウイグル自治区内にて生活する少数民族ウイグル人に焦点を当て、ウイグル社会における貧困問題、中国政府によるウイグル人への弾圧と同化政策の状況について分析し考察している。

　新疆ウイグル自治区内において混在しているウイグル人等の少数民族と漢族との関係は、特定地域における民族間の勢力均衡の様相を呈している。両者の関係については、(仮称)特定地域における民族間の勢力均衡論(ドミノ式)の観点から分析し考察している。そして、ここでは、他の勢力均衡のパターンも含めて3つに分類している。

　他方、農村のウイグル人女性は、伝統的慣習による早婚等の要因により、低学歴に陥り易い。そして、こうした要因により、早婚による離婚や低い経済生活水準等が相まって、「貧困のスパイラル」といった悪循環に陥っている。1980年代に中国共産党中央委員会総書記(1982年～1987年)胡耀邦(以下、「胡耀邦」という。)が国務院副総理を務めた頃には、チベット政策やウイグル政策についても寛容な政策がとられ、新疆ウイグル自治区内でもウイグル語が自由に使われ、外国人や漢族相手の観光ビジネスもウイグル人の間で盛んに行われていたのである。その結果、バザールも賑わい、ウイグル人の多くが経済的な余裕を感じていたのである。当時は、漢族とウイグル人との関係も良好なものであり、ウイグル人が経営する葡萄園にて食事をする漢族の姿も多くみられたのである。

　しかしながら、そうした状況は、習近平が政権に就くと一変する。漢族に対するテロ行為等をきっかけにして中国政府は、ウイグル人に対して、一方的な封じ込め政策に奔ることになる。例えば、ウイグル語教育の廃止やウイグルの歴史文化教育に対する規制である。そして、モスクが「テロ活動の温床になっている」という憶測の下、厳しい監視が行われている。残念ながら、ウイグル人と同じテュルク語系の民族で構成されているトルコやイスラムの盟主であるサウジアラビア等のイスラム諸国もウイグル人に対する弾圧に関して、中国政府に対する強硬な姿勢を示すことは、ない。これは、外交戦略・経済戦略・安全保障戦略・環境戦略等の点において中国の力が大きくなり、トルコやサウジアラビア等のイスラム諸国もこうした点を鑑みながら、様々な角度から中国に対して配慮する必要があり、中国との友好関係を壊したくないという思惑が存在しているからである。

第7章は、「国立大学の法人化と門戸開放」である。

　本章では、国立大学の法人化に伴い国立大学が独自改革を進める中で、国立大学の多くが「第3期中期目標・中期計画」および「第4期中期目標・中期計画」に沿う形で「産学連携」、「大学のグローバル化」、「大学の国際化の推進」、「リカレント教育の充実」等を掲げ、門戸開放の形により外国人留学生(以下、「留学生」という。)の受け入れの増加に取り組んでいった点について分析し考察している。

　国立大学の多くが自分たちで提出した「第3期中期目標・中期計画」および「第4期中期目標・中期計画」の内容に沿う形で、「産学連携」、「大学のグローバル化」、「大学の国際化の推進」、「リカレント教育の充実」等を目指している。そして、「産学連携」、「大学のグローバル化」、「大学の国際化の推進」、「リカレント教育の充実」等を反映させるかのように、「国際教養」、「未来」、「創造」、「産学連携」、「国際グローバル」、「復興」、「地域創生」、「男女参画」等の冠名が付けられた学部や研究センター等の組織整備が図られている。その結果、国立大学の多くが個性や特徴のない横並び的な組織形態となり、所謂「金太郎飴」のような状態になっている。こうした状況下において国立大学の多くが学部・学類一つのとして教育学・人文科学・社会科学系の分野を今後も組織上、存続していくためには、中国・台湾・韓国等の漢字圏からの留学生を多く受け入れることにより、「第3期中期目標・中期計画」および「第4期中期目標・中期計画」によって齎された「産学連携」、「大学のグローバル化」、「大学の国際化の推進」、「リカレント教育の充実」等といった目標を達成する必要があると考えたのである。

　実際、国内の大学では、「大学の国際化」が最重要課題の一つとなっており、国立大学を中心に留学生の受け入れが盛んに行われている。

　当初、留学生の受け入れは、国際貢献と国家間の友好促進をその主な目的としていたが、グローバリゼーション下の新たな国際戦略として留学生により日本社会が活性化することが期待されるようになると、日本政府の政策として留学生に対する就学ビザが容易に発給されるようになったのである。その結果、国立大学の多くが留学生の受け入れを増やしていったのである。

　しかしながら、国立大学の多くが「産学連携」、「大学のグローバル化」、「大学の国際化の推進」、「リカレント教育の充実」等の名の下、優秀な留学生の受け入れのために奔走していく中で、国立大学の多くが非漢字圏の国からの留学生の受け入れが極めて難しいことを実感する。その結果、国立大学の多くが漢字圏の国からの留学生の受け入れに頼ることになったのである。例えば、大学院教育の場合、中国から東北大学大学院を含む日本国内の大学院への留学状況についてみてみると、経済成長が進む中国において北京大学や清華大学等の中国を代表するエリート層が学ぶ有名大学の出身者や富裕層に属する学生は、欧米諸国の大学院への留学を希望することが多く、東北大学大学院を含む日本国内の大学院への留学を希望する学生が少ない。その結果、北京大学や清華大学等の中国を代表するエリート層が学ぶ有名大学の出身者では、なく、地方部にある公営大学や民営大学、そして、その中にある独立学院等の出身者で富裕層にも属さない者たちが東北大学大学院を含む日本国内の大学院への留学を希望するようになったのである。その結果、東北大学大学院を含む日本国内の大学院は、地理的に中国にも近いことから、国費外国人留学生として選考されずに私費留学生として入学したとしても、授業料を全額免除にしてくれる可能性が高く、留学中は、低廉な国民健康保険料により医療サービスも受けられる等、中国からの留学生にとって優遇された留学環境の下で自らのキャリアアップを可能とする貴重な学術機関となったのである。

第8章は、「現代の『進撃の巨人』：中国の進路」である。

本章では、外交戦略・経済戦略・安全保障戦略・環境戦略等の点において現代の「進撃の巨人」ともいうべき中国の進路について分析し考察している。

実際、中国の購買力平価(Purchasing Power Parity：PPP)(以下、「PPP」という。) に基づく国内総生産(Gross Domestic Product：GDP)(以下、「GDP」という。)は、大きく伸び続けており、他国を圧倒する巨大な中国の経済力は、今後、30年間、世界を舞台に、その影響力の行使を続けていくものと考えられている。

しかしながら、世界最大の人口を誇る中国は、「一人っ子」政策の影響もあり、人口が減少に転じており、今後、インドよりも人口が下回ると予測されている。こうした中で、中国は、「一帯一路」構想にある「海のシルクロード」の下で将来的に「人口ボーナス」による人口増加が予測されているアフリカ等の新興国および発展途上国への投資を増やし続けている。そのような背景には、中国が新たな市場の構築と共に将来の労働力の確保を念頭に置いているからである。そこには、トランプ政権でみられた「米国第一主義」による国内の自国民を優先する保護貿易政策では、なく、中国を含めた世界を一体とするグローバル市場の構築により、国境を越えて自由な「ヒト」・「モノ」・「カネ」の流通を図ることで、今よりも大きな中国勢力圏および中国経済圏を生み出そうとしている。つまり、これは、世界が中国に飲み込まれることを意味しており、中国は、まさに現代の「進撃の巨人」として「地ならし」により世界を制覇しようとして突き進んでいるといっても過言では、ない。

他方、国の人口は、国力の維持と密接に関わっている。例えば、Cline(1975)は、「国力量方程式」として Pp=(C+E+M)×(S+W)(※国力=([基本指標：人口＋領土]＋経済力＋軍事力)×(戦略目的＋国家意思))を提唱している。Cline(1975)の「国力量方程式」を基に米国および中国他6か国における人口・領土＋経済力＋軍事力といった普遍的要素について、最近の統計等の資料からポイントに置き換え、これらの合計値に戦略目的評価(※係数=25点満点)および国家意思評価(※係数=25点満点)を合算した数値を乗じると各国の「国力」を算定することができる。この場合、戦略目的評価(※係数=25点満点)としては、対外政策・経済政策・エネルギー政策・環境政策・安全保障政策等を各国毎に評価している。そして、国家意思評価(※係数=25点満点)としては、政策意思決定の迅速性、国際機関における発言力、政局の安定性、指導者のリーダーシップ力、国民からの支持等を各国毎に評価している。

現代の中国は、民主主義と自由主義、民主的な選挙制度、国家権力を制限する「法の支配」、司法・立法・行政の権力分立により勢力均衡を図るための「三権分立」制度、基本的人権の尊重等を軽視若しくは否定している中で、外交戦略・経済戦略・安全保障戦略・環境戦略等の点において他国に対する影響力を行使し続けている。こうした点については、日本、東アジア諸国、欧米諸国、オセアニア諸国にとっても大きな脅威となっている。それに対して、EUを中心とする欧州諸国は、中国との間で安全保障上の直接的な衝突の可能性が低く、中国との経済的な結びつきも強いことから、「文化大革命による社会の混乱」・「将来の中国を担う人材として嘱望された大学生等の多くの若い命が失われた第二次天安門事件」・「中国初のノーベル賞を受賞した劉暁波による零八憲章」・「香港における民主派への弾圧」・「台湾の独立問題」・「チベット人やウイグル人等に対する国内における少数民族問題」等の禁句テーマ(以下、『中国禁句テーマ』という。)について、大事な貿易相手国である中国を直接批判して経済制裁を科すようなことは、しない。米国のバイデン政権も外交戦略・経済戦略・安全保障戦略・環境戦略等の分野において中国との直接的な衝突を望んでいない。それは、日本でも同じことがいえる。

かつて、1938年9月に、旧チェコスロバキアのズデーテン地方の帰属問題を解決するためにドイツのミュンヘンにおいて開催された「ミュンヘン会談」では、「古典ドイツ語(イデッシュ語)を話すドイツ系住民が多数を占めていたズデーテン地方をドイツに帰属すべきだ」と主張した旧ドイツ帝国(第三帝国)総統のアドルフ・ヒトラー(以下、「ヒトラー」という。)に対して、英国およびフランスが「これ以上の領土要求を行わない」との約束を条件に、ヒトラーの要求を全面的に認めている。1938年9月29日付で署名された、この「ミュンヘン協定」は、後に「第二次世界大戦を誘発した宥和政策の典型」とされている。そのような国際政治史の一幕を鑑みると、中国と日本、東アジア諸国、欧米諸国、オセアニア諸国との間にある「価値観の相違」がやがて大きな軋轢となり両者間の大規模な衝突になることを危惧するものである。

他方、日本を含む欧米諸国に対して外交上の揺さぶりをかけ続け、「一帯一路」構想にある「陸のシルクロード」や「海のシルクロード」を駆使しながら経済開発を進めている中国やウクライナ侵攻によって国力を消耗させているロシアにとって上海協力機構(Shanghai Cooperation Organization：SCO)(以下、「SCO」という。)は、外交戦略・経済戦略・安全保障戦略・環境戦略等の分野においてユーラシア全体に大きな影響を与えることができる多国間協力組織であり、民主主義と自由主義、民主的な選挙制度、国家権力を制限する「法の支配」、司法・立法・行政の権力分立により勢力均衡を図るための「三権分立」制度、基本的人権の尊重等といった日本を含む欧米諸国の価値観に捉われずに参加国が自らの優位性を引き出しながら経済および文化等の点で交流を深めることができる貴重な国際連携組織でもある。外交および安全保障の点で対立している国々がSCOでは、「呉越同舟」の状態で同じ参加国として存在している点も大きな特徴である。例えば、国境問題により外交および安全保障の点で対立している中国・インド・パキスタン、ナゴルノ・カラバフ紛争にて武力衝突したアゼルバイジャンやアルメニア、米国の撤退後にタリバン政権が復活したアフガニスタン等もSCOの参加国である。

実際、アフガニスタンのタリバン政権は、イスラム原理主義を主体する「鎖国国家」を望んでおらず、国内経済の安定と外交上の孤立を避けるために中国およびロシアに接近しながら、SCOの正式加盟に関心を寄せている。

今後、タリバン政権が SCO への正式加盟を実現するためには、国内においてタリバン政権の主体となるパシュトゥーン人以外で、アフガニスタンに隣接し、SCO の原加盟国でもあるタジキスタンの主要民族であるタジク人への配慮もしなければならない。つまり、タリバン政権としては、国内のパシュトゥーン人以外の他の民族に対しても弾圧ではなく、融和を求めて慎重に対処していかなければならないことになる。今後、SCO は、日本を含む欧米諸国とは異なる価値観を内在させながら、参加国を増やしていくと共に日本を含む欧米諸国と対立する国々を取り込みながら多国間協力組織および国際連携組織としてユーラシアにおける重要な役割を担うことになる。

**　終章は、「人新生における失われた世界の未来」である。**

　本章では、アジア太平洋地域における「価値観の相違」、グローバル化と貧困、「改革開放」と中国の産業立国化、米国と中国における国内での経済的格差、米国のアフガニスタン撤退と中国の進出、欧米諸国および中国におけるロシア産天然ガスに対する輸入戦略の違い等を踏まえながら、第 35 代米国大統領(1961 年～1963 年)ジョン・フィッツジェラルド・ケネディ(以下、「ケネディ」という。)が唱えた「平和のための戦略」について分析し考察している。建国以来、孤立外交による「モンロー主義」を標榜してきた米国だが、20 世紀に入ると 2 回の世界大戦やキューバ革命、ベトナム戦争等の局面で常に外交および軍事的な介入を選択すると共に「世界の警察官」として民主主義と自由主義、民主的な選挙制度、国家権力を制限する「法の支配」、司法・立法・行政の権力分立により勢力均衡を図るための「三権分立」制度、基本的人権の尊重、資本主義等を護るために外交戦略を展開してきたといえる。

　当時、社会主義国家であった旧ソビエト連邦を中心とする旧社会主義陣営にとって、これらは、相対する価値観であったことから、米国は、民主主義と自由主義、民主的な選挙制度、国家権力を制限する「法の支配」、司法・立法・行政の権力分立により勢力均衡を図るための「三権分立」制度、基本的人権の尊重、資本主義等の価値観を広めることで旧ソビエト連邦を中心とする旧社会主義陣営は、自ずと瓦解し崩壊するものと考えていたのである。

　しかし、冷戦後、米国は、相手が明確な冷戦期の戦争よりも、誰が敵か味方かもわからない部族間の地域紛争に介入することについて不安を感じるようになる。そして、こうした米国の不安は、2001 年に発生した同時多発テロ事件後のアフガニスタンやイラクでの戦いにおいて米国に経験させることになる。

　他方、「もはや米国は、『世界の警察官』ではない」と宣言し、「新たな戦争を起こさない」と公約して 2009 年 1 月に第 44 代米国大統領(2009 年～2017 年)に就任したバラク・フセイン・オバマ 2 世(以下、「オバマ」という。)が示した米国の外交姿勢および安全保障上の方針転換にいち早く反応したのがロシアおよび中国であった。

　実際、オバマは、2014 年にロシアがクリミアを併合した時でも軍事展開を見送っている。そして、中国が南沙諸島海域に侵出し、2016 年 7 月 12 日、オランダのハーグにある常設仲裁裁判所において九段線に囲まれた南沙諸島海域について「中国が主張してきた歴史的権利について、国際法上の法的根拠がなく、国際法に違反する」と判決が下され、中国がそれに無視する姿勢をみせても、オバマは、南沙諸島海域における軍事展開を見送っている。

　その後、オバマ政権後に誕生したトランプ政権は、米中の対立が深まる中、オバマ政権による「話し合い外交」を弱腰と考えていたが、4 年間の統治を終えると、トランプ政権後に誕生したバイデン政権は、オバマ政権と同じく「話し合い外交」により習近平との対話を模索するようになる。その一方で中国は、「一帯一路」構想にある「陸のシルクロード」や「海のシルクロード」を駆使しながら経済開発を展開するのであった。そして、中国にとって海外における重要性の高い港湾拠点の整備ならびに石油および天然ガス、レアメタル等の確保のために、中国は、インド洋やアジア太平洋の諸国、アフリカ諸国等を中心に対外援助による多額の資金貸与を続けている。その結果、一部の国では、その返済が国家財政を圧迫させて、財政破綻に追い込まれた国も現れている。

　かつて、ケネディは、米国の若者に対して、「真の『世界平和』のためには、米国国民だけの利益を追求するだけでは、なく、他国の国民の利益を擁護すると共に絶え間ない地道な努力と時代の趨勢に柔軟に対応できる行動を身に付けながら、世界中の人々と協力して自信をもって『世界平和』への戦略に向かって進むべきである」と訴えていた。当時は、米ソ冷戦の最中であり、「核戦争」による危機も生じており、米ソ間における社会的価値観やイデオロギーにおいて大きく異なる点が数多くあったのも事実である。ケネディは、そうした点を踏まえた上で「世界平和」に向けた弛まない努力と柔軟な姿勢による戦略的な対応を人類の将来を担う若者に対して問いかけ、それを求めたのである。そして、ケネディ亡き後の世界では、冷戦が終結し、旧ソビエト連邦も消滅している。確かに人類の滅亡を招く「核戦争」の危機は、低減したものの旧ソビエト連邦を受け継いだロシアおよび中国ならびに新興国および発展途上国の中からも民主主義と自由主義、民主的な選挙制度、国家権力を制限する「法の支配」、司法・立法・行政の権力分立により勢力均衡を図るための「三権分立」制度、基本的人権の尊重等を軽視若しくは否定する権威主義国家が台頭するようになり、政府が国民を力によって弾圧するケース等も増えている。その結果、現代世界では、「核兵器」の脅威よりも、民主主義と自由主義、民主的な選挙制度、国家権力を制限する「法の支配」、司法・立法・行政の権力分立により勢力均衡を図るための「三権分立」制度、基本的人権の尊重等といった人類が多くの犠牲を払いながらも長い時間をかけて培ってきた「英知」が破棄されるといった脅威を目の当たりにするようになる。そして、同時に人類は、国境を跨ぐ「難民の発生」という問題も抱えるようになっている。こうした点では、61 年前にケネディが問いかけて求めた『平和のための戦略』に向かって人類は、進み続けなければならない」といった言葉が現代の我々の心に強く響くものであり、重く感じられるのである。

　2024 年　春よ　遠き春よ　春風

安 部 雅 人

第1章　米国社会におけるトランプ政権の登場と影響

第1節　はじめに

　新型コロナウイルス感染症(COVID-19)が収束しない状況下においてアメリカ合衆国(以下、「米国」という。)大統領の再選が揺らいでいた第45代米国大統領(2017年～2021年)ドナルド・ジョン・トランプ(以下、「トランプ」という。)は、外交問題・経済問題・安全保障問題等において反中攻勢を仕掛けていた。そして、この時期に、新型コロナウイルス感染症(COVID-19)の感染拡大により、米国経済の停滞と共に米国内における国民の分断が加速している。本来ならば、新型コロナウイルス感染症(COVID-19)の感染拡大により米国内での挙国一致体制が必要であるにも拘わらず、トランプは、さらなる米国内における国民の分断を招いたともいえる。

　元来、米国は、日本のような国民皆保険制度がなく、医療保険に加入していない国民の多くは、容易に病院に行くことも治療を受けることもできない。そのため、新型コロナウイルス感染症(COVID-19)により死亡した人の多くが医療保険に加入していない黒人若しくはアフリカ系の低所得者層に属していたのである。そこに、白人警察官による黒人若しくはアフリカ系に対する傷害殺人事件の発生により[2]、黒人差別の問題が一気に噴出した形となる。

　米国の歴代の大統領は、その多くが軍人、弁護士、米国連邦議会上院(以下、「米国上院議会」という。)若しくは米国連邦議会下院(以下、「米国下院議会」という。)の議員、州知事、州議会の議員等の経験者が多いことから、これまでの米国政治の研究では、大統領が交代しても既存の米国政治システムを基に次期大統領の政策を分析することで、その政策を概ね理解することができたともいえる。

　しかしながら、トランプの場合、軍人、弁護士、米国上院議会若しくは米国下院議会の議員、州知事、州議会の議員等の経験者では、なく、写真1のとおり、親から相続した莫大な財産を基に不動産ビジネスや各種興行等により成功を収めた経営者である[3]。よって、自らのビジネス経験を基に各政策に取り組むことが多かったのである。そのため、トランプは、外交問題・経済問題・安全保障問題等と共に環境問題・内政問題・社会福祉問題等についても独自の判断と戦略により、全て「ディール(deal)」により解決しようと試みたのである。つまり、トランプは、外交問題・経済問題・安全保障問題等と共に環境問題・内政問題・社会福祉問題等の舞台にトランプ自身の独特な経営手法とマネジメント手法の概念を持ち込んだともいえる。

写真1. 映画"Gremlins 2: The New Batch"の舞台となったニューヨークの5番街に聳えるトランプ・タワーおよび不動産王トランプのモデルとしてダニエル・クランプを演じるジョン・グローヴァー

Trump Tower on 5th Avenue in New York City, where the movie was set.

©Amblin

John Glover as Daniel Clamp in the photo above who became a John Trump (who was the 45th president of the United States of America from 2017 to 2021) when he was young time in the movie "Gremlins 2: The New Batch". Other actors of the movie were Zach Galligan as Billy Peltzer and Haviland Morris as Marla Bloodstone.

Source: The Movie "Gremlins 2: The New Batch" is a 1990 American comedy horror film, and the sequel to the 1984 film Gremlins. It was directed by Joe Dante and written by Charles S. Haas, with creature designs by Rick Baker. Zach Galligan, Phoebe Cates, Dick Miller, Jackie Joseph, and Keye Luke reprise their roles from the first film. New cast members include John Glover, Robert Prosky, Haviland Morris, Robert Picardo, and Christopher Lee; additionally, the film features Tony Randall providing the voice for one of the Gremlins.

Title: Gremlins 2: The New Batch
Directed by Joe Dante
Produced by Michael Finnell
Written by Charles S. Haas
Based on characters created by Chris Columbus
Edited by Kent Beyda
Production company: Amblin Entertainment Inc.
Distributed by Warner Bros. Entertainment Inc.
Release date: June 15, 1990
Created/Published: Burbank, California, U.S.A.

(出所)筆者撮影および上記記載のとおり。

　こうした点では、現代経営学の観点からトランプの政策を分析しなければ、トランプの政策意図を理解することは、難しい。例えば、2020年米国大統領選挙についても、トランプは、各選挙区において自分自身を売り込むためにマーケティングの強化(保護貿易主義や石油・天然ガスの生産拡大等の政策に賛同する有権者の掘り起こし等)および独自のブランディング(Twitter(※現在のX)等を使った自分自身のブランディング)の向上を図っている。つまり、トランプは、「自分自身が売れる」市場(労働者階級の白人・富裕層等の多い選挙区)にて買って頂ける「政策」(株価上昇のための低金利政策、社会福祉に対する財政支出の削減、外国人移民労働者の排斥等)を示して、多くの国民から支持を得ると共に今日問題となっている米国内における国民の分断に拍車をかけたのである。

　また、トランプは、安全保障についても「米国第一主義」を掲げながら、北大西洋条約機構(North Atlantic Treaty Organization：NATO)(以下、「NATO」という。)における米国軍駐留費の負担増加や日米安全保障条約における在日米国軍駐留費の負担増加、そして、米国製戦闘機や武器の購入を同盟国に要求する等、「ディール(deal)」で事案の解決しようとするスタイルを貫いたのである。これは、現代経営学におけるマネジメントの手法と同じである。つまり、トランプにとっては、外交問題・経済問題・安全保障問題等と共に環境問題・内政問題・社会福祉問題等も全てマネジメントの一環であり、「ディール(deal)」の対象にすぎなかったのである。

　そこで、本章においては、米国社会におけるトランプ政権の登場と影響に焦点を絞りながら分析し考察するものである。

表1 歴代米国歴代大統領一覧表

代目	氏名	在任期間	所属政党	経歴
1	ジョージ・ワシントン George Washington	1789年4月30日 - 1797年3月4日	無所属	軍人、政治家(※大陸会議議員)
2	ジョン・アダムズ John Adams	1797年3月4日 - 1801年3月4日	連邦党	政治家(※大陸会議議員)
3	トーマス・ジェファソン Thomas Jefferson	1801年3月4日 - 1809年3月4日	民主共和党	政治家(※連邦会議議員)
4	ジェームズ・マディソン James Madison	1809年3月4日 - 1817年3月4日	民主共和党	政治家(※下院議員)、政治学者
5	ジェームズ・モンロー James Monroe	1817年3月4日 - 1825年3月4日	民主共和党	政治家(※州知事・下院議員)、軍人
6	ジョン・Q・アダムズ John Quincy Adams	1825年3月4日 - 1829年3月4日	民主共和党	弁護士、政治家(※上院議員)
7	アンドリュー・ジャクソン Andrew Jackson	1829年3月4日 - 1837年3月4日	民主党	軍人、政治家(※上院議員、下院議員)
8	マーティン・V・ビューレン Martin Van Buren	1837年3月4日 - 1841年3月4日	民主党	弁護士、政治家(※上院議員)
9	ウィリアム・H・ハリソン William Henry Harrison	1841年3月4日 - 1841年4月4日	ホイッグ党	軍人、政治家(※州知事・下院議員)
10	ジョン・タイラー John Tyler	1841年4月4日 - 1845年3月4日	ホイッグ党	弁護士、政治家(※上院議員、下院議員)
11	ジェームズ・K・ポーク James Knox Polk	1845年3月4日 - 1849年3月4日	民主党	弁護士、政治家(※下院議員)
12	ザカリー・テイラー Zachary Taylor	1849年3月4日 - 1850年7月9日	ホイッグ党	軍人
13	ミラード・フィルモア Millard Fillmore	1850年7月9日 - 1853年3月4日	ホイッグ党	政治家(※下院議員)
14	フランクリン・ピアース Franklin Pierce	1853年3月4日 - 1857年3月4日	民主党	軍人、政治家(※上院・下院議員)
15	ジェームズ・ブキャナン James Buchanan	1857年3月4日 - 1861年3月4日	民主党	弁護士、政治家(※州知事・下院議員)、軍人
16	エイブラハム・リンカーン Abraham Lincoln	1861年3月4日 - 1865年4月15日	民主共和党	政治家(※州知事・下院議員)、軍人
17	アンドリュー・ジョンソン Andrew Johnson	1865年4月15日 - 1869年3月4日	民主党	軍人、政治家(※上院議員、下院議員)
18	ユリシーズ・S・グラント Ulysses Simpson Grant	1869年3月4日 - 1877年3月4日	民主党	弁護士、政治家(※上院議員)
19	ラザフォード・B・ヘイズ Rutherford Birchard Hayes	1877年3月4日 - 1881年3月4日	民主共和党	軍人、政治家(※州知事・下院議員)
20	ジェームズ・A・ガーフィールド James Abram Garfield	1881年4月4日 - 1881年9月19日	ホイッグ党	弁護士、政治家(※上院議員、下院議員)
21	チェスター・A・アーサー Chester Alan Arthur	1881年9月19日 - 1885年3月4日	共和党	政治家(※市長・州知事)
22	スティーブン・G・クリーブランド Stephen Grover Cleveland	1885年3月4日 - 1889年3月4日	民主党	政治家(※市長・州知事)
23	ベンジャミン・ハリソン Benjamin Harrison	1889年3月4日 - 1893年3月4日	共和党	軍人、政治家(※議員)
24	スティーブン・G・クリーブランド Stephen Grover Cleveland	1893年3月4日 - 1897年3月4日	民主党	政治家(※市長・州知事)
25	ウィリアム・マッキンリー William McKinley	1897年3月4日 - 1901年9月14日	共和党	弁護士、政治家(※下院議員)
26	セオドア・ルーズベルト Theodore Roosevelt	1901年9月14日 - 1909年3月4日	共和党	軍人、政治家(※州知事)
27	ウィリアム・H・タフト William Howard Taft	1909年3月4日 - 1913年3月4日	共和党	政治家(※上院議員)
28	トーマス・W・ウィルソン Thomas Woodrow Wilson	1913年3月4日 - 1921年3月4日	民主党	軍人、弁護士(※州知事・下院議員)
29	ウォレン・G・ハーディング Warren Gamaliel Harding	1921年3月4日 - 1923年8月2日	共和党	軍人、政治家(※下院議員)
30	ジョン・C・クーリッジ John Calvin Coolidge Jr.	1923年8月2日 - 1929年3月4日	共和党	弁護士
31	ハーバート・C・フーヴァー Herbert Clark Hoover	1929年3月4日 - 1933年3月4日	共和党	鉱山技術者
32	フランクリン・D・ルーズベルト Franklin Delano Roosevelt	1933年3月4日 - 1945年4月12日	民主党	政治家(※上院議員、州知事)
33	ハリー・S・トルーマン Harry S. Truman	1945年4月12日 - 1953年1月20日	民主党	政治家(※上院議員)
34	ドワイト・D・アイゼンハワー Dwight David Eisenhower	1953年1月20日 - 1961年1月20日	共和党	軍人
35	ジョン・F・ケネディ John Fitzgerald Kennedy	1961年1月20日 - 1963年11月22日	民主党	政治家(※上院・下院議員)
36	リンドン・B・ジョンソン Lyndon Baines Johnson	1963年11月22日 - 1969年1月20日	民主党	政治家(※州知事)
37	リチャード・M・ニクソン Richard Milhouse Nixon	1969年1月20日 - 1974年8月9日	共和党	政治家(※上院・下院議員)
38	ジェラルド・R・フォード Gerald Rudolph Ford Jr.	1974年8月9日 - 1977年1月20日	共和党	政治家(※下院議員)
39	ジェームズ・E・カーター ジュニア James Earl Carter, Jr.	1977年1月20日 - 1981年1月20日	民主党	政治家(※州知事)
40	ロナルド・W・レーガン Ronald Wilson Reagan	1981年1月20日 - 1989年1月20日	共和党	俳優、政治家(※州知事)
41	ジョージ・H・W・ブッシュ George Herbert Walker Bush	1989年1月20日 - 1993年1月20日	共和党	政治家(※下院議員)
42	ウィリアム・J・クリントン William Jefferson Clinton	1993年1月20日 - 2001年1月20日	民主党	弁護士、政治家(※州知事)
43	ジョージ・W・ブッシュ George Walker Bush	2001年1月20日 - 2009年1月20日	共和党	政治家(※上院議員、州知事)
44	バラク・H・オバマ2世 Barack Hussein Obama II	2009年1月20日 - 2017年1月20日	民主党	軍人
45	ドナルド・J・トランプ Donald John Trump	2017年1月20日 - 2021年1月20日	共和党	政治家(※下院・上院議員)
46	ジョセフ・R・バイデン ジュニア Joseph Robinette Biden Jr.	2021年1月20日 - 在任中	民主党	弁護士、政治家(※上院議員)

(注) 2023年3月時点。米国上院議会議員を「上院議員」、米国下院議会議員を「下院議員」と称している。
(出所) 各種資料をもとに筆者作成。

第2節　2020年米国大統領選挙の概況

1．米国歴代大統領とトランプ

米国大統領(President of the United States of America)は、行政権の長であり国家元首であり、表1のとおり(別頁参照)、米国の建国以来、歴史上、初代米国大統領(1789年～1797年)のジョージ・ワシントンから第46代米国大統領(2021年～)ジョセフ・ロビネット・バイデン・ジュニア(以下、「バイデン」という。)までの計45人が大統領の職に就いている[4]。彼らの大統領就任前の経歴をみると(※兼職も含む。)、職業軍人経験者が12人、州知事、米国上院議会議員若しくは米国下院議会議員等を経験した政治家が37人、法律家・弁護士等が11人、研究者・技術者等が3人、俳優・テレビタレント等が2人となっている。

しかしながら、職業軍人・政治家・法律家・弁護士・研究者・技術者等の経験が全くなく、俳優・テレビタレント、不動産ビジネスを展開する実業家としての経歴から大統領に昇り詰めたのは、トランプただ1人である。トランプの言動および行動、または、政策において慎重に検討した軍事戦略、議会制民主主義の尊重、法律に基づいたデュー・プロセスの順守、科学的見地に基づく分析結果による反映等があまりみえないのは、トランプ自身が職業軍人・政治家・法律家・弁護士・研究者・技術者等の経験がないからである。逆にいえば、こうした経験がないからこそ、既存の米国大統領像とは、全く異なり、周囲との柵がない中で思い切った政策判断ができたともいえる。

実際、トランプのこうした思い切った政策判断の姿勢を評価する米国国民が大勢いたことも事実である[5]。

2．2020年米国大統領選挙

バイデンがトランプの再選を阻み、大接戦となった2020年米国大統領選挙の概況について振り返り、次のとおり分析してみる[6]。米国の大統領選挙人(以下、「選挙人」という。)の投票人数は、表2のとおり、合計538人となっている。次に2020年米国大統領選挙前の2020年10月30日時点のReal Clear Politicsの世論調査の概況および各州の報道機関等による有権者の投票動向から[7]、トランプおよびバイデンが獲得した選挙人数をみてみる。

表2　2020米国大統領選挙直前における世論調査結果の概況(※2020年10月30日時点)

各州選挙区	トランプ優勢州	バイデン優勢州	激戦州	各州選挙区	トランプ優勢州	バイデン優勢州	激戦州
アーカンソー州	6人			ニューハンプシャー州		4人	
アイオワ州		6人		ニューメキシコ州		5人	
アイダホ州	4人			ニューヨーク州		29人	
アラスカ州	3人			ネバダ州			6人
アラバマ州	9人			ネブラスカ州	4人		1人
アリゾナ州			11人	ノースカロライナ州			15人
イリノイ州		20人		ノースダコタ州	3人		
インディアナ州	11人			バージニア州		13人	
ウィスコンシン州			10人	バーモント州		3人	
ウェストバージニア州	5人			ハワイ州		4人	
オクラホマ州	7人			フロリダ州			29人
オハイオ州			18人	ペンシルベニア州			20人
オレゴン州		7人		マサチューセッツ州		11人	
カリフォルニア州		55人		ミシガン州			16人
カンザス州	6人			ミシシッピ州	6人		
ケンタッキー州	8人			ミズーリ州	10人		
コネチカット州		7人		ミネソタ州			10人
コロラド州		9人		メイン州		3人	1人
サウスカロライナ州	9人			メリーランド州		10人	
サウスダコタ州	3人			モンタナ州	3人		
ジョージア州			16人	ユタ州	6人		
テキサス州			38人	ルイジアナ州	8人		
テネシー州	11人			ロードアイランド州		4人	
デラウェア州		3人		ワイオミング州	3人		
ニュージャージー州		14人		ワシントン州		12人	
				ワシントンD.C.		3人	
トランプ優勢州	20州	トランプ獲得確定選挙人数		125人			
バイデン優勢州	19州	バイデン獲得確定選挙人数		216人			
激戦州	12州	未確定選挙人数		197人			
合計	51州	合計		538人			

(注1)　ネブラスカ州とメイン州は、「選挙地区2」が激戦州となっているが、全体の激戦州の集計には、含まれていない。
(注2)　トランプ優勢州が20州、バイデン優勢州が19州、両陣営が拮抗している激戦州が12州となっている。この場合、ワシントンD.C.の選挙区も含まれている。
(出所)Real Clear Politics,https://www.realclearpolitics.com/epolls/2020/president/create_your_own_president_map.html(October 30,2020)をもとに筆者作成。

表3　2020年米国大統領選挙投票前の状況

激戦州	計197人	バイデン	トランプ	RCPリードポイント	2016年の選挙直前の状況(※P)	2016(※P)	2012(※P)	2008(※P)	バイデン確定選挙人数 216人 / バイデン予想選挙人数	トランプ確定選挙人数 125人 / トランプ勝利のための予想選挙人数(前提条件)	トランプ勝利のための予想選挙人数(必要条件)
ネブラスカ District 2	1人	50	47	バイデン+3P					1人		
メーン District 2	1人	47	50	トランプ+3P						1人	
アリゾナ	**11人**	**47**	**47**	**±0**	トランプ+4.0	トランプ+3.5	ロムニー+9.1	マケイン+8.5		11人	
フロリダ	29人	48.3	46.9	バイデン+1.4P	クリントン +0.	トランプ+1.2	オバマ+0.9	オバマ+2.8			29人
ジョージア	**16人**	**47.7**	**47.3**	**バイデン+0.4P**	トランプ+4.5	トランプ+5.1	ロムニー+7.8	マケイン+5.2		16人	
アイオワ	6人	47.4	46.4	バイデン+1.0P	トランプ+1.4	トランプ+9.5	オバマ+5.8	オバマ+9.5			6人
ミシガン	16人	50	43.5	バイデン+6.5P	クリントン+5	トランプ+0.3	オバマ+9.5	オバマ+16.4	16人		
ミネソタ	10人	48	43.3	バイデン+4.7P	クリントン+6.	クリントン+1.5	オバマ+7.7	オバマ+10.3	10人		
ネバダ	6人	48.3	43.7	バイデン+4.6P	トランプ+1.6	クリントン+2.4	オバマ+6.7	オバマ+12.5	6人		
ノースカロライナ	15人	48.1	47.5	バイデン+0.6P	トランプ+0.8	トランプ+3.7	ロムニー+2.0	オバマ+0.3			15人
オハイオ	18人	46.2	46.2	±0	トランプ+3.3	トランプ+8.1	オバマ+3.0	オバマ+4.6		18人	
ペンシルバニア	**20人**	**49.8**	**45.5**	**バイデン+4.3P**	クリントン+3.	トランプ+0.7	オバマ+5.4	オバマ+10.3	**⌐20人⌐**		
テキサス	38人	45.7	48	トランプ+2.3P	トランプ+10.8	トランプ+9.0	ロムニー+15.8	マケイン+11.8		38人	
ウィスコンシン	**10人**	**50.3**	**43.9**	**バイデン+6.4P**	クリントン+5.	トランプ+0.7	オバマ+6.9	オバマ+13.9	10人		

説明	バイデン予想	トランプ前提	トランプ必要
バイデンの勝利が確実である州の確定選挙人数の計216人に加えて接戦州にて+4.0ポイント以上のリードにて全て勝利した場合、その分の確定選挙人数を加えると合計279人となり、バイデンの勝利となる。	279人	209人 259人	50人
トランプの勝利が確実である州の確定選挙人数の計125人に加えて僅差でリードしているか拮抗しているアリゾナ、ジョージア、オハイオ、テキサスにて勝利した場合、その分の確定選挙人数を加えると合計209人となる。また、接戦となっているフロリダ・アイオワ・ノースカロライナにて勝利した分の確定選挙人数として計50人を加えると合計259人となる。そして、ペンシルバニア(※20人)でも逆転して、その分の確定選挙人数を加えると、合計279人となり、トランプの勝利となる。	259人	279人	
(※勝利ライン)選挙人数	270人		
(※全体)選挙人数	538人		

(注1)　確定選挙人数とは、両陣営にとって投票が確実視されている選挙人数のことである。
(出所)　Real Clear Politics, https://www.realclearpolitics.com/epolls/2020/president/create_your_own_president_map.htmll(October 30,2020)をもとに筆者作成。

表4　2020年米国大統領選挙開票後の状況

激戦州	計197人	バイデンP	トランプP	RCPリードポイント	11/4夕方 バイデン 216人	11/4夕方 トランプ 125人	11/5午前 バイデン 216人	11/5午前 トランプ 125人	11/9午前 バイデン 216人	11/9午前 トランプ 125人	法廷勝訴① バイデン 216人	法廷勝訴① トランプ 125人	法廷勝訴② バイデン 216人	法廷勝訴② トランプ 125人
ネブラスカ District 2	1人	50	47	バイデン+3P	1人		1人		1人		1人		1人	
メーン District 2	1人	47	50	トランプ+3P		1人		1人		1人		1人		1人
アリゾナ	11人	47	47	±0	11人		11人		11人			11人		11人
フロリダ	29人	48.3	46.9	バイデン +1.4P		29人		29人		29人		29人		29人
ジョージア	16人	47.7	47.3	バイデン +0.4P		16人		16人	16人			16人		16人
アイオワ	6人	47.4	46.4	バイデン +1.0P		6人		6人		6人		6人		6人
ミシガン	16人	50	43.5	バイデン +6.5P		16人	16人		16人		16人		16人	
ミネソタ	10人	48	43.3	バイデン+4.7P	10人		10人		10人		10人		10人	
ネバダ	6人	48.3	43.7	バイデン+4.6P	6人		6人		6人		6人		6人	
ノースカロライナ	15人	48.1	47.5	バイデン+0.6P		15人		15人		15人		15人		15人
オハイオ	18人	46.2	46.2	±0		18人		18人		18人		18人		18人
ペンシルバニア	20人	49.8	45.5	バイデン+4.3P		20人		20人	20人			20人	20人	
テキサス	38人	45.7	48	トランプ+2.3P		38人		38人		38人		38人		38人
ウィスコンシン	10人	50.3	43.9	バイデン +6.4P		10人	10人		10人		10人			10人
(※合計)選挙人数					**244人**	**294人**	**270人**	**268人**	**306人**	**232人**	**259人**	**279人**	**269人**	**269人**
(※勝利ライン)選挙人数					270人									
(※全体)選挙人数					538人									

(注1)　確定選挙人数とは、両陣営にとって投票が確実視されている選挙人数のことである。
(出所)　Reuters,https://graphics.reuters.com/USA-ELECTION/RESULTS-LIVE-US/dgkvljawovb/index.html(November 4,2020)(November 5,2020)(November 9,2020)(November 13,2020)をもとに筆者作成。

また、事前の世論調査によると、確定選挙人数については、表2のとおり(別頁参照)、トランプが計125人、バイデンが計216人をほぼ確実に獲得していたのである。そして、表3のとおり(別頁参照)、接戦となっている14州のうち、バイデンが有権者の投票動向を分析すると平均値で+3ポイント以上の差がついている州が6つあり、その確定選挙人数を加算すると合計279人となっている。この時点でバイデンは、当選の目安となる合計270人以上の選挙人を獲得していたことから、2020年米国大統領選挙では、バイデンの勝利が濃厚とみられていたのである。

　しかしながら、トランプがバイデンよりも僅差で平均値のポイントを上回っているか、もしくは、均衡であった州が4つあり、その選挙人数が計84人となる。それにトランプ確定投票人数の計125人を加算すると、合計209人となる。2020年米国大統領選挙の開票終盤においてトランプがバイデンに猛追している州がフロリダ、アイオワ、ノースカロライナの3つであった。そのため、仮にそれらの州でトランプが全て勝利した場合、計50人の選挙人を獲得することになる。よって、それらを加算すると選挙人の数が合計259人となる。勿論、その時点では、トランプの選挙人の数がバイデンの選挙人の数に及ばないものの、もし、トランプがペンシルバニアにて勝利した場合、バイデンからトランプに20人の選挙人が移ることになり、その結果、トランプが獲得する選挙人の数が合計279人となり、トランプが逆転して2020年米国大統領選挙に勝利することになる。

　その後、2020年米国大統領選挙が始まった2020年11月4日夕方(※日本時間)時点のロイター通信の2020年米国大統領選挙の開票概況をみると[8]、表4のとおり(別頁参照)、トランプは、アリゾナで劣勢であったものの、開票前にバイデンが優勢であったミシガン、ウィスコンシンにて優勢となっており、選挙前は、拮抗していたジョージア、アイオワ、ノースカロライナ、オハイオでも優勢となっている。そして、大票田であるフロリダ、テキサス、ペンシルバニアでもバイデンを大きくリードして優勢となっている。もし、そのまま開票が終了すれば、トランプの獲得する選挙人の数が合計294人となり、2020年米国大統領選挙の勝利を確実にする様相であった。

　実際、2020年11月4日、トランプは、自分自身のTwitter(※現在のX)にて、"I will be making a statement tonight. A big WIN!"といった書き込みを行い、2020年米国大統領選挙の「勝利宣言」を一方的に発している[9]。そして、「投票日以降に到着した郵便投票等の集計についての中止」を幾度も言及している。つまり、トランプとしては、リードをしている状態で2020年米国大統領選挙を終えたかったのである。そして、2020年11月5日午前(※日本時間)時点のロイター通信の開票概況をみると[10]、トランプは、アリゾナでは、引き続き劣勢の状況であり、開票後は、トランプが優勢であったはずのミシガン、ウィスコンシンにてバイデンに再逆転を許している(※計26人)。それでも、トランプは、拮抗していたアイオワ、ノースカロライナ、オハイオ、そして、大票田であるフロリダ、テキサスでは、勝利を確実としていたのである。そして、キーポイントであったペンシルバニアおよびジョージアでもリードしていたのである。

　しかしながら、そのような状況では、そのままトランプが逃げ切ったとしても獲得した選挙人の数が合計268人となるため、過半数を確保できないことになる。確かにその時点では、バイデンが僅かにトランプを上回り、獲得した選挙人の数が合計270人となっている。この場合、バイデンへの投票が増えた要因としては、郵便投票を挙げることができる。つまり、結果して、郵便投票が「魔物」のように、トランプが優勢の州を切り崩していき、バイデンの得票を押し上げていったことになる。トランプとすれば、長年、共和党が勝利してきたアリゾナを獲得できなかったことが痛恨の選挙結果を招いたともいえる[11]。元々、2020年米国大統領選挙投票前からトランプが劣勢に立たされていたアリゾナでの勝利がトランプ再選に向けての前提条件でもあった。

　その後、2020年11月7日午後8時(日本時間2020年11月8日午前10時)過ぎになると、バイデンの優勢が確実となったことから、バイデンは、地元の東部デラウェア州ウィルミントンにて2020年米国大統領選挙の「勝利宣言」の演説を行っている。そして、バイデンが「勝利宣言」を行った後の2020年11月9日午前(日本時間)時点のロイター通信の開票概況をみると[12]、トランプは、アリゾナで再び追い上げたものの、開票後序盤は、トランプが優勢であったミシガン、ウィスコンシンにてバイデンに逆転を許している。

　また、当初、リードしていたジョージア、ミシガン、ウィスコンシン、ペンシルバニアでもバイデンに逆転を許している。トランプとしては、アイオワ、ノースカロライナ、オハイオにおいて選挙人を獲得し、大票田であるフロリダ、テキサスでも選挙人を獲得したとしても、獲得した選挙人の数が合計232人となり、バイデンが獲得した合計306人の選挙人の数を上回れないことから、この場合、2020年米国大統領選挙に勝利できないことを意味する。それでも、トランプは、2020年米国大統領選挙前から「絶対に『敗北宣言』をしない」と明言していたことから、バイデンとの得票数の差が僅差である激戦州において郵便投票の有効性についての法定闘争に持ち込もうと考えたのである。もし、法廷闘争の結果、トランプがアリゾナ、ジョージア、ペンシルバニアにてバイデンの得票を一部無効とする判決を得て、これら3州全てにて逆転勝利した場合、バイデンが獲得した選挙人の数が合計259人となり、トランプが獲得した選挙人の数が合計279人となることから、トランプが再逆転をして2020年米国大統領選挙に勝利し、再選される可能性も残されていたことになる。

　2020米国大統領選挙開票終盤における激戦州の得票状況についてみてみると、表5のとおり(別頁参照)、トランプ、バイデン共に拮抗していることが判る。その詳細については、次のとおりである。

11

表5　2020米国大統領選挙開票終盤における激戦州の得票状況

2020年11月13日時点						2020年11月9日時点					
州選挙区	ペンシルバニア	バイデン	3,396,108人	得票率(%)	49.8%	州選挙区	ペンシルバニア	バイデン	3,358,928人	得票率(%)	49.7%
開票率	99%	トランプ	3,341,382人		49.0%	開票率	98%	トランプ	3,315,726人		49.0%
得票差(※A)			54,726人	(※A)−(※B)	11,524人	得票差(※B)				43,202人	
州選挙区	ジョージア	バイデン	2,472,148人	得票率(%)	49.5%	州選挙区	ジョージア	バイデン	2,465,781人	得票率(%)	49.5%
開票率	99%	トランプ	2,457,999人		49.2%	開票率	99%	トランプ	2,455,428人		49.3%
得票差(※A)			14,149人	(※A)−(※B)	3,796	得票差(※B)				10,353人	
州選挙区	アリゾナ	バイデン	1,668,684人	得票率(%)	49.4%	州選挙区	アリゾナ	バイデン	1,643,664人	得票率(%)	49.5%
開票率	98%	トランプ	1,657,250人		49.1%	開票率	98%	トランプ	1,626,679人		49.0%
得票差(※A)			11,434人	(※A)−(※B)	▲ 5,551	得票差(※B)				16,985人	
州選挙区	ウィスコンシン	バイデン	1,630,619人	得票率(%)	49.5%	州選挙区	ウィスコンシン	バイデン	1,598,248人	得票率(%)	49.6%
開票率	99%	トランプ	1,610,073人		48.8%	開票率	98%	トランプ	1,577,980人		48.9%
得票差(※A)			20,546人	(※A)−(※B)	278	得票差(※B)				20,268人	

（出所）Reuters,https://graphics.reuters.com/USA-ELECTION/RESULTS-LIVE-US/dgkvljawovb/index.html(November 13,2020)(November 9,2020)をもとに筆者作成。

　2020年11月9日午前(※日本時間)時点のロイター通信の開票概況からアリゾナの開票状況をみると[13]、開票率が98%であり、バイデンの得票総数が1,643,664人(※得票率49.5%)、トランプの得票総数が1,626,679人(※得票率49.0%)となり、得票数の差で16,985人となっている。そのため、トランプとすれば、この得票数の差ならば、法廷にてトランプがバイデンの得票分を一部無効等と主張して逆転することが難しくないと考えたのである。

　また、2020年11月9日午前(※日本時間)時点のロイター通信の開票概況からジョージアの開票状況をみると[14]、開票率が99%であり、バイデンの得票総数が2,465,781人(※得票率49.5%)、トランプの得票総数が2,455,428人(※得票率49.3%)となっている。得票数の差で10,353人となっている。そのため、トランプとすれば、この得票数の差ならば、法廷にてトランプがバイデンの得票分を一部無効等と主張して逆転することが難しくないと考えたのである。

　しかしながら、2020年11月9日午前(※日本時間)時点のロイター通信の開票概況からペンシルバニアの開票状況をみると[15]、開票率が98%であり、バイデンの得票総数が3,358,928人(※得票率49.7%)、トランプの得票総数が3,315,726人(※得票率49.0%)となり、得票数の差で43,202人となっている。実際、この得票数の差をトランプが無効等と主張して逆転することは、上記2州と比べて難しかったといえる。

　もし、トランプが法廷にてアリゾナ、ジョージアにおけるバイデンの得票分を一部無効等と主張して逆転して勝訴したとしても、法廷にてペンシルバニアにおけるバイデンの得票分を一部無効等と主張して敗訴した場合、選挙人の数としてバイデンが合計279人、トランプが合計259人となり、トランプが2020年米国大統領選挙を再逆転する可能性がなくなる。つまり、トランプが2020年米国大統領選挙を再逆転するためには、法廷にてアリゾナ、ジョージア、ペンシルバニアの3州におけるバイデンの得票を一部無効とする判決を得て、逆転勝利をしなければならないことになる。

　2020年米国大統領選挙開票も終盤となり、2020年11月13日午前(※日本時間)時点のロイター通信の開票概況をみると[16]、ペンシルバニアの開票率は、99%であり、バイデンの得票総数が3,396,108人(※得票率49.8%)、トランプの得票総数が3,341,382人(※得票率49.0%)となり、得票数の差で54,726人となっている。2020年11月9日時点での得票数の差が43,202人であったのに比べて差し引き11,524人も得票数の差が広がっており、これを再逆転するのは、より困難であった。よって、トランプとすれば、法廷にてペンシルバニアにおけるバイデンの得票分を一部無効等と主張して、この得票数の差を逆転して勝訴することは、さらに難しくなったのである。

2020年11月13日午前(※日本時間)時点のロイター通信の開票概況をみると[17]、ジョージアの開票率は、99%であり、バイデンの得票総数が2,472,148人(※得票率49.5%)、トランプの得票総数が2,457,999人(※得票率49.2%)となり、得票数の差で14,149人となっている。2020年11月9日時点での得票数の差が10,353人であったことから、それと比べて差し引き3,796人の得票数の差が広がっていたものの、トランプとすれば、この程度の得票数の差ならば、法廷にてトランプがバイデンの得票分を一部無効等と主張して逆転することが難しくないと考えたのである。

2020年11月13日午前(※日本時間)時点のロイター通信の開票概況をみると[18]、アリゾナの開票率は、98%であり、バイデンの得票総数が1,668,684人(※得票率49.4%)、トランプの得票総数が1,657,250人(※得票率49.1%)となっている。2020年11月9日時点

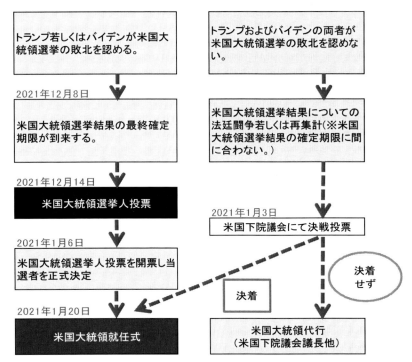

図1　2020年米国大統領選挙後のシナリオ

(出所)　各種資料をもとに筆者作成。

での得票数の差が16,985人であったことから、それと比べて差し引き▲5,551人となり、トランプが巻き返して若干得票数の差が縮まっていたのである。トランプとすれば、ジョージアと同様に、この得票数の差ならば、法廷にてトランプがバイデンの得票分を一部無効等と主張して逆転することが難しくないと考えたのである。

2020年11月13日午前(※日本時間)時点のロイター通信の開票概況をみると[19]、ウィスコンシンの開票率は、99%であり、バイデンの得票総数が1,630,619人(※得票率49.5%)、トランプの得票総数が1,610,073人(※得票率48.8%)となり、得票数の差で20,546人となっている。よって、トランプとすれば、この得票数の差ならば、法廷にてトランプがバイデンの得票分を一部無効等と主張して逆転することは、ペンシルバニアに比べれば難しくないと考えたのである。つまり、仮にペンシルバニアにてトランプが法廷闘争にて敗訴したとしても、アリゾナ、ジョージア、ウィスコンシンにてバイデンの得票を一部無効とする判決を得て、これら3州にて逆転勝利した場合、選挙人の数としては、トランプが合計269人となり、バイデンも合計269人となり、互いに過半数の選挙人を確保できないことになる。もし、こうした状況に陥った場合、米国憲法修正12条により、大統領の選出は、図1のとおり、2021年1月3日に招集される米国下院議会に委ねられ、米国下院議会が「速やかに」選挙を実施することになっていたのである。米国下院議会の選挙は、50州の代表が1票ずつ投じ、過半数の26票以上を取った候補が勝利を得ることから、この時点において米国下院議会における各州選挙区の議席数が民主党若しくは共和党のどちら側により多く占められているかが2020年米国大統領選挙の勝敗を決める大きな鍵となったのである。

実際、2020年米国大統領選挙と併せて、米国下院議会および米国上院議会の議員選挙も実施されていた。米国下院議会は、表6のとおり(別頁参照)、議員定員435議席に対して、共和党が211議席を獲得しつつも、民主党が221議席を獲得することになり、単独過半数を占める勢いであった。

しかしながら、米国下院議会における大統領選出のための選挙は、先述のとおり、米国下院議会の50州の代表が1票ずつ投じ、過半数の26票以上を取った候補が勝利を得ることになる。そのため、表6のとおり(別頁参照)、州別政党優勢状況においては、当時の米国下院議会における議席数のままならば、共和党が過半数の26票以上を獲得できることになり、トランプに有利であったことから、その場合、トランプが2020年米国大統領選挙において再選する可能性も残されていたのである[20]。

その後、トランプは、「2020年米国大統領選挙についてバイデン側に不正があった」とTwitter(※現在のX)等のSNSにて一方的に主張し、法廷闘争に舞台を移して徹底抗戦する姿勢を示したのである。そして、その傍でトランプ支持者たちにより、「2020年米国大統領選挙の結果そのものを否定する抗議運動」が米国全域に広がったのである。最終的には、各地でトランプ支持者とバイデン支持者が互いに直接的に衝突する等[21]、米国社会における混迷と分断が激化することになり、国内の政情不安定な状態が続いたのである。

表6　2020年米国下院議会議員選挙後の州別政党優勢状況

各州選挙区		民主党(議席数)	共和党(議席数)	その他(※欠員等含む)	各州選挙区		民主党(議席数)	共和党(議席数)	その他(※欠員等含む)
アーカンソー州	Arkansas	0	4		ニューハンプシャー州	New Hampshire	2	0	
アイオワ州	Iowa	1	3		ニューメキシコ州	New Mexico	2	1	
アイダホ州	Idaho	0	2		ニューヨーク州	New York	19	8	
アラスカ州	Alaska	0	1		ネバダ州	Nevada	3	1	
アラバマ州	Alabama	1	6		ネブラスカ州	Nebraska	0	3	
アリゾナ州	Arizona	5	4		ノースカロライナ州	North Carolina	5	8	
イリノイ州	Illinois	13	5		ノースダコタ州	North Dakota	0	1	
インディアナ州	Indiana	2	7		バージニア州	Virginia	7	4	
ウィスコンシン州	Wisconsin	3	5		バーモント州	Vermont	1	0	
ウェストバージニア州	West Virginia	0	3		ハワイ州	Hawaii	2	0	
オクラホマ州	Oklahoma	0	5		フロリダ州	Florida	10	16	1
オハイオ州	Ohio	3	11	2	ペンシルベニア州	Pennsylvania	9	9	
オレゴン州	Oregon	4	1		マサチューセッツ州	Massachusetts	9	0	
カリフォルニア州	California	43	10		ミシガン州	Michigan	7	7	
カンザス州	Kansas	1	3		ミシシッピ州	Mississippi	1	3	
ケンタッキー州	Kentucky	1	5		ミズーリ州	Missouri	2	6	
コネチカット州	Connecticut	5	0		ミネソタ州	Minnesota	4	4	
コロラド州	Colorado	4	3		メイン州	Maine	2	0	
サウスカロライナ州	South Carolina	1	6		メリーランド州	Maryland	7	1	
サウスダコタ州	South Dakota	0	1		モンタナ州	Montana	0	1	
ジョージア州	Georgia	6	8		ユタ州	Utah	0	4	
テキサス州	Texas	13	23		ルイジアナ州	Louisiana	1	5	
テネシー州	Tennessee	2	7		ロードアイランド州	Rhode Island	2	0	
デラウェア州	Delaware	1	0		ワイオミング州	Wyoming	0	1	
ニュージャージー州	New Jersey	10	2		ワシントン州	Washington	7	3	
民主党優勢州		20州	民主党議席数				221議席		
共和党優勢州		27州	共和党議席数				211議席		
両党均衡州		3州	その他(※欠員等含む)				3議席		
合計		50州	合計				435議席		

（注1）2020年米国下院議会議員選挙後の状況である。米国下院議会は、定数435名の内、欠員3名の432名にて組織されていた。米国下院議会議長は、民主党のナンシー・ペロシ（※カリフォルニア12区選出）が務めていた。米国下院議会議員の任期は、2年であり、選挙の度に全員が改選される。下院選挙の2回に1回は、大統領選挙と一致する。大統領選挙と一致しない年に行われる米国下院議会議員選挙および米国上院議会議員選挙（議席の3分の1ずつ改選）を総称して「中間選挙」といわれている。米国下院議会および米国上院議会共に解散制度は、ない。議席は、10年に1度の国勢調査によって決定される人口に基づき50州に配分される。州人口が少ない場合、計算により算出された議席数が1名以下となる州が幾つかあるが、どんなに少なくても最低1名が確保されることになっている。選挙制度は、単純小選挙区制であり、選挙区割は、各州に任されている。海外領土の内、自治制度があり、米国に未編入領域の5地域とワシントンD.C.の計6地域は、それぞれ、本会議での議決権を持たない代表（任期2年）を1人送り出すことが認められている。

（注2）2021年9月7日時点において、各州の米国下院議会の多数派を占めているのは、共和党が27州、民主党が20州となっていた。残り3州は、両党が均衡となっていた。

（出所）U.S. House of Representatives,https://www.house.gov/(September 30,2021)をもとに筆者作成。

　実際、トランプは、2020年米国大統領選挙以降、選挙結果に異議を申し立てる訴訟を少なくとも9件提起したものの、アリゾナ、ジョージア、ペンシルベニアの連邦地方裁判所は、「2020年米国大統領選挙の開票作業について、特段問題は、なかった」とする判決を下し、トランプの訴えを退けている。

　このように法廷闘争によって2020年米国大統領選挙の結果を覆すシナリオが崩れつつあったことから[22]、トランプは、激戦州の州議会における共和党議員を介して、2020年米国大統領選挙の結果についての不正を強く主張することで激戦州の州議会にてトランプ側の選挙人を指名させるといった策略も考えたのである[23]。例えば、バイデンが勝利したペンシルベニアの連邦地方裁判所に対して、「2020年大統領選挙の結果については、不正があったことから、共和党が多数派を占めているペンシルベニア州議会がペンシルベニアの20人の選挙人を直接指名する必要がある」との司法判断を出すように求めたのである。残念ながら、こうした行為は、伝統ある米国の民主主義と自由主義、民主的な選挙制度、国家権力を制限する「法の支配」、司法・立法・行政の権力分立により勢力均衡を図るための「三権分立」制度、基本的人権の尊重等を軽視若しくは否定することにも繋がるため、多くの共和党議員は、トランプが考えたこの戦略に同調しなかったのである。勿論、「2020年米国大統領選挙に勝利した」として政権移行を速やかに進めたいバイデンやその支持者にとっては、こうした事態こそが受け入れ難い事態である。結果して、各州で選出された選挙人により、2020年12月14日に正式な選挙人投票が行われ、バイデンが勝利している。そして、米国憲法が定める期日の2021年1月20日の正午に厳戒態勢の中、米国大統領就任式においてバイデンが宣誓を行い、第46代米国大統領に就任している。そして、トランプとバイデンが激しく争った2020年米国大統領選挙による米国社会の混迷と分断による影響は、今日まで続いている。

3．２０２０年米国大統領選挙におけるトランプの「敗北宣言」拒否の背景

トランプは、新型コロナウイルス感染症(COVID-19)に感染しても３日で退院し[24]、「スーパースプレッダー」という揶揄を撥ね返して、選挙集会を再開したトランプは、激戦州に乗り込み、まさに「命がけ」の選挙運動を展開した。過去の米国大統領選挙にて二期目で敗北した第39代米国大統領(1977年～1981年)ジェームズ・アール・カーター・ジュニア(以下、「カーター」という。)や第41代米国大統領(1989年～1993年)ジョージ・ハーバート・ウォーカー・ブッシュ(以下、「父ブッシュ」という。)は、潔く米国大統領選挙の敗北を粛々と受け入れて、「敗北宣言」を発したのに対して、「敗北宣言」を絶対に拒否するトランプの執念は、驚嘆するものであった。

トランプにとって2020年米国大統領選挙において「絶対に負けられない」という執念のような固い決意の理由は、どこにあるのかについて考える必要がある。この場合、Bolton(2020)およびCohen(2020)によると、トランプは、多額の借金を抱えており、このままでは、近い将来、破産せざるを得ない状況であったことを指摘している。

実際、トランプの負債状況をみると、カジノや航空会社、ゴルフ場、ホテルビジネスの経営悪化や破綻等により、現在、4億2100万ドル(約445億円)の債務を抱えており、その内、3億ドル超は、間もなく返済期限を迎えるといわれている[25]。負債総額が10億ドルとの試算もあり、その要因としては、「住宅バブルの崩壊、新型コロナウイルス感染症(COVID-19)蔓延による不況、トランプの経営センスの欠如等によるものだ」といわれている[26]。

その一方で、トランプは、米国の内国歳入庁から一族が経営するトランプ・オーガニゼーションに対する脱税の疑いもかけられており係争中である[27]。もし、脱税が認定されれば、同企業は、約1億ドル以上の追徴金が課せられることになる[28]。確かに当時の米国経済は、新型コロナウイルス感染症(COVID-19)の影響により、停滞していたことから、トランプが手掛ける不動産ビジネス等の展望も明るくなかったといえる。

しかしながら、そのままトランプが大統領職に就いていれば、返済期限が迫る3億ドル超の債務についても返済期限の延期が可能であった。つまり、トランプが自らの破産を防ぎ、生き延びるためには、大統領職を続けることが必要だったのである。残念ながら、トランプが2020年米国大統領選挙に敗北して民間人となれば、債務の返済延期は、認めらない。この場合、裁判所に破産と認定され、フロリダにある邸宅や所持する資産等が没収される可能性もある。Cohen(2020)によると、最大の債務は、長年関係を続けるドイツ銀行からのものだといわれており、最低でも1億2,500万ドルにも上り、2023年と2024年に返済期限を迎えるといわれている[29]。

第3節　トランプ政権の光と影

1．トランプの功績とバイデン政権への移行

トランプは、在任中、地球温暖化対策(以下、「温暖化対策」という。)の国際的な枠組みである「パリ協定」からの離脱を決めている。

また、2018年に、トランプは、イラン核合意を破棄し、新型コロナウイルス感染症(COVID-19)のパンデミック(世界的大流行)の最中に世界保健機関(World Health Organization：WHO)(以下、「WHO」という。)から脱退を決めている。

さらに、トランプは、NATOへの関与に疑問を呈し、NATOにおける米国の分担金の負担割合を減らすと共に北朝鮮との関係改善を図り、イスラエルに対しては、在イスラエル米国大使館をエルサレムに移し、イスラエルが第三次中東戦争の際にシリアから占領したゴラン高原についてもイスラエルの主権を認めている。

対中戦略については、米国上院議会および米国下院議会共に共通認識となっている中で、トランプ政権時の米中対立は、ハイテク冷戦に発展し、敵対国だけでなく友好国に対しても貿易面で脅している。

トランプ政権は、2020年5月、米国上院議会および米国下院議会に対して*"United States Strategic Approach to the People's Republic of China"*「米国の対中戦略的アプローチ」と題した報告書を提出している。

The White House(2020)によると、中国が外交・経済・政治体制・安全保障等の分野において中国が米国に挑戦しており、米国の脅威となっている点を指摘している。

他方、Bremmer(2018)によると、トランプの4年間で民主党および中道派だったバイデン自身も左傾化したと指摘した上で、トランプによる一連の動きは、短期的な混乱を招いたものの、未だに世界の地政学的な潮流を根底から変えるには、至っていないと指摘している。そして、バイデン政権については、何らかの追加交渉が必要だとしても、パリ協定、WHO、イラン核合意等への復帰を果たすことになると指摘している。確かにトランプ政権では、パリ協定、WHO、イラン核合意に背を向けたものの、バイデン政権では、どれも復帰可能であったことから、米国の友好国やNATOの同盟国は、長年の同盟関係に波風を立てようとしない新しい大統領を歓迎したのである。

安全保障面では、北朝鮮が現在も米国の脅威となっている。中国については、民主党および共和党の両党共にトランプ政権以前から、中国が地政学的に影響力を強めている点を憂慮しており、バイデン政権としても、対中強硬姿勢を継続しながら、衝突を辞さないレトリックからの転換を今日まで模索している。

今日の米国では、対中強硬論は、超党派的なロジックとなっているものの具体策がみえない。トランプ政権1年目の2017年には、中国との妥結を模索したが、2018年からは、制裁関税の強硬路線に転じており、先端技術の分野でも封じ込め政策を展開している[30]。これに対してバイデン政権は、制裁関税には、反対しており、関税の引き下げに動いている[31]。その結果、経済分野での米中の正面衝突は、回避できたものの、米国にとっては、対中交渉のカードの一枚を放棄したことになる。

　また、バイデン政権は、トランプ政権の悲願だった米国軍の紛争地域からの撤退を行っている。即ちアフガニスタンからの撤退である。残念ながら、ロシアとの関係は、修復できていない。2022年2月に始まったロシアによるウクライナ侵攻により、米露関係は、さらに悪化している。こうした点からみて、バイデン政権における基本的な外交政策は、トランプ政権時と比べてさほど変わっていないとみられている[32]。

　しかしながら、バイデン政権では、内政政策の変化を試みている。多くは、新型コロナウイルス感染症(COVID-19)対策に関わるものである。確かにトランプ政権は、科学界に逆らってきたが、バイデン政権は、感染を封じ込めるために科学界と協力した点が大きい。そして、バイデン政権は、大規模な景気刺激策を講じて「トランプ減税」を撤廃し、企業と上位1%の富裕層の税負担を増やすことで、その財源を活かして気候変動問題や環境問題について少しずつ改善させようとしている[33]。

２．トランプを支える固定支持層

　大統領に就任してからのトランプは、数え切れないほどの多くの嘘をつき、スキャンダルを起こし、政府機関の専門家を侮辱し、米国下院議会で弾劾され、新型コロナウイルス感染症(COVID-19)のパンデミックの対応に失敗して大量の死者を出し続け、憲法で保証されている米国民の抗議活動を武装した政府職員に鎮圧させる等して、米国社会における混迷と分断が激化する状況をさらに悪化させている。

　実際、第37代米国大統領(1969年〜1974年)リチャード・ミルハウス・ニクソン(以下、「ニクソン」という。)や第42代米国大統領(1993年〜2001年)ウィリアム・ジェファーソン・クリントン(以下、「クリントン」という。)を含め、倫理上のスキャンダルを起こした大統領は、これまでもいたものの、これまでの大統領であれば、たった1つのスキャンダルでも起こしたとしても、政治家として致命傷となりかねないものであった。

　しかしながら、トランプの支持率は、就任以来ずっと約40%前後であり、どんなスキャンダルが起きても固定支持層は、安定している。こうした状況について、渡辺(2020)は、厳格なファミリーバリュー(家庭重視)を売り物にしているキリスト教保守系の福音派の指導者たちがトランプを強く支持しているからだと指摘している[34]。

　また、渡辺(2020)によると、もし、米国の白人労働者階級に食べる余裕が出来たとしても、LGBTQ、人種差別、女性の人権等の問題を解決することには、至らないと指摘している。その理由として、渡辺(2020)は、ウォール街の金融関係者や、企業経営者等、収入が米国のトップ1%以上の富裕層に属する特権階級の白人には、隠れトランプ支持者がおり、彼らは、トランプに政治献金をしており、陰でトランプを支えているからだと指摘している[35]。

　それに加えて、人種とは関係なく成果主義および学歴偏重の米国社会の中で、Wilkerson(2020)が指摘するように、これまでの米国大統領選挙等には、全く無関心であった米国のカースト制度において階層の低い層に属してきた貧しい白人達にとって[36]、トランプは、「自分が生まれつき白人というだけで黒人若しくはアフリカ系よりは、優れた存在である」ということを安心して認識させてくれる貴重な存在であり、彼らにとって信頼できる指導者である。そして、彼らがトランプを支える強い固定支持層になっている。

３．「知の差別」が招く米国社会の分断

　Young(1994)によると、米国における人種間の分断といった背景には、学歴差別に対する罪の意識が乏しい点を指摘している。Young(1994)は、メリトクラシー(実力社会)が個人の能力や努力に報いるユートピア(理想郷)の象徴とみなされることが多い中で、エリート層が全てを支配することによるディストピア(暗黒郷)の存在を危惧している。確かに最近の米国社会は、米国内の分断が進むにつれて、メリトクラシー(実力社会)の光よりもディストピア(暗黒郷)の影に焦点を当てる傾向にある。

　また、Chetty(2015)によると、誰もが平等な条件で競い合い実力で勝ち取った結果なら致し方ないが、経済的な階層が異なると、最初のスタートラインが同じでは、ないと指摘した上で経済的な階層を基に子供が米国内の名門大学に入学できる確率を算定した結果、上位1%の富裕層には、下位20%の低所得者層よりも77倍のチャンスが開けていると結論付けている。そして、Chetty(2015)は、メリトクラシー(実力社会)において知の差別を容認するべきでは、ないと指摘した上で[37]、米国のトランプ政権誕生後の国内分断、英国のEU離脱、欧州の極右勢力の伸長等、不遜なエリート層による専制に対して不満や怒りをため込んだ非エリート層のエネルギーがメリトクラシー(実力社会)におけるポピュリズム(大衆迎合主義)の発火点となって、米国内に広まっており、エリート層と非エリート層間の闘争を激化させていると指摘している[38]。それでも、米国では、これだけ経済格差が拡大しているにも拘わらず、非エリート層への所得の再分配の必要性を説くリベラル派の主張が広がりを持たない状況が続いている。

さらに、Sandel(2020)によると、「エリート層による専制」の危険性を指摘しており、学歴の高低を米国内の最も深刻な分断軸の一つだと指摘している。米国内の大学等の授業料は、高額であり、大学に進学したくても経済的な理由により進学できない人の数は、多い。よって、Sandel(2020)は、米国における学位取得の競争条件は、決して平等とは、いえず、貧富の格差等に影響されていると指摘している。そこで、高学歴層と低学歴層の固定化が進み、メリトクラシー(実力社会)が世襲のアリストクラシー(貴族社会)化していることを説いている[39]。米国政府が保護貿易や移民制限といった政策に縋っても、非エリート層に属する低所得者層および中所得者層の底上げに繋がる訳では、ないことから、Sandel(2020)が指摘しているとおり、米国には、「境遇の平等」が必要であると共に非エリート層に属する低所得者層および中所得者層の成長強化や所得再分配、教育・政治改革等を併せた政策を進めていく必要がある[40]。確かに非エリート層に属する低所得者層および中所得者層の多くは、国からの安易な施しを求めている訳では、なく、社会の中での存在意義を確認できる職や地位を求めているにすぎない。この場合、Sandel(2020)は、現在の米国国民の多くが「伝統的な政党や政治家は、自分たちを蔑ろにしている」と感じている点に注目しており、米国における学歴社会の弊害を改善していかない限り、米国社会を席巻するポピュリズムの火を消すことは、難しいだろうと指摘している[41]。ここで、Sandel(2020)が問題視しているのは、「知の差別」である。Sandel(2020)は、米国社会において高学歴層が職業や所得、人種よりも教育水準の違いに厳しく、低学歴層に対する偏見に罪悪感を抱かない傾向がある点を問題視している[42]。現実的に学位の有無が人の一生を左右するのは、確かであり、米国連邦準備理事会(The Federal Reserve Board：FRB)(以下、「FRB」という。)によると、米国の2019年の家計所得(税引き前)は、中央値で大卒が9万6千ドル、高卒が4万6千ドルとなり、純資産も中央値で大卒が30万8千ドル、高卒が7万4千ドルと無視できない違いがあると指摘している[43]。

　他方、Rorty(2005)は、民主主義が脅かされている今日の状況における米国社会の分断やポピュリズムの広がりを予言するかのように、真理の探究を目指して「理性」を重視する従来の「基礎付の哲学」(近代哲学)が社会の分断や差別を齎すことから、人間同士の対話の継続性を軸とする新たな哲学の役割によって、本来あるべき社会の在り方を構築する必要があると指摘している。

４．２０２４年米国大統領選挙に向けてのトランプの再始動

　2021年6月6日、トランプは、ノースカロライナ州で開かれた共和党の集会に参加し、2020年米国大統領選挙後、約3カ月ぶりに公の場での演説に臨み[44]、約1時間半に渡ってバイデン政権への批判を展開している[45]。選挙集会と同じ形式の支持者集会も再開する方針を示しており、2024年米国大統領選挙への布石として自身の求心力の維持を図ると共に「急進左派は、米国を破壊するためなら何でもする」と発言する等、バイデン政権が目指す法人・富裕層への増税や温暖化対策の国際的な枠組みである「パリ協定」への復帰等についても厳しく批判している[46]。

　また、トランプは、中国への批判も全開にしている。「中国共産党は、中国ウイルスで16兆ドルもの打撃を米国に与えた。あらゆる国は、中国に対してこの損害を補償させる法案づくりで協力すべきだ」等と発言している[47]。2020年米国大統領選挙において新型コロナウイルス感染症(COVID-19)の拡散がトランプ自身への打撃となり、2020年米国大統領選挙の敗北に繋がったとの認識がトランプにあることから、トランプは、「新型コロナウイルス感染症(COVID-19)の拡散の責任は、中国にある」といった批判を繰り返している。

　さらに、トランプは、バイデンの欧州歴訪についても「何の成果も挙げていない」と批判した上で、「自分が米国の同盟国に公正な負担を払わせた」と自らの成果を主張し、「自分がNATO加盟国に対して分担金の増額を求めて実現させた一方で、自分が米国のNATO分担金の負担を減少させた」として、その成果を誇示したのである[48]。

　しかしながら、2020年米国大統領選挙後のトランプは、有力な発信手段だったFacebookやTwitter(※現在のX)をはじめとするSNSの利用を事実上封じられ、支持者のつなぎ留めに腐心している[49]。その間、トランプは、2020年大統領選挙にて激戦であった南部フロリダ、同ジョージア、中西部オハイオの各州に支持者集会を開催して直接的に支持者との対話に努めている。トランプ自身、2024年米国大統領選挙での勝利を目指して政治活動を再開したものの、先述のとおり、一族が経営するトランプ・オーガニゼーションの脱税や不正な資金取引を巡る疑惑について、再び注目を集めている[50]。もし、トランプ自身が訴追されれば、政治的なダメージは、避けられないものの、トランプやトランプ支持層にとっては、訴追や脱税疑惑そのものが「仕組まれた陰謀」であり、「全てフェイク」だとして、これを一蹴するだけである。そして、トランプは、2022年11月15日、フロリダの邸宅マール・ア・ラーゴにて自ら演説し、「今夜、私は、2024年米国大統領選挙への立候補を表明する」と正式表明をすると共に「米国を再び偉大にする」と述べている[51]。

　2024年米国大統領選挙については、当初、バイデンが高齢を理由に出馬しない意向を示していたが[52]、2022年11月9日、バイデンは、2024年米国大統領選挙に出馬して再選を目指す意思を示している[53]。但し、健康面等での不安により、バイデンに代わって副大統領のカマラ・デヴィ・ハリス(以下、「ハリス」という。)若しくは、他の民主党の候補者が2024年米国大統領選挙に擁立される可能性もある。何れにせよ、バイデン政権が外交問題・経済問題・安全保障問題等と共に環境問題・内政問題・社会福祉問題等に対処して大きな実績を挙げなければ、2024

年米国大統領選挙においてバイデンを含む民主党の候補者がトランプに対抗して勝利することは、非常に困難である。そして、共和党は、2020年米国大統領選挙において序盤、トランプが優勢だったにも拘らず、その後の郵便投票等により、バイデンに逆転された反省から、郵便投票に制限を設ける法律が各州議会において多数派を占める共和党系議員の主導により可決されている[54]。こうした共和党の動きについて、民主党や市民団体等は、「黒人若しくはアフリカ系をはじめとする人種的マイノリティによる投票機会を減らすことに繋がり、白人を支持基盤とする共和党に有利な環境を作るための謀略」だとして猛反発している。

　他方、2021年5月12日、共和党は、トランプと対立している米国下院議会の共和党会議議長のエリザベス・リン・チェイニー(以下、「チェイニー」という。)の役職を解任している[55]。チェイニーは、トランプが訴える2020年米国大統領選挙での不正を「大嘘」と否定していたことから、トランプがチェイニーの排除を共和党内に求めたのである。そして、米国下院議会の共和党会議議長には、トランプを支持するエリス・ステファニク(以下、「ステファニク」という。)が就任している[56]。

　その後、2022年米国中間選挙では[57]、米国下院議会において共和党が過半数を獲得したものの[58]、共和党内の保守強硬派の抵抗により、共和党の米国下院議会院内総務であるケビン・オーウェン・マッカーシー(以下、「マッカーシー」という。)が米国下院議会議長に選出されるのに15回も投票が行われている。結局、マッカーシー自身が共和党内においてトランプの影響を受ける米国下院議会議員が主張する米国下院議会の運営方針に譲歩する形で辛うじて選出される等[59]、改めて共和党におけるトランプの影響力が大きいことを示したのである。このように共和党は、2020年米国大統領選挙後、今日に至るまで「トランプ党」であり続けている。これは、トランプの影響を受ける熱狂的な支持者の票に期待してトランプに協力する道を選択したからだともいえる。こうした動きは、2024年米国大統領選挙まで続いていくものであり、今後もバイデン政権の足元でトランプおよびその支持者がバイデン政権の政策運営に揺さぶりをかけていくものと考えられる。

第4節　むすび

　トランプは、「2020年米国大統領選挙において経済分野で実績を上げた自分こそが再選されるべきだった」と訴えている。確かにトランプ政権時の新型コロナウイルス感染症(COVID-19)のパンデミック(世界的大流行)前の米国では、失業率がこれまでの50年間で最低の水準であった。低賃金労働者の賃金も5%弱の高い伸びを示し、株価は、上昇傾向にあったことから、トランプは、「これらの全ては、減税、規制緩和、対外的に強気の通商政策の3本の矢で構成するトランポノミクス(トランプ政権の経済政策)の成果だ」と強調している。そして、「同様の政策をもっと推進することで、新型コロナウイルス感染症(COVID-19)収束後の米国経済を復活させる」と主張している[60]。

　しかしながら、新型コロナウイルス感染症(COVID-19)の危機前(以下、「新型コロナウイルス感染症(COVID-19)前」という。)のトランプ政権における経済分野での実績には、プラス面とマイナス面の両方が存在している。奏功した点は、トランプの減税と歳出拡大が効果を上げたことにあるが、元々、これは、トランプが大統領に就任した時、米国経済は、依然として景気刺激策を必要としていたからである。その一方で、この需要を埋めることによって得られた成功は、米国にとって保護主義的な貿易政策による経済への打撃を見えづらくする結果を齎したといえる。残念ながら、トランポノミクスは、2016年米国大統領選挙でトランプに投票した人々が思い描いたような成果を達成することができなかったのである[61]。

　実際、トランプは、2016年米国大統領選挙中に「米国の国内総生産(Gross Domestic Product：GDP)(以下、「GDP」という。)の実質成長率の目標値を年4.0%以上にする」と公言したものの[62]、大統領就任後に目標値を年3.0%に引き下げている。トランプ政権下の2017年初めから2019年末までの3年間の米国におけるGDPの実質成長率は、年2.5%(平均)に留まっている[63]。これは、オバマ政権下の3年間の米国におけるGDPの実質成長率である年2.4%(平均)とほとんど変わっていない[64]。トランプは、「減税で経済が活性化することから、むしろ税収増をもたらして財政赤字が改善される」と唱えると共に「行政の不要な規制を廃止すれば企業の投資が促進される」と主張したものの、米国におけるGDPの実質成長率は、あまり改善しなかったのである[65]。

　他方、米国の財政赤字のGDP比は、国際通貨基金(International Monetary Fund：IMF)(以下、「IMF」という。)の計算方法によると、4.4%から6.3%に上昇している[66]。その理由としては、規制緩和によって企業の景況感が確かに改善したものの、企業部門の投資の持続的な伸びが全くみられなかったからである。トランプの規制緩和と減税は、2017年末の税制改正で決定した住宅ローンに絡む税控除の引き下げ等の政策による悪影響を抑える役割を果たしたものの、これらの景気浮揚効果は、米国経済の規模からみると小さなものに留まっている。トランプは、「2019年末までの3年間で、規制緩和によって510億ドル(約5兆4千億円)分のコスト削減効果を齎した」と主張していたものの[67]、この数値は、米国におけるGDPの実質成長率の年0.2%程度の規模にすぎない[68]。つまり、規制により齎されていた公共の利益が勘案されていなかったのである[69]。

　新型コロナウイルス感染症(COVID-19)前の米国の経済が特異だったのは、減税や規制緩和等の施策を講じたサプライサイド(供給側)の経済ではなく、他の先進各国でも同じように起こっていた雇用分野における景気の良さで

もない。それは、2018 年から 2019 年にかけて世界経済の成長が急速に減速する中で、米国経済の減速のペースが相対的に緩やかだったことに他ならない[70]。その要因は、トランプ政権が財政赤字をさらに拡大させて、一時的な経済のテコ入れ策を講じたからである[71]。

また、米国の労働市場には、十分な余裕があったことから、大規模な財政刺激策を発動したことにより、米国は、大きなインフレを招くことなく、他の先進国より高い経済成長率を実現できたのである。その後、政策金利は、再び以前と同程度の水準まで引き下げられ、公的債務への圧力が軽減されている。こうした中で、トランプの貿易政策は、世界経済の先行きと成長に重く圧し掛かったのである。IMF は、新型コロナウイルス感染症(COVID-19)前に、米中の対立が世界経済の成長率を年 1.0%近く押し下げる恐れがあると試算していたが[72]、米国は、中国との貿易戦争や関税戦争を回避しようせずに、それによる経済の落ち込み分を財政刺激策等で取り戻そうとしたのである。

しかしながら、トランプが関税を次々と引き上げたことで、米国の製造業は、新たに創出された分よりも多くの雇用が失われたといえる[73]。その要因としては、トランプ政権による関税の引き上げが輸入部品の価格上昇を引き起こし、中国等により米国製品を標的とした関税の引き上げの報復措置を招いたからである[74]。こうした点を総合的に鑑みると、トランポノミクスの様々な躓きについては、次の 3 点を指摘することができる[75]。

① 順調な経済と安定した雇用市場を維持することは、ラストベルト地帯における低所得者層の労働者にとって大きな恩恵となったが、未来に対する公共インフラ投資等が不足していた。
② 規制緩和が進んだ経済では、規制緩和や減税等のサプライサイドの改革を推進しても、その成果が GDP の成長率に顕著に表れるとは、限らない。重要なのは、経済成長が人口の減少や高齢化等、中々変えられない要因により下押しされている点を認識しなければならなかった。
③ 中国に対する輸入関税の引き上げによって自国の製造業の成長を促進しようと試みたが、中国から輸入される原材料および部品等の値上がりを齎した。その結果、米国経済にとっては、逆効果となり、自国の製造業の成長を阻害し、消費者を苦境に陥れることに繋がった。

トランプが政策運営に当たる米国の労働市場は、2019 年に過去数十年で最も良好な状態となっていた[76]。その一部は、トランプの大きな功績であったといえるものの、先述した 3 つの点では、成果と弊害の両方が存在している。

他方、米国におけるトランプ政権の 4 年間の欠点は、政権の核となるホワイトハウスの人事を固定できなかったことにある。トランプ政権内におけるホワイトハウスの派閥は、次の 4 つのグループに分けられており、この派閥の中で政策運営が行われていたものの、辞任も多く、トランプ政権一体として機能することができなかったのである。

A) チーム・トランプ(イヴァンカ・マリー・トランプ、ジャレッド・コーリー・クシュナー、ゲイリー・コーン、ディナ・ハビブ・パウエル)
B) チーム・バノン(スティーブン・ケヴィン・バノン、スティーブン・ミラー、セバスチャン・ゴルカ)
C) チーム・プリバース(ラインス・プリーバス、ショーン・マイケル・スパイサー、ケリーアン・エリザベス・コンウェイ)
D) チーム・マクファーランド(キャサリン・トロイア・マクファーランド、ケイティ・ウォルシュ)

実際、D) チーム・マクファーランドについては、B)チーム・バノンと C)チーム・プリバースの両方にまたがるとされている[77]。この場合、米国軍出身者は、別系統とされている。

トランプ政権の 4 年間は、米国社会の分断が顕著にみられたといえる。例えば、2020 年米国大統領選挙の結果をみても判るとおり、3 つの分断が明らかになっている。一つ目は、保守派と革新派の対立による分断であり、二つ目は、GAFA 等のグローバル化による勝組の富裕層と反グローバルによる負組の低所得者層との分断であり、三つ目は、米国におけるトランプ支持層と反トランプ支持層の対立による米国社会の分断である。

2020 年米国大統領選挙におけるバイデン勝利の要因として民主党内にて指名選挙を争ったバーニー・サンダース(以下、「サンダース」という。)の支持者からバイデンへの投票も忘れては、ならない。前回の 2016 年大統領選挙においてヒラリー・クリントン(以下、「クリントン」という。) がトランプに敗れた要因の一つとしてサンダースの支持者からの投票を得られなかったことが挙げられている。そのため、2020 年大統領選挙でもサンダースの支持者からの投票がなければ、バイデンが勝利し、バイデン大統領の誕生は、無かったものと考えられる。

「米国第一主義」を唱え、同盟国にも敵対国にも同じように駆け引きを挑むトランプの手法は、対外的には、批判が多かったものの、米国国内では、過去と柵のないトランプの政策について評価する国民の声が多かったのも事実である。2020 年米国大統領選挙の開票結果をみると、バイデンは、81,283,501 票 (51.3%)を獲得しており、トランプは、74,223,975 票 (46.8%)を獲得している[78]。そのため、バイデンとしては、トランプに投票した 74,223,975 人もの米国人の声を今後も無視することはできないことになる。

実際、トランプに投票した 74,223,975 人の多くは、固定票であり、どんなにトランプが失言をして、批判報道がなされたとしても、彼らのトランプに対する支持が揺らぐことがない。このように固定した支持層の存在がトランプの強みであり、トランプ自身の政策に対する自信にも繋がっている。

外交面においてトランプの対中国政策では、「新冷戦」と一部で呼ばれる程の米中間の対立にまでエスカレートしたものの、それもトランプ流の「ディール(deal)」を導くための巧みな戦術であるとしたら、トランプ在任の 4 年間、世界は、彼の術中に嵌り、彼の手の平で踊っていたことになる。

第2章　トランプ政権下における米中対立と安全保障戦略

第1節　はじめに

　近年、中華人民共和国(以下、「中国」という。)の中国共産党中央委員会総書記(2012年～)・国家主席(2013年～)習近平(以下、「習近平」という。)は、アメリカ合衆国(以下、「米国」という。)の第45代米国大統領(2017年～2021年)ドナルド・ジョン・トランプ(以下、「トランプ」という。)による中国政府への対決姿勢を中国国内の自らの支持固めや海外における中国寄りの国々から同情を取り付けるのに上手に繋げている。

　こうした状況下で、新型コロナウイルス感染症(COVID-19)のパンデミック(世界的な大流行)が起きている。そして、このパンデミックを契機に中国は、米国、英国、欧州諸国、オーストラリア(以下、「豪州」という。)、インド等との関係を悪化させている。

　他方、米国では、対中強硬姿勢のさらなる強化の必要性について、民主党および共和党の両党共に合意できる数少ないテーマとなっている。そのため、米国側からの米中関係の修復は、当然見込めないことになる。

　しかしながら、それは、中国側からの歩み寄りを必要とするものであり、現状を踏まえると、習近平がこうした歩み寄りを示す可能性は、ないに等しいことから、米中関係の修復は、期待できない状態が続いている。

　実際、トランプは、米中貿易を狙い撃ちしたことにより、技術を巡る覇権争いでも米中対立が生じている。例えば、次世代通信規格「5G」を巡っては、米国の働きかけもあって英国等が中国の華為技術(ファーウェイ)製の基地局の排除を決めている[79]。その結果、ヒマラヤ山中の国境地帯での中国とインド両軍による衝突等による中印対立でさえも、米国に有利となっている。具体的には、インドが中国製アプリの使用を禁止する等の対中制裁を強めたことを契機に、米国企業は、インド市場における販売攻勢を仕掛けたのである[80]。それに対して、中国は、香港や台湾、南シナ海等の問題でも強硬姿勢を強めており、米中対立の事態を一段と悪化させている。こうした背景には、中国国内における習近平と政治エリート層の間には、習近平が国内で権力基盤を強固にすればするほど「世界の大国若しくはアジアの覇権国として相応しい行動を執らなければならない」という暗黙の了解があるためである。そのため、習近平は、中国が主権に関わる「核心的利益」と位置付ける問題について、強硬路線を取らざるを得ないのである。例えば、中国が統制を強める香港では、香港国家安全維持法を施行し、領有権を争う南シナ海では、強硬な軍事活動を展開しているが、これは、米国を睨んだ行動に他ならない。

　実際、米国政界は、ここ数年、反中姿勢を強めており、容易に方向転換できない状況となっている。例えば、台湾についても、トランプ政権時に、米国の厚生長官であったアレックス・アザーが2020年8月に台湾を訪問した際には、中国に対して明確な警告のシグナルを送っている。そのため、現在の第46代米国大統領(2021年～)ジョセフ・ロビネット・バイデン・ジュニア(以下、「バイデン」という。)政権でも、米国における外交政策の反中姿勢は、当面変わらないと考えられる。もし、現在の米中関係の方向性を変えることができる人物がいるとすれば、それは、習近平に他ならない。習近平には、中国共産党、国内経済や社会、ひいては、国際社会との関係を変えた政治家としての実績がある。よって、米中関係の修復に出口があるとするならば、その道を選ぶ人物は、習近平自身ということになる。

　他方、米中関係の対立により、米ソ冷戦時代のようなデカップリングを引き起こしかねないといった懸念が米国の経済界に生じている[81]。

　しかしながら、米国経済は、グローバル化の進展に伴い、「世界の工場」である中国への経済的な依存度を予想以上に高めている。そのため、米中間において米ソ冷戦時代のようなデカップリングが簡単に生じることは、考えにくい。

　米中関係の対立の裏側で中国は、新興国および発展途上国の盟主としての地位を確かなものにしつつある。IMF(2020)によると、対中貿易額が対米貿易額を上回る国々は、中国の世界貿易機関(World Trade Organization：WTO)(以下、「WTO」という。)加盟を契機に急速に増加したことが判る。習近平が中国共産党大会(第19回全国代表大会)において「人類運命共同体」を掲げているが、こうしたグローバル・ガバナンスを変革しようとする背景には、新興国および発展途上国との関係を深め、その盟主として確固たる地位を築いたことに対する強い自信と自負が習近平にあるためである。こうした点では、今後、新興国および発展途上国との関係を深めていく中国の動向にも注視していく必要がある。

　そこで、本章においては、トランプ政権下における米中対立と安全保障戦略を中心に分析しながら、その特徴およびその方向性について分析し考察するものである。

第２節　トランプ政権下における新たな安全保障戦略とマネジメント

１．米国におけるＮＡＴＯ分担金の減額

　2020 年の北大西洋条約機構(North Atlantic Treaty Organization：NATO)(以下、「NATO」という。)の予算総額は、25 億 1,730 万ユーロとなっている。その内訳としては、文民予算が 2 億 5,650 万ユーロ、軍事予算が 15 億 5,080 万ユーロ、そして、NATO セキュリティ投資プログラム(NSIP)が 7 億 1,000 万ユーロとなっている[82]。

　NATO 加盟国の努力目標としては、NATO ウェールズ首脳会合 (2014 年)において各加盟国の努力により 10 年以内 (〜 2024 年)に国防費を対 GDP 比 2％水準へ引き上げること、そして、主要装備品支出の充当率(研究開発費用含む。)を 20％に増額することを目標に決定がなされている。

　しかしながら、冷戦期 の NATO 主要加盟国の国防費は、対 GDP 比 2％以上の水準を保っていたものの、冷戦後の 2014 年においては、英国のみが対 GDP 比 2％を達成しており、その他の NATO 主要加盟国は、対 GDP 比 1 ％台となっている。そして、2018 年に対 GDP 比 2％以上の国防費を達成している NATO 主要加盟国は、米国(3.39％)、ギリシャ(2.22％)、英国(2.15％)、エストニア(2.07％)の 4 か国に加え、ロシアから直接侵攻を受ける可能性があるポーランド(2.05％)、ラトビア(2.03％)、リトアニア(2.0％)等を加えた計 7 か国となっている[83]。トランプは、こうした状況を注視し、冷戦後、NATO 主要加盟国の国防費が減少している中で、米国の国防費の負担が大きい状況について異議を唱え、NATO 主要加盟国に対して国防費の増加を求めたのである[84]。

　その結果、NATO 文民予算および軍事予算(セキュリティ投資プログラム)をみてみると、米国は、表 1 のとおり、(29 か国)費用負担調整率(2018 年 1 月 1 日〜2019 年 12 月 31 日)において全体の 22.13％を負担していたものがトランプの主張等もあり、(北マケドニアを含む 30 か国)費用負担調整率(2021 年 1 月 1 日〜2024 年 12 月 31 日)において全体の 16.34％の負担まで減少させている。米国国内では、こうしたトランプの業績を評価する声も多い。

表1　NATO文民予算および軍事予算（セキュリティ投資プログラム）における各国分担金負担割合

国名	(29カ国)費用負担調整率(2018年1月1日〜2019年12月31日)	(29カ国)費用負担調整率(2021年1月1日〜2024年12月31日)	増減率	(北マケドニアを含む30カ国)費用負担調整率(2021年1月1日〜2024年12月31日)	増減率
アルバニア	0.0841%	0.0908%	7.97%	0.0908%	7.97%
ベルギー	1.9506%	2.1059%	7.96%	2.1043%	7.88%
ブルガリア	0.3390%	0.3660%	7.97%	0.3656%	7.85%
カナダ	6.3763%	6.8840%	7.96%	6.8789%	7.88%
クロアチア	0.2776%	0.2997%	7.96%	0.2995%	7.89%
チェコ	0.9788%	1.0567%	7.96%	1.0558%	7.87%
デンマーク	1.2157%	1.3125%	7.96%	1.3116%	7.89%
エストニア	0.1157%	0.1249%	7.95%	0.1248%	7.87%
フランス	10.4986%	10.4986%	0.00%	10.4913%	−0.07%
ドイツ	14.7638%	16.3572%	10.79%	16.3444%	10.71%
ギリシャ	0.9801%	1.0581%	7.96%	1.0573%	7.88%
ハンガリー	0.7041%	0.7602%	7.97%	0.7595%	7.87%
アイスランド	0.0597%	0.0645%	8.04%	0.0642%	7.54%
イタリア	8.1400%	8.7881%	7.96%	8.7812%	7.88%
ラトビア	0.1478%	0.1596%	7.98%	0.1595%	7.92%
リトアニア	0.2379%	0.2568%	7.95%	0.2566%	7.86%
ルクセンブルグ	0.1569%	0.1694%	7.97%	0.1693%	7.90%
モンテネグロ	0.0270%	0.0292%	8.15%	0.0291%	7.78%
オランダ	3.1985%	3.4532%	7.96%	3.4506%	7.88%
ノルウエー	1.6472%	1.7784%	7.97%	1.7771%	7.89%
ポーランド	2.7683%	2.9887%	7.96%	2.9861%	7.87%
ポルトガル	0.9725%	1.0499%	7.96%	1.0491%	7.88%
ルーマニア	1.1384%	1.2290%	7.96%	1.2279%	7.86%
スロバキア	0.4784%	0.5165%	7.96%	0.5160%	7.86%
スロベニア	0.2109%	0.2277%	7.97%	0.2276%	7.92%
スペイン	5.5534%	5.9956%	7.96%	5.9908%	7.88%
トルコ	4.3819%	4.7308%	7.96%	4.7266%	7.87%
英国	10.4581%	11.2908%	7.96%	11.2823%	7.88%
米国	**22.1387%**	**16.3572%**	**−26.12%**	**16.3444%**	**−26.17%**
北マケドニア	−	−	−	0.0778%	−
合計	100.00%	100.00%		100.00%	

（注1）費用負担調整率は、小数点第五位以下を切り捨てている。また、増減率は、小数点第六位を四捨五入している。
（出所）NATO,https://www.nato.int/(November 4,2020)をもとに筆者作成。

２．アジア太平洋における新たな安全保障の構築

　2020 年 10 月に来日した米国の国務長官(※当時)マイケル・リチャード・ポンペイオ(以下、「ポンペイオ」という。)は、将来、インド太平洋に多国間の安全保障の枠組みを構築するのが望ましいとの考えを表明している[85]。つまり、ポンペイオは、日本・米国・豪州・インドによる外交および安全保障上の協力関係を他国にも広げ、中国やロシア等の権威主義国家に対抗するための基盤を育てるべきだと考えたのである。こうした背景には、中国がインド太平洋において軍事、経済両面で急速に影響力を強めている中で、ポンペイオがこの地域にも NATO のような多国間の安全保障の枠組みを構築させて中国に対抗する必要があると考えたからである。当時、新型コロナウイルス感染症(COVID-19)の感染が広がる中、中国が南シナ海や尖閣諸島、インド国境付近において軍事的な挑発的な行為を繰り返した結果、「華為技術(ファーウェイ)等の中国の情報通信企業の製品を通じて、中国共産党に米国の個人のデータが流れるのではないか？」という懸念が米国内で広まっていたのも事実である。

　また、ポンペイオは、「中国の軍事上の挑発的な行為に対抗するため、経済や法の秩序、知的財産権の保護等幅広い分野で各国が協力すべきだ」と主張している[86]。ポンペイオの発言で際立っていたのは、「中国政府」という表現を用いず、ひたすら「中国共産党」と呼び続けたことである[87]。こうした背景には、「中国がサイバースパイ、軍備増強、人権侵害を止めないのは、中国共産党の体質そのものに元凶がある」という思考が底流に存在しているからである[88]。例えば、ポンペイオは、「インド太平洋に安全保障の枠組みを設ける目的は、中国共産党の挑戦に対抗するためだ」と言及すると共に「重要インフラから中国企業を排除しなければ、中国共産党の手中に個人のデータが盗まれる」と警告している。トランプ政権が「中国共産党性悪説」に立てば、個々の問題で中国と妥協できる余地は、乏しくなり、米中の対立は、さらに深まらざるを得ない。ポンペイオが包囲網の構築を急いだ理由としては、こうしたシナリオを織り込んでいたからである。確かに日本・豪州・インドが米国との連携に踏み込んだ理由としては、インド太平洋における中国の強硬な振る舞いを警戒していたからである。そして、米国は、日本・豪州・インドとの協力を広げ、インド太平洋における安全保障の枠組みに繋げるため、東南アジア諸国や韓国にも強く働きかけている。

　しかしながら、アジアには、中国に経済的に深く依存する国々が多く、どこまで奏功するかは、不透明である。

　他方、中国は、図 1 のとおり、アジア太平洋地域の経済連携を強めようとしている。中国は、2020 年 11 月 15日に東アジアの地域的な包括的経済連携協定(Regional Comprehensive Economic Partnership Agreement：RCEP)(以下、「RCEP」という。)に署名したばかりにも拘らず[89]、2020 年 11 月 20 日に環太平洋経済連携協定(Trans-Pacific Partnership Agreement：TPP)(以下、「TPP」という。)への参加を「積極的に考える」と表明する等、米国の政権移行の間隙を突いて大技をかける形となっている。その結果、米国とすれば、トランプ政権が目論んだ「中国包囲網」処の話ではなくなってしまったのである。

　実際、トランプ政権は、「米国第一主義」を唱え、TPP から離脱し、アジア太平洋地域との国際経済連携の枠組みから離脱している。そのことが中国のアジア太平洋地域における国際経済連携を加速させた要因ともなっている。

図1　アジア太平洋における経済連携と日本・米国・豪州・インドによる集団安全保障体制への影響

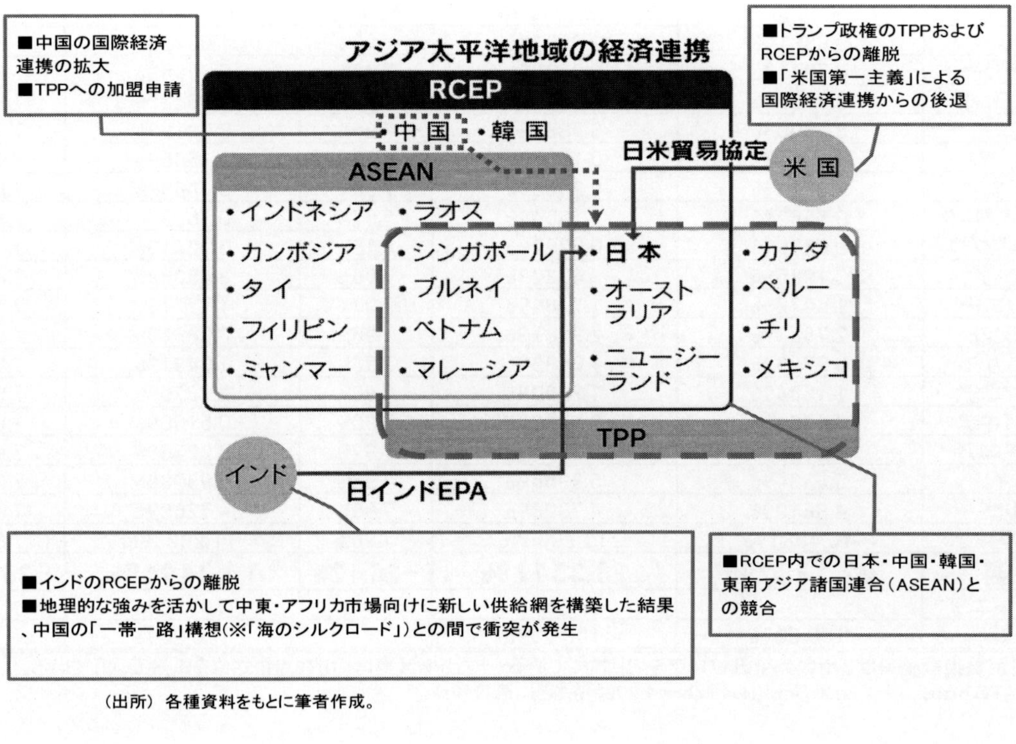

（出所）各種資料をもとに筆者作成。

他方、海上交易においては、戦略的要衝を制することが重要とされている。特にインド洋には、中東のホルムズ海峡や東南アジアのマラッカ海峡等の主要な要衝が直接若しくは間接的に連なっていることから、インドは、地理的に中東・アフリカから東南アジアに至る航路の要に位置すると共に経済安全保障上の鍵を握っている。確かにインドは、RCEPに合意した日本・中国・韓国、東南アジア諸国連合（Association of South East Asian Nations：ASEAN）（以下、「ASEAN」という。）等といったアジア域内での競合を避けてRCEPから離脱すると共に地理的な強みを活かして、中東・アフリカ市場向けに新しい供給網の整備を目指している。そのため、インドは、中東・アフリカ市場を目指す中国の「一帯一路」構想にある「海のシルクロード」による経済開発との間で衝突が生じている。ポンペイオは、米国政権内でも対中強硬派の筆頭であったことから、対中国を見据えた集団安全保障体制として米国・日本・豪州・インドによる「インド太平洋構想の推進」を模索したものの、ポンペイオの目論見に反して、国際経済連携の点では、図1のとおり(別頁参照)、米国・日本・豪州・インドが必ずしも一枚岩では、ないことが判る。

3．トゥキディデスの罠：覇権国と新興国との対立

南シナ海における中国の海洋進出をめぐり常設仲裁裁判所による判決(以下、「仲裁判決」という。)は、中国が歴史的権利として管轄権を主張する「九段線」の法的根拠を否定し、「スプラトリー(南沙)諸島に排他的経済水域を伴う『島』は、存在しない」という、中国の全面的敗訴ともいえる法的結論を齎している[90]。中国の指導部やメディアは、総力を挙げてこれに反論し、仲裁判決の無効性を強調しつつ、南シナ海における埋立てや軍事関連施設の建設を継続する姿勢を崩さないでいる。確かに中国国内では、「国際制度や規範が台頭する国家に不利・不公平に形成されている」という不信感を高めている。とりわけ南シナ海では、海洋進出の拠点として歴史的権利を主張する中国と航行自由の原則を重視し一方的な現状変更を厳しく批判する米国との間で、非妥協的な対抗姿勢が強まっている。Allison(2018)によると、こうした見方を「トゥキディデスの罠(The Thucydides Trap)」として警告している。古代ギリシャの歴史家トゥキディデスは、著書「戦史」のなかで、紀元前5世紀に内陸指向国家スパルタがアテネの国力興隆に不安を抱き、ペロポネソス戦争に至った経緯を叙述している[91]。このペロポネソス戦争の歴史は、覇権国と新興国とのパワーシフトの過程で引き起こされる深刻な対立を示唆している。当時、古代ギリシャでは、海上交易を押さえる経済大国としてアテネが台頭し、陸上における軍事的覇権を事実上握るスパルタの間で対立が生じたことから、長年に渡るペロポネソス戦争が勃発したのである。こうした歴史的な経緯を踏まえて、Allison(2018)は、急速に台頭する大国が既成の支配的な大国とライバル関係に発展する際に、それぞれの立場を巡って摩擦が起こり、本来ならば、お互いに望まない直接的な抗争に及ぶことになると指摘している[92]。

また、Allison(2018)は、国際社会のトップにいる国がその地位を守るために現状維持を望む一方で、国際社会において台頭する国が国際社会のトップにいる国に潰されることを懸念して既存の国際ルールを自分に都合が良いように変えようと試み、パワーゲームの中で国際社会のトップにいる国との間で軍事的な争いに発展する現象を指摘している[93]。加えて、Allison(2018)は、過去500年間において覇権争いが起きた16の事例の内12の事例は、戦争に発展したものの、20世紀初頭の英米関係や冷戦等における4つの事例では、新旧大国の譲歩により戦争を回避すると共にその場合、新旧大国が国際システムや国際ルール等の改変といった点で大きな代償を強いられていると指摘している[94]。

しかし、「トゥキディデスの罠」を紐解けば、戦争を引き起こす主な要因は、「戦争が不可避である」という確信そのものにある。Allison(2018)は、「米中対立は、不可避である」という信念こそが「トゥキディデスの罠」の自己成就を齎しかねないとしており[95]、米中を取り巻く原則論の対立にどのような妥協や共通の利益を見出すことができるかに、「トゥキディデスの罠」を抜け出すための知恵が含まれているとしている[96]。

第3節　安全保障と武器輸出の拡大

1．世界の武器貿易の拡大

経済成長した国が増えると同時にその市場を攻略する武器の輸出国の動きが強まっている。2010年代後半の世界の武器輸出額は、1990年代以降で最も多く、冷戦終結前の水準に匹敵している[97]。特にドローン等の先端技術に強いイスラエルも武器輸出額を伸ばしている[98]。

しかしながら、中身は、冷戦期とは、大きく異なっている。冷戦期の米国および旧ソビエト連邦の1950〜1980年代の輸出先上位は、東西ドイツ等、NATOやワルシャワ条約機構(Warsaw Pact Organization：WPO)(以下、「WPO」という。)の加盟国が占めていたのに対して、1990年代以降は、アジア太平洋地域が中心となっている[99]。

世界の武器貿易市場の動向についてみてみると、世界の武器輸出額に占める米国とロシア(※旧ソビエト連邦を含む。)の割合が1970年代の70%超から2010年代後半は、57%に下がっている[100]。

近年、中東や東南アジア等の新興国や発展途上国が経済成長を背景に購買力を高めており、軍備の増強に動いている。その結果、世界全体の武器輸出額が再び増えている。それは、米国と旧ソビエト連邦が東西両陣営を支援した冷戦期とは、異なり、武器を輸出する側も経済的側面から市場開拓に力を注いでいるからである。

実際、トランプ政権は、米国製武器の輸出量を拡大させている[101]。例えば、表2のとおり、2021年の世界の武器生産および軍事サービス企業における上位100社を国別に集約してみると、売上額の総額が1兆5,022億4,100万ドルとなっている。その内、米国系企業の合計売上額は、40社で6,106億8,700万ドル(全体の40.65%)となっている。そして、中国系企業の合計売上額は、8社で4,428億1,900万ドル(全体の29.47%)となっている。近年、中国は、軍の近代化を優先しており、ドローンや通信等の技術力を高め、中距離核戦力能力やミサイル技術も向上させている[102]。このように米国系企業および中国系企業の合計売上額だけで全体の70.12%を占めている。つまり、世界の武器および軍事サービス市場においては、米国系企業および中国系企業が大きな影響力を持っている。特に中国系企業の場合、1社あたりの平均売上額が553億5,200万ドルである。米国系企業の1社あたりの平均売上額である156億5,900万ドルと比べて約3.6倍となって

表2 世界の武器生産および軍事サービス企業における
上位100社の売上額一覧表(2021年)

国別企業	企業数(A)	B/A (1社あたりの平均売上額)(百万ドル)	2021年売上額(B)(百万ドル)	2021年全体売上額に占める割合(%)
トルコ系企業	2社	1,837	3,674	0.24%
台湾系企業	1社	2,056	2,056	0.13%
ウクライナ系企業	1社	1,396	1,396	0.09%
インド系企業	2社	2,753	5,506	0.36%
イスラエル系企業	3社	4,277	12,831	0.85%
韓国系企業	4社	3,218	12,870	0.85%
仏系企業	5社	11,421	57,104	3.80%
ドイツ系企業	4社	13,101	52,405	3.48%
英国系企業	8社	8,664	69,310	4.61%
ロシア系企業	6社	4,043	24,255	1.61%
日系企業	4社	23,048	92,190	6.13%
中国系企業	8社	55,352	442,819	29.47%
米国系企業	40社	15,659	610,687	40.65%
その他企業	12社	9,595	115,138	7.66%
合計	100社	15,022	1,502,241	100.00%

(注1) 米国系企業40社の内、General Atomics社の売上額は、非開示のため反映していない。また、1社あたりの平均売上額は、百万ドル以下を四捨五入していると共に2021年全体売上額に占める割合(%)は、小数点第五位以下を切り捨てている。
(出所) SIPRI(2022)をもとに筆者作成。

いる[103]。それに対して、ロシア系企業の合計売上額は、6社で242億5,500万ドル(全体の1.61%)となっており、米国系企業および中国系企業の合計売上額に比べると極めて少なく、日系企業よりも少ない[104]。クリミア併合およびウクライナ戦争にて暗躍したロシアの民間軍事会社ワグネル社は、この中に含まれていない。クリミア併合およびウクライナ戦争により、日本を含む欧米諸国からの経済制裁に苦しむロシアは、今後、外貨獲得のためにロシア製武器の輸出量を拡大させたいものの[105]、ウクライナ戦争の長期化により、戦線での武器や弾薬が不足しており、イランや北朝鮮から武器や弾薬を調達せざるを得ないというジレンマに陥っている。近年、ロシア大統領のウラジーミル・ウラジーミロヴィチ・プーチン(以下、「プーチン」という。)が販売の窓口を一元化してアジアや北アフリカの新興国および発展途上国に対して、ロシア製武器の販売攻勢をかけているものの[106]、世界の武器および軍事サービス市場においてロシア系企業の力は、それ程強くないのである。SIPRI(2020)によると、2018年の軍事費が10億ドル以上の68か国については、2009年に比べると国内総生産(Gross Domestic Product：GDP)(以下、「GDP」という。)が増えた国ほど軍事費を増やす傾向にあると指摘している[107]。特にアジア太平洋において南シナ海情勢が緊迫化している状況下で東南アジア諸国は、武器輸入額を増やしている。例えば、SIPRI(2020)によると、2010年代の武器輸入額は、2000年代の武器輸入額と比べて、ベトナムが6.7倍、インドネシアが2.5倍と伸びている。この場合、兵器のハイテク化が進む状況下で、購買力がある近隣国同志が高度な装備の導入を競い合えば軍事的な緊張がより高まることになり、偶発的な武力衝突の結果、戦闘が拡大する危険性を孕んでいる。

他方、米国は、トランプ政権時の2019年2月1日に中距離核戦力全廃条約(Intermediate-Range Nuclear Forces Treaty：INF)(以下、「INF」という。)の破棄を旧ソビエト連邦の後継であるロシアに通告しており、これを受けてロシアも条約義務履行の停止を宣言している。こうした背景にあるのは、米国にとってロシアに対する警戒というよりは、INFに加入していない中国の核戦力の増強に対する警戒である。

２．米中対立と国別軍事費支出額の動向

2019年におけるGDPに対する国別軍事費支出額割合(%)をみてみると、表3のとおり(別頁参照)、米国が3.41%、ロシアが3.88%、日本が0.93%となっている。NATO主要加盟国のフランスは、1.86%、ドイツは、1.28%、英国は、1.74%となっており、米国およびロシアに比べると低いことが判る。それに対して、ギリシャとの対立やシリア情勢、クルド問題等によりトルコは、2.72%とNATO主要加盟国の中でもGDPに対する国別軍事費支出額割合(%)が高い。中東では、イランおよびシリア等との間で軍事的な緊張関係が続くイスラエルが5.26%と高くなっている。中国は、1.89%とそれ程高い訳ではなく、台湾も1.73%となっており低い方である。まだ、両国とも余力を残している。南アジアにおいては、パキスタンが3.98%、インドが2.40%となっている。インドについては、中国やパキスタンとの領土問題を巡る衝突もあり、GDPに対する国別軍事費支出額割合(%)を高めざるを得ない。

他方、国別軍事費支出額一覧表をみてみると、中国は、表4のとおり(別頁参照)、経済力の高まりと軍の近代化の推進により、2000年以降、大きく軍事費支出額を伸ばしている。例えば、2000年時点で日本の軍事費455億ドルに比べて、中国の軍事費は、その半額程度の229億ドルであったものが2005年には、2000年比増減率として100.26%も伸びており、その結果、日本を上回り、459億ドルとなっている。確かに習近平が第5代中国共産党中央委員会総書記、第6代中国共産党中央軍事委員会主席、第5代中国最高指導者(2012年11月15日～)、第7代中国国家主席(在任：2013年3月14日～)に就任した2012年以降になると、増減率は、鈍化するものの、2019年時点では、2,610億ドルとなり、米国に次ぐ軍事大国となっていることが判る(別頁・表4および写真1参照)。

表3　GDPに対する国別軍事費支出割合（%）

国名	2000	2005	2010	2011	2012	2013	2014	2015	2016	2017	2018	2019
カナダ	1.12%	1.11%	1.20%	1.20%	1.12%	1.00%	0.99%	1.15%	1.16%	1.35%	1.33%	1.28%
米国	3.11%	4.09%	4.92%	4.84%	4.48%	4.05%	3.70%	3.48%	3.42%	3.31%	3.32%	3.41%
中国	1.89%	1.99%	1.91%	1.83%	1.84%	1.87%	1.91%	1.91%	1.93%	1.90%	1.90%	1.89%
日本	0.93%	0.93%	0.96%	0.99%	0.97%	0.95%	0.97%	0.96%	0.94%	0.93%	0.94%	0.93%
北朝鮮	N/A	N/A	N/A	N/A	N/A	N/A	N/A	N/A	N/A	N/A	N/A	N/A
韓国	2.46%	2.47%	2.46%	2.47%	2.50%	2.50%	2.53%	2.49%	2.46%	2.42%	2.50%	2.67%
台湾	2.65%	2.13%	2.04%	2.06%	2.12%	1.94%	1.85%	1.87%	1.82%	1.82%	1.74%	1.73%
インド	2.95%	2.75%	2.71%	2.65%	2.54%	2.47%	2.50%	2.41%	2.51%	2.51%	2.38%	2.40%
パキスタン	4.17%	3.90%	3.42%	3.29%	3.48%	3.47%	3.48%	3.55%	3.59%	3.77%	4.05%	3.98%
豪州	1.83%	1.80%	1.86%	1.76%	1.67%	1.64%	1.77%	1.95%	2.08%	2.00%	1.89%	1.88%
アルメニア	3.56%	2.87%	4.27%	3.85%	3.82%	4.00%	3.94%	4.24%	4.09%	3.85%	4.90%	4.95%
アゼルバイジャン	2.27%	2.30%	2.79%	4.67%	4.66%	4.54%	4.56%	5.46%	3.69%	3.82%	3.62%	4.00%
ロシア	3.31%	3.33%	3.58%	3.42%	3.69%	3.85%	4.10%	4.86%	5.45%	4.23%	3.72%	3.88%
ウクライナ	2.15%	1.88%	1.90%	1.53%	1.61%	1.58%	2.25%	3.25%	3.15%	2.88%	3.19%	3.36%
フランス	2.09%	2.02%	1.97%	1.89%	1.87%	1.85%	1.86%	1.87%	1.92%	1.91%	1.85%	1.86%
ドイツ	1.38%	1.28%	1.32%	1.25%	1.26%	1.20%	1.14%	1.10%	1.15%	1.16%	1.18%	1.28%
英国	2.14%	2.18%	2.37%	2.29%	2.19%	2.07%	1.95%	1.86%	1.81%	1.77%	1.77%	1.74%
イラン	2.30%	3.04%	2.91%	2.38%	2.76%	2.24%	2.28%	2.76%	2.97%	3.11%	2.46%	2.31%
イラク	–	2.24%	2.71%	2.30%	1.90%	3.32%	2.95%	5.41%	3.50%	3.86%	2.87%	3.47%
イスラエル	6.30%	6.26%	5.94%	5.79%	5.67%	5.57%	5.75%	5.50%	5.48%	5.53%	5.34%	5.26%
サウジアラビア	10.53%	7.73%	8.57%	7.23%	7.68%	8.98%	10.68%	13.33%	9.87%	10.22%	9.51%	7.98%
トルコ	3.66%	2.41%	2.29%	2.04%	2.02%	1.94%	1.88%	1.82%	2.06%	2.07%	2.55%	2.72%

（注1）軍人年金予算は、含まれていない。また、小数点第三位を四捨五入している。
（注2）予算ベースの数値となっている。設備投資分は、除かれている。また、準軍事組織への支出は、含まれていない。
（出所）　SIPRI（2020）をもとに筆者作成

　台湾については、表4のとおり(別頁参照)、軍事費支出額の増減率が低く、2019年時点の軍事費支出額が104億ドルとなっており、この金額は、同年中国の軍事費支出額の4%程度の水準である。これでは、台湾海峡の有事の際に台湾一国だけで中国に対抗することは、極めて難しいことが判る。

　日本については、表4のとおり(別頁参照)、2000年時点の軍事費支出額が455億ドルであり、1995年比増減率で▲8.91%と減少しており、減少傾向にあった。その後、増えたり減ったりしていたが、2018年以降、再び増加に転じている。2019年時点の軍事費支出額は、476億ドルとなっている。この金額は、同年中国の軍事費支出額の約18%程度の水準である。これでは、日本単独で中国に対抗することは、難しいことが判る。

　豪州については、表4のとおり(別頁参照)、軍事費支出額が元々少なかったが、イラク戦争等への参加や中国への警戒感が高まると、軍事費支出額が増えるようになり、2005年には、132億ドル、2000年比増減率として81.99%となっている。2019年時点の軍事費支出額は、259億ドルであり、同年中国の軍事費支出額の約10%程度の水準となっている。これでは、豪州単独で中国に対抗することは、難しいことが判る。

　インドについては、経済成長と中国の軍事費支出額の増加に対抗するため、軍事費支出額が年々増え続けている(別頁・表4および写真2参照)。2005年時点では、230億ドルと日本の軍事費支出額の半分程度であったが、2015年には、512億ドルとなり、日本の軍事費支出額を上回っている。2019年時点の軍事費支出額は、711億ドルとなっており、欧州各国およびロシアよりも上回っているものの、この金額は、同年中国の軍事費支出額の27%程度の水準である。これでは、インド単独で中国に対抗することは、難しいことが判る。

　実際、日本・豪州・インドの三か国の軍事費支出額の合計が2019年時点で計1,446億ドル程度であり、同年中国の軍事費支出額の55%程度の水準である。これでは、軍事力において日本・豪州・インドの三か国が共同で中国に対抗することは、難しいことが判る。この場合、軍事力において米国の支援なしでは、日本・豪州・インドの三か国は、中国に対抗できないことを意味している。つまり、日本・豪州・インドに米国を加えた四か国連合により、安全保障上の対中国戦略を謀る必要があるということである。

　近年、対中国を意識して、日本・米国・豪州・インドの四か国間の戦略対話が進められており、戦略的同盟が組まれつつある。こうした中で、物品役務相互提供協定(Acquisition and Cross Servicing：ACSA)(以下、「ACSA」という。)を含む日印軍事協定がインドと日本の二国間で推進されている[108]。この協定は、インド太平洋における協力関係を確実に強化するものであり、日本・米国・豪州・インドの四か国間の安全保障協定を補完し強化するものである。つまり、日本・米国・豪州・インドの四か国による海上における戦術的な同盟関係を強めれば、共同軍事作戦が可能となり、中国の海洋進出に対する楔になると共に大きな抑止力ともなる。

表4　国別軍事費支出一覧表

国名	1995	2000	(※1995年比)増減率	2005	増減率	2010	増減率	2015	増減率	2016	増減率	2017	増減率	2018	増減率	2019	増減率
カナダ	9,177	8,299	-9.56%	12,988	56.50%	19,316	48.72%	17,938	-7.13%	17,783	-0.86%	22,270	25.23%	22,729	2.06%	22,198	-2.34%
米国	295,853	320,086	8.19%	533,203	66.58%	738,005	38.41%	633,830	-14.12%	639,856	0.95%	646,753	1.08%	682,491	5.53%	731,751	7.22%
中国	12,606	22,930	81.89%	45,919	100.26%	115,712	151.99%	214,471	85.35%	216,404	0.90%	228,466	5.57%	253,492	10.95%	261,082	2.99%
日本	49,962	45,510	-8.91%	44,301	-2.66%	54,655	23.37%	42,106	-22.96%	46,471	10.37%	45,387	-2.33%	46,618	2.71%	47,609	2.13%
韓国	-	-	-	-	-	-	-	870	-	913	-	961	5.36%	1,604	66.87%	.	-
北朝鮮	16,085	13,801	-14.20%	22,160	60.56%	28,175	27.15%	36,571	29.80%	36,885	0.86%	39,171	6.20%	43,070	9.96%	43,891	1.91%
台湾	11,470	8,801	-23.27%	8,011	-8.97%	9,092	13.49%	9,803	7.82%	9,664	-1.42%	10,480	8.45%	10,505	0.24%	10,420	-0.80%
インド	9,754	14,288	46.47%	23,072	61.49%	46,090	99.77%	51,295	11.29%	56,638	10.41%	64,559	13.99%	66,258	2.63%	71,125	7.35%
パキスタン	3,666	2,973	-18.90%	4,587	54.29%	5,975	30.25%	9,483	58.73%	9,974	5.17%	11,461	14.91%	11,529	0.59%	10,256	-11.04%
フィリピン	1,700	1,303	-23.37%	1,373	5.34%	2,438	77.62%	3,336	36.80%	3,332	-0.12%	4,096	22.96%	2,843	-30.61%	3,472	22.13%
シンガポール	3,673	4,331	17.91%	5,464	26.16%	8,109	48.41%	9,384	15.72%	9,873	5.22%	10,179	3.09%	10,835	6.45%	11,211	3.47%
タイ	3,849	1,881	-51.13%	1,984	5.50%	4,962	150.06%	5,725	15.36%	5,876	2.65%	6,321	7.56%	6,876	8.79%	7,315	6.38%
豪州	7,666	7,274	-5.12%	13,238	81.99%	23,218	75.39%	24,046	3.57%	26,383	9.72%	27,691	4.96%	26,840	-3.07%	25,912	-3.46%
ポーランド	2,719	3,146	15.69%	5,896	87.42%	8,790	49.08%	10,213	16.18%	9,164	-10.27%	9,871	7.71%	12,041	21.98%	11,903	-1.15%
アルメニア	52	68	30.30%	141	106.81%	395	180.67%	447	13.26%	431	-3.57%	444	2.83%	609	37.25%	673	10.58%
アゼルバイジャン	66	120	80.74%	305	154.67%	1,477	384.90%	2,901	96.43%	1,397	-51.84%	1,529	9.44%	1,672	9.37%	1,854	10.89%
ベラルーシ	179	140	-21.64%	453	222.59%	768	69.59%	724	-5.74%	597	-17.47%	631	5.68%	715	13.31%	780	9.08%
ジョージア	-	19	-	214	1037.21%	454	112.16%	300	-34.05%	315	5.24%	312	-0.95%	327	4.88%	316	-3.46%
ロシア	12,742	9,228	-27.57%	27,337	196.23%	58,720	114.80%	66,418	13.11%	69,245	4.26%	66,527	-3.93%	61,388	-7.73%	65,103	6.05%
ウクライナ	779	696	-10.63%	1,680	141.26%	2,587	54.01%	2,960	14.38%	2,944	-0.53%	3,247	10.29%	4,170	28.43%	5,229	25.40%
フランス	40,124	28,403	-29.21%	44,442	56.47%	52,044	17.11%	45,647	-12.29%	47,371	3.78%	49,196	3.85%	51,410	4.50%	50,119	-2.51%
ドイツ	39,367	26,925	-31.61%	36,398	35.18%	44,853	23.23%	37,020	-17.46%	39,725	7.31%	42,366	6.65%	46,512	9.79%	49,277	5.95%
スペイン	11,440	10,274	-10.19%	15,998	55.71%	19,711	23.21%	15,189	-22.94%	14,014	-7.73%	16,044	14.48%	17,823	11.09%	17,177	-3.63%
英国	34,248	35,255	2.94%	55,152	56.44%	58,083	5.32%	53,862	-7.27%	48,119	-10.66%	46,433	-3.50%	49,892	7.45%	48,650	-2.49%
イラン	2,502	8,327	232.88%	6,797	-18.38%	13,561	99.53%	10,589	-21.92%	12,264	15.82%	13,931	13.60%	11,231	-19.38%	12,623	12.40%
イラク	-	-	-	1,120	-	3,753	235.00%	9,604	155.92%	5,970	-37.84%	7,416	24.22%	6,318	-14.81%	7,599	20.27%
イスラエル	7,946	8,328	4.80%	8,922	7.14%	13,875	55.52%	16,517	19.04%	17,488	5.88%	19,434	11.13%	19,759	1.67%	20,465	3.57%
サウジアラビア	13,200	19,964	51.24%	25,392	27.19%	45,245	78.18%	87,186	92.70%	63,673	-26.97%	70,400	10.57%	74,400	5.68%	61,867	-16.85%
トルコ	6,606	9,994	51.28%	12,081	20.89%	17,650	46.10%	15,669	-11.23%	17,828	13.78%	17,823	-0.03%	19,649	10.25%	20,448	4.07%

(注1)　現在の価格による為替レートにて算出されている。数値は、百万ドル単位となっている。また、軍人年金予算は、含まれている。また、増減率は、小数点第六位を四捨五入している。

(注2)　予算ベースの数値となっている。設備投資分は、除かれている。また、準軍事組織への支出は、含まれていない。

(出所)　SIPRI (2020) をもとに筆者作成

3．トランプ政権下おける安全保障上の対立軸と同盟関係

　米国の軍事費支出額が突出しているのは、直接的な戦闘の可能性もあり米国の安全保障上の脅威となっている北朝鮮・中国・イラン・ロシア等の対立軸について同時並行の形で軍事的に対峙しなければならないからである。

　他方、トランプとしては、自らの支持基盤への配慮から財政支出の削減についての関心が高く、防衛関連予算についても詳細を確認しながら支出削減を図ったのである。そのため、トランプは、米国と同盟関係にある関係国に対して米国軍が展開する軍事基地等の施設における駐留経費の全額負担を求めている。もし、関係国がこれに応じない場合、関係国に対して米国製の武器購入を求める等、執拗に取引を持ちかけている。こうした経営上のビジネスの観点から「ディール(deal)」を引き出そうとするトランプの姿勢は、これまでの米国の政権における安全保障政策では、余りみられなかったものである(別頁・写真3および写真4参照)。

　図2では、トランプ政権下における対立軸と同盟関係を示している。米国からみて、自国の安全保障上の点で同盟国として位置付けられているのは、①グループである。そして、②グループは、それに準じた同盟国若しくは、親米国とみてよい。③グループは、中立若しくは、やや親米国とみてよい。④グループは、やや対立軸に近く、やや反米国とみてよい。⑤グループは、完全に対立軸にあり、反米国とみてよい。

　ここで注目すべき点は、北朝鮮・中国・イラン・ロシア等のように米国等の対立軸にある国々は、外交・経済・安全保障等の点においても事実上、相互に同盟関係にあるということである。

図2　トランプ政権下おける安全保障上の対立軸と同盟関係

米国										
①グループ		日本	豪州	インド	カナダ	サウジアラビア	イスラエル	英国		
②グループ	韓国	中南米(※反中諸国)	フィリピン	台湾		北イエメン	中東(※親米諸国)	EU(※ハンガリーを除く)	西ウクライナ	ジョージア
③グループ		ベトナム	東南アジア(※反中諸国)	アフリカ(※反中諸国)	南米(※反中諸国)	ヨルダン	カタール	トルコ	ハンガリー	欧州(※非EU)
④グループ		中南米(※親中諸国)	南米(※親中諸国)	ニュージーランド他太平洋諸国		アフガニスタン	イラク	レバノン	コーカサス(※ジョージアを除く)	中央アジア
⑤グループ	東南アジア(※親中諸国)	アフリカ(※親中諸国)	南アジア(※親中諸国)	東アジア(※親中諸国)	パキスタン	南イエメン	中東(※反米諸国)	シリア	東ウクライナ	ベラルーシ
(※)事実上の同盟関係	北朝鮮	中国				イラン		ロシア		

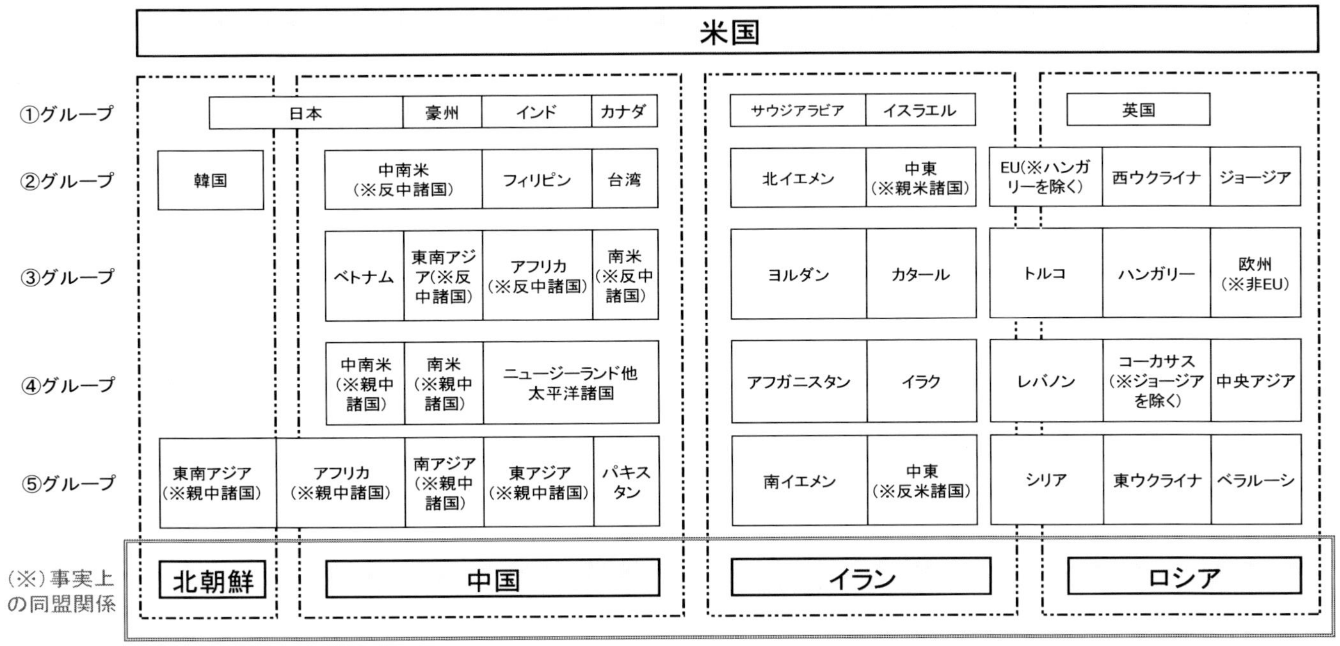

(出所)筆者作成。

　北朝鮮の対立軸については、米国・日本・韓国が大きく関係してくる。韓国の文在寅政権時には、北朝鮮に対する融和政策により北朝鮮に対しての強い対抗姿勢を示してこなかったことから、韓国は、②グループに位置している。

　中国の対立軸については、米国・日本・豪州・インド・カナダが大きく関係してくる。日本とインドについては、領土問題を巡って直接的に中国と衝突する可能性があり、それについては、台湾、ベトナム、フィリピン等も同じ問題を抱えている。豪州とカナダについては、近年、中国との貿易取引が多くなり中国からの移民も増えている中で、国内において中国人による主要都市での投資目的による不動産価格の高騰、中国政府による政治介入、外交機密の漏洩等の問題を抱えており、近年、中国に対して警戒する姿勢を示している。

　イランの対立軸については、米国・サウジアラビア・イスラエルが大きく関係してくる。サウジアラビアの場合、イランとの間で長年、イスラム教におけるスンニ派とシーア派による宗教上の対立があり、イスラエルの場合、長年、イランと強い同盟関係にあるシリアおよび直接国境を接しているレバノンとの間で軍事衝突が起きる可能性がある。こうした点については、北イエメンおよび中東(※親米諸国)も同じ問題を抱えている。ここで、米国は、直接的なイランとの衝突を回避させながら、サウジアラビアとイスラエルを利用して中東内においてイラン陣営に対抗して米国と同調する国々を増やしており、そこに同盟関係を築きながら米国製の武器を販売する等の機会を探っている。つまり、トランプによる「ディール(deal)」の外交政策および安全保障政策が中東における米国製武器の輸出量の拡大に大きく貢献したことになる。

ロシアの対立軸については、米国・英国・EU(※ハンガリーを除く)・西ウクライナが大きく関係してくる。米国連邦議会上院(以下、「米国上院議会」という。)および米国連邦議会下院(以下、「米国下院議会」という。)のほとんどが反ロシアであり、英国も同じである。日本は、ロシアとの間に北方領土問題があるが、それは、外交上の問題であり、安全保障上の直接的な対立では、ない。

　また、EU(※ハンガリーを除く)・欧州(非EU)等の一部の国々の中は、ロシアとの間で天然ガスの需給契約を締結していることから、ロシアとの直接的な衝突を避けなければならないと考えている国も多い。

　実際、米国は、冷戦終結後もNATOの軍事予算の多くを負担してきたが、欧州の地上において直接的にロシアと軍事衝突をする可能性が高いのは、地理的に隣接しているNATO加盟の欧州諸国であり、欧州を舞台にして米国が直接的にロシアと衝突する可能性は、低いといえる。よって、「NATO文民予算および軍事予算(セキュリティ投資プログラム)における財政の安定のために、NATO加盟国は、もっと分担金負担割合を高めるべきである」とトランプが主張していた点については、理に適っていたこなる。

第4節　むすび

　近年、習近平は、トランプによる中国政府への対決姿勢を中国国内の自らの支持固めや中国に対する諸外国からの同情を呼び込むのに上手に利用している。こうした中で新型コロナウイルス感染症(COVID-19)のパンデミック(世界的な大流行)が起きた訳である。そして、パンデミックを契機に中国は、英国、欧州諸国、豪州、インド等との関係が悪くなり、米中関係も悪化している。

　こうした中で、米国では、対中強硬姿勢のさらなる強化の必要性について、民主党および共和党の両党共に合意できる数少ないテーマとなっており、米国側からの米中関係の修復は、当然見込めないことになる。もし、米中関係の修復が見込めるとするならば、それは、中国側からの歩み寄りが必要であり、現状を踏まえると米中関係の修復は、期待できない状態が続いている。

　他方、米中関係の対立により、米ソ冷戦時代のようなデカップリングを引き起こしかねないといった懸念が米国経済界に生じているものの[109]、グローバル化の進展に伴い、米国経済は、「世界の工場」である中国への経済的な依存度を予想以上に高めており、簡単には、米ソ冷戦時代のようなデカップリングが生じないと考えられる。

　米中関係の対立の裏側で中国は、新興国および発展途上国の盟主としての地位を確かなものにしつつある。IMF(2020)によると、対中貿易額が対米貿易額を上回った国々の数は、中国の世界貿易機関(WTO)加盟を契機に急速に増えたことが判る。習近平が中国共産党大会(第19回全国代表大会)において「人

写真1. 中国建国70周年の大閲兵式にて演説する習近平

(出所)　新華社通信。

写真2. インド初の国産空母の就役

(出所)　インド報道情報局。

写真3. 国賓とした訪日した際に大相撲を観戦するトランプ夫妻

(出所)　筆者撮影。

写真4. ホワイトハウスにて米国国民に語り掛けるトランプ

(出所)　Twitter(※現在のX): @realDonaldTrump。

類運命共同体」を掲げているが、こうしたグローバル・ガバナンスを変革しようとする背景には、中国が新興国および発展途上国との関係を深め、その盟主として中国が確固たる地位を築き、国際社会の中で強いリーダーシップをとれる大国としての強い自信と自負の存在が挙げられる。こうした点では、今後も「一帯一路」構想にある「陸のシルクロード」や「海のシルクロード」による経済開発を駆使しながら、新興国および発展途上国への影響を強めている中国の姿勢に注視していく必要がある。

第3章　米国社会における差別問題と負のスパイラル

第1節　はじめに

アメリカ合衆国(以下、「米国」という。)では、2020年5月25日、ミネアポリス近郊にて、黒人男性のジョージ・ペリー・フロイド・ジュニア(以下、「フロイド」という。)が警察官の不適切な拘束方法によって死亡させられた事件が発生した(以下、「フロイド事件」という。)[110]。その結果、米国各地にて、ブラック・ライヴズ・マター(Black Lives Matter, BLM)(以下、「BLM」という。)の抗議運動が起きている(別頁・写真1参照)[111]。

Wilkerson(2020)は、BLMの抗議運動についてCaste(カースト制度)というキーワードを使いながら、米国の建国以来根付く米国社会の人種差別の構造について分析している。

「カースト」の言葉は、人種、系列、部族等を意味する"Casta"というポルトガル語に由来するものであり、インドのヒンズー教では、「ヴァルナ」と呼ばれる4つの身分制度に採り入れられている。そして、それに属さない最下層が「不可触民(ダリット)」といわれている。

米国社会では、黒人若しくはアフリカ系もインドのヒンズー教の「ヴァルナ」と同様に、「人間であって、人間では、ない」という米国のカースト制度の下で人工的な身分制度の最下層に抑え込まれてきたといえる[112]。そして、米国の黒人若しくはアフリカ系は、そこから抜け出そうとする度に階層の高い上層の白人から暴力を受け、命を奪われたり、平等な機会を奪われたりしてきたのである[113]。

他方、米国のカースト制度の上層に属する奴隷所有者の白人は、キリスト教の教えに絡めて「黒人若しくはアフリカ系は、人間では、ない」と決め付けることで、黒人若しくはアフリカ系を酷使し、虐待し、残虐に殺したとしても、「自分は、良きキリスト教徒である」と考えることで罪悪感を覚えずに済んだのである[114]。

また、米国のカースト制度で階層の低い層に属している貧しい白人は、「自分は、生まれつき白人というだけで黒人若しくはアフリカ系よりは、優れた存在だ」と認識すると共に安心して、自分にプライドを持つことができたのである[115]。こうしてみると、米国のカースト制度における黒人若しくはアフリカ系への差別は、ただの偏見による差別では、なく、政策や社会の慣習といったものを使ってカーストの下層の者をそこから出させないようにする「構造的差別」であると考えられる[116]。

実際、Wilkerson(2020)は、米国のカースト制度が支配層にとって非常に都合が良い点を指摘している。そして、警察官から暴力を受けた黒人若しくはアフリカ系よりも、加害者側に立つ白人男性の警察官の心理状況を例に挙げて人間のやるせない心情を説明している[117]。例えば、建国当時の米国は、英国系の白人男性中心の社会であり、英国以外の外の欧州の異なる国々から白人移民が押し寄せるようになると、その度に新参グループは、米国社会において差別の対象とされてきたのである。例えば、イタリア系やアイルランド系の白人移民への強い差別が存在した時代もあった。

しかしながら、最上層から差別される彼らも「白人」というだけで、最下層の黒人若しくはアフリカ系とは、異なる待遇を受けることができたのである。そして、彼らは、喜んでその地位を受け入れ、最下層の黒人若しくはアフリカ系を「非人間」として扱う強力なパワーを生み出したのである[118]。問題は、科学的な根拠がない人間の優劣や人工的な身分制度であっても、与えられた者がそれらを信じるようになってしまうことである[119]。つまり、最上層の者は、自分に対して根拠のない誇りを持ち、最下層の者は、自分を恥じて、自分より階層の高い者に対して従順になってしまうのである。

元来、米国は、白人に有利な社会である。特に裕福な家庭で育った白人は、本人に特別な能力がなくても最高の教育を受けて良い仕事に就くことができる[120]。そして、彼らは、家でも、学校でも、職場でも、店でも、最高の扱いを受けている。だから、彼らの全ての言動には、自信が溢れており、交渉相手を説得しやすく成功もしやすい。つまり、彼らは、生まれた時から下駄を履かせてもらっているだけなのに、「全て自分の才能と努力により成功を果たした」と信じているにすぎない[121]。そのため、彼らは、黒人若しくはアフリカ系に対して「奴隷制度は、ずっと昔に終わった。君たちは、いつまでも他人のせいにせず、もっと努力するべきだ」といった批判をする傾向にある[122]。

他方、差別を受けてきた側の黒人若しくはアフリカ系は、幼少の頃から教育制度が良くない地域に閉じ込められ、子どもの頃から教師に「頭が悪い」、「暴力的だ」と決めつけられ、少しでも抵抗すると白人から暴力を受ける等、警察官から犯罪の容疑者として絶えず嫌疑をかけられ、時には、容赦なく殺されることもある[123]。そのため、黒人若しくはアフリカ系は、日常生活において多くの不安とストレスを抱えながら生きている。こうした中で黒人若しくはアフリカ系が全ておいて優遇されている白人と同じ希望や自信を持ちながら、自分達の将来に向かって努力することは、不可能である[124]。

そこで、本章においては、米国社会における差別問題と負のスパイラルに焦点を絞りながら分析し考察するものである。

第2節　米国社会と人種差別

1．トランプ政権におけるヘイトクライムの増加

　米国社会におけるヘイトクライムは、歴史的にみても大きな社会問題として取り上げられている。こうした中で、第45代米国大統領(2017年～2021年)ドナルド・ジョン・トランプ(以下、「トランプ」という。)政権誕生後は、ヘイトクライムに起因する事件等の発生が第44代米国大統領(2009年～2017年)バラク・フセイン・オバマ2世(以下、「オバマ」という。)政権時と比べて増加している。

　近年の米国のヘイトクライムの状況について分析してみてみると(※2015年～2019年)、単一偏見事件の件数については、表1のとおり(別頁参照)、オバマ政権時の2015年は、5,818件であったものが、トランプ政権後の2017年には、7,106件(※対前年比増減率17.20%)となっており、大きく増加していることが判る。その差別傾向の内訳をみると、人種差別が何れの年も全体の55%以上を占めており、続いて宗教差別が何れの年も全体の20%以上を占めている。三番目には、性的指向の差別が何れの年も全体の15%以上を占めている。

　また、ヘイトクライム加害者による犯罪傾向としては、表1のとおり(別頁参照)、対人への犯罪(※殺人・傷害等)が圧倒的に多く、全体の60%以上を占めている。続いて財産への犯罪(※盗難・破損等)が全体の30%以上を占めている。社会への犯罪(※反宗教・反道義・反道徳等)は、少ないものの、2018年には全体の3.4%を占めており、近年、増加傾向にある。

　さらに、ヘイトクライム加害者による対人種別偏見構成をみてみると、オバマ政権時とトランプ政権時では、表1のとおり(別頁参照)、少し変化が生じていることが判る。例えば、オバマ政権の2015年時には、白人への偏見が全体の18.2%、黒人若しくはアフリカ系への偏見が全体の52.7%、ヒスパニック若しくはラテン系への偏見が全体の9.4%、アジア系への偏見が全体の3.3%、その他の人種への偏見が全体の16.4%となっている。つまり、ヘイトクライムの加害者の半分以上が黒人若しくはアフリカ系に対する偏見により犯罪の対象となっていることが判る。それが、トランプ政権後の2019年時には、白人への偏見が全体の15.8%と減り、黒人若しくはアフリカ系への偏見も全体の48.4%となり、全体の50%を下回る程度まで減少している。それに対して、アジア系への偏見が全体の4.3%となって増えており、ヒスパニック若しくはラテン系への偏見についても全体の14.1%となって大きく増えている。つまり、トランプ政権では、アジア系およびヒスパニック若しくはラテン系への偏見が増えていることが判る。この場合、注目すべき点は、トランプ政権の主要公約の一つである「トランプの壁 (Trump Wall)」建設計画の開始が2017年という点である[125]。

　実際、2017年1月、トランプは、「大統領令13767」に署名し、米国連邦資金を使用して米国とメキシコの国境に沿って壁の建設を開始するように指示している。

　アジア系への偏見の増加については、中国を起源とする新型コロナウイルス感染症(COVID-19)による経済的な停滞による収入の減少や自分自身を含めて身近な人達が感染したことに対する怒り、そして、目にみえないウイルスに対する不安等の感情から、アジア系への偏見の増加に繋がったものと考えられる。

　他方、ヘイトクライム加害者による対宗教別偏見構成をみてみると、オバマ政権の2015年時には、表1のとおり(別頁参照)、ユダヤ教への偏見が全体の51.3%、イスラム教に対する偏見が全体の22.2%となっており、この2つだけで全体の70%以上を占めている。それに対して、アジアに起源を持つシーク教・ヒンズー教・仏教については、これら3つを合わせても全体の0.9%にしかならず、低い数値の状態にある。

　しかしながら、トランプ政権後の2017年以降になると、イスラム教に対する偏見の全体に占める割合が減り始めるものの、トランプがユダヤ教を宗教としてだけでなく国籍として再定義すると共に米国内の大学においてパレスチナ問題等からイスラエルに対するボイコット運動の取り締まりを可能にする等[126]、イスラエル寄りの外交政策および安全保障政策を進めると、「親イスラエル外交路線」についての反発からか、ユダヤ教に対する偏見の全体に占める割合が増加している。そのため、2017年には、ユダヤ教への偏見の全体に占める割合が58.1%と増加しており、2019年には、ユダヤ教への偏見の全体に占める割合が60.3%となり、さらに増加している。

　トランプ政権による「親イスラエル外交路線」については、トランプの娘婿であり、大統領上級顧問としてトランプ政権の政策運営に絶大な手腕を発揮してきたユダヤ系のジャレッド・コーリー・クシュナー(以下、「クシュナー」という。)の役割が大きい。クシュナーは、トランプ政権の「親イスラエル外交路線」について、通商・中東政策担当として親米のアラブ諸国を訪問して事前に了承を得る等、緻密な外交交渉を展開したのである[127]。

　米国社会における根強い反ユダヤ意識の背景としては、「キリストを裏切ったユダの末裔」といったユダヤ系に対する民族上の差別、キリスト教とは教義が異なるユダヤ教に対する宗教上の差別、パレスチナ問題等の地域紛争においてイスラエル軍によるパレスチナ人に対する非人道的な無差別攻撃への反発によるユダヤ系に対する倫理上の差別、黒人若しくはアフリカ系社会におけるブラック・ナショナリズムを起因とするユダヤ系社会に対する住民上の差別等が要因として挙げることができる。

表1 米国におけるトランプ政権期のヘイトクライム分析一覧表

政権期	年	ヘイトクライム加害者（人）	対前年比増減率	ヘイトクライム加害者による犯罪傾向	ヘイトクライム（※単一偏見事件）（件）	対前年比増減率	（※内訳）その他（件）	全体構成率	対前年比増減率	（※内訳）人種差別（件）	全体構成率	対前年比増減率	ヘイトクライム加害者による対人種別偏見構成	（※内訳）宗教差別（件）	全体構成率	対前年比増減率	ヘイトクライム加害者による対宗教別偏見構成	（※内訳）性的指向（件）	全体構成率	対前年比増減率	ヘイトクライム加害者による対性別偏見構成
オバマ政権期	2015	6,885	—	6,885人のヘイトクライム加害者による犯罪傾向 対人への犯罪（※殺人・傷害等）:65.1% 財産への犯罪（※盗難・破損等）:34.0% 社会への犯罪（※反宗教・反道徳等）:0.9%	5,818	—	210	3.61%	—	3,310	56.89%	—	白人への偏見:18.2% 黒人若しくはアフリカ系への偏見:52.7% アジア系への偏見:3.3% ヒスパニック若しくはラテン系への偏見:9.4% その他への偏見:16.4%	1,245	21.40%	—	反ユダヤ:51.3% 反ムスリム:22.2% 反カトリック:4.4% 反シーク:0.4% 反仏教:0.1%	1,053	18.10%	—	反両性愛者:2.85% 反同性愛者（男性）:62.35% 反両性愛者（男女）:19.15% 一障性愛者:1.87% 反同性愛者（女性）:13.77%
オバマ政権期	2016	7,321	6.33%	7,321人のヘイトクライム加害者による犯罪傾向 対人への犯罪（※殺人・傷害等）:64.5% 財産への犯罪（※盗難・破損等）:34.4% 社会への犯罪（※反宗教・反道徳等）:1.1%	6,063	4.21%	231	3.81%	10.00%	3,486	57.50%	5.32%	白人への偏見:20.7% 黒人若しくはアフリカ系への偏見:50.2% アジア系への偏見:3.1% ヒスパニック若しくはラテン系への偏見:10.6% その他への偏見:15.4%	1,273	21.00%	2.25%	反ユダヤ:54.2% 反ムスリム:24.8% 反カトリック:4.1% 反シーク:0.8% 反仏教:0.1%	1,073	17.70%	1.90%	反両性愛者:2.17% 反同性愛者（男性）:62.00% 反両性愛者（男女）:21.90% 一障性愛者:1.78% 反同性愛者（女性）:12.15%
トランプ政権期	2017	8,437	15.24%	8,437人のヘイトクライム加害者による犯罪傾向 対人への犯罪（※殺人・傷害等）:60.3% 財産への犯罪（※盗難・破損等）:36.9% 社会への犯罪（※反宗教・反道徳等）:2.8%	7,106	17.20%	286	4.03%	23.81%	4,128	58.09%	18.42%	白人への偏見:17.5% 黒人若しくはアフリカ系への偏見:48.8% アジア系への偏見:3.1% ヒスパニック若しくはラテン系への偏見:10.9% その他への偏見:19.7%	1,563	22.00%	22.78%	反ユダヤ:58.1% 反ムスリム:18.7% 反カトリック:4.5% 反シーク:1.4% 反仏教:0.5%	1,129	15.89%	5.22%	反両性愛者:2.00% 反同性愛者（男性）:57.29% 反両性愛者（男女）:25.31% 一障性愛者:2.74% 反同性愛者（女性）:12.66%
トランプ政権期	2018	8,496	0.70%	8,496人のヘイトクライム加害者による犯罪傾向 対人への犯罪（※殺人・傷害等）:65.5% 財産への犯罪（※盗難・破損等）:31.1% 社会への犯罪（※反宗教・反道徳等）:3.4%	7,036	-0.99%	374	5.32%	30.77%	4,045	57.49%	-2.01%	白人への偏見:20.2% 黒人若しくはアフリカ系への偏見:46.9% アジア系への偏見:3.5% ヒスパニック若しくはラテン系への偏見:13.0% その他への偏見:16.4%	1,421	20.20%	-9.09%	反ユダヤ:57.8% 反ムスリム:14.5% 反カトリック:3.8% 反シーク:4.1% 反仏教:0.6%	1,196	17.00%	5.93%	反両性愛者:1.34% 反同性愛者（男性）:61.08% 反両性愛者（男女）:24.30% 一障性愛者:1.60% 反同性愛者（女性）:11.68%
トランプ政権期	2019	8,559	0.74%	8,559人のヘイトクライム加害者による犯罪傾向 対人への犯罪（※殺人・傷害等）:64.4% 財産への犯罪（※盗難・破損等）:32.8% 社会への犯罪（※反宗教・反道徳等）:2.8%	7,103	0.95%	427	6.01%	14.17%	3,963	55.79%	-2.03%	白人への偏見:15.8% 黒人若しくはアフリカ系への偏見:48.4% アジア系への偏見:4.3% ヒスパニック若しくはラテン系への偏見:14.1% その他への偏見:17.4%	1,520	21.40%	6.97%	反ユダヤ:60.3% 反ムスリム:13.3% 反カトリック:4.0% 反シーク:3.0% 反仏教:0.3%	1,193	16.80%	-0.25%	反両性愛者:2.12% 反同性愛者（男性）:60.89% 反両性愛者（男女）:25.43% 一障性愛者:1.35% 反同性愛者（女性）:10.21%

（注1）全体構成率・対前年比増減率・ヘイトクライム加害者による偏見構成率について、端数処理のため若干の誤差があると共に小数点第六位を四捨五入している。
（注2）第45代大統領であるトランプの在任期間は、2017年1月20日～2021年1月20日である。
（出所）Federal Bureau of Investigation (2019) 他をもとに筆者作成。

米国では、歴史上、米国内のユダヤ系に対する様々な暴力的行為が発生してきた。近年では、ユダヤ系の大量虐殺を狙ったシナゴーグ(ユダヤ教礼拝所)における銃乱射事件等が発生しており[128]、それに加えて、アンティファ等の無政府主義者によるユダヤ系のヘイトクライムも発生する等、米国における新たな社会問題となっている。

2017年8月1日にトランプ政権が中国に対して不公正な貿易慣行の疑惑があるとして米国通商法スーパー301条に基づく調査を始める検討に入るように指示する等、米中の経済関係が悪化して以来、それに伴って、トランプ自身も中国等に対する蔑視発言が目立つようになる。その結果、アジアに起源を持つシーク教・ヒンズー教・仏教に対する偏見が増加している。2017年には、表1のとおり(別頁参照)、アジアに起源を持つシーク教・ヒンズー教・仏教に対する偏見の全体に占める割合が2.8%に増加しており、2018年には、同割合が5.6%まで増加している。

実際、トランプは、2016年米国大統領選挙においてメキシコを経由しての中南米から米国に流入する移民や国内で発生したテロ事件に絡めてムスリムに対しての差別的な発言を繰り返していたといえる[129]。その結果、トランプ政権が誕生した後の2017年には、米国内の各地においてトランプの言動に煽られる形で人種差別を要因とするヘイトクライム件数や宗教差別を要因とするヘイトクライム件数が増加している[130]。つまり、トランプは、2016年大統領選挙の最中に発生したテロ事件をきっかけにムスリムの米国への流入を批判したことで米国内でのムスリムに対する偏見を助長させると共に米国内におけるモスクの襲撃やムスリムに対する暴力等を誘引したといえる。それに対して、トランプ政権の「親イスラエル外交路線」によるユダヤ系を特別視して優遇する姿勢については、多くの米国民を納得させるだけのメッセージが不足していたことから、逆にユダヤ系に対する国民の反発を誘引したといえる。

また、メキシコを経由して米国に不法入国するヒスパニック系の流入を阻止するために、メキシコとの国境沿いに壁の建設を計画すると共に不法移民の取り締まりを強化したことで、子供の目の前で親が警察に逮捕される等、米国が建国以来大切にしてきた博愛の精神や基本的人権を尊重する理念等が失われたといえる。

さらに、警察による黒人若しくはアフリカ系に対する不当な暴力や殺人が大きな社会問題となり、こうした中でもトランプ自身が警察官を擁護するような発言を繰り返したことで、米国各地にてBLMとして大きな社会運動が展開されるようになると、米国社会は、大混乱に陥ったのである。

最終的には、新型コロナウイルス感染症(COVID-19)のパンデミックにより混乱した社会情勢下においてトランプ自身が新型コロナウイルス感染症(COVID-19)を「中国ウイルス」と呼称することで、米国内にアジア系を敵視する風潮を作り出すと共にアジア系に対するヘイトクライムを助長させたのである。こうした人種・宗教等に対する諸問題について、トランプが米国のリーダーたる大統領としての責務を果たさなかったことから、近年、米国社会の分断をより大きく拡大させたともいえる。

その後、第46代米国大統領(2021年〜)ジョセフ・ロビネット・バイデン・ジュニア(以下、「バイデン」という。)政権は、米国社会の分断を収束するために、2021年4月28日に開催された米国連邦議会上院(以下、「米国上院議会」という。)および米国連邦議会下院(以下、「米国下院議会」という。)の合同会議演説においてバイデン自身が「危機克服〜米国の再構築」を訴え、様々な施策を講じる姿勢を示している[131]。

しかしながら、トランプ支持者がSNSを活用してヘイトクライムを煽る姿勢をみせている等、米国のヘイトクライムの歴史は、古く、不平等な社会構造を改革しない限り、ヘイトクライムを根本的に解決することは、難しい。

２．米国におけるアジア系に対するヘイトクライムの増加とその背景

2019年に中国の武漢にて発生した新型コロナウイルス感染症(COVID-19)については、トランプ自身が「中国ウイルス」と呼び続けたことによって[132]、かつての「黄禍論」を呼び起こすようなアジア系に対する人種的な偏見が米国内において増長したのである。特に2020年以降は、米国在住の中国人や朝鮮人等を含むアジア系に対する暴力等の犯罪件数が増え続けており、公衆の場において理由もなくアジア系が暴力を受ける場面がSNS等にて映像にて伝えられる等、アジア系に対する暴力は、今日、米国内において大きな社会問題となっている。そして、米国社会においてアジア系に対する差別意識は、激しさを増しており、アジア系に対するヘイトクライムの件数も増加しているが、これは、特段、目新しいものでは、ない。アジア系に対するこうした憎悪の感情は、これまでも米国社会において存在していたものである。特にアジア系に対する人種差別の歴史は、米国の歴史の中でも無視できないものである。

実際、19世紀の米国では、外国人への嫌悪感や排斥主義により、白人に限定した移民政策がとられていた。1882年に米国上院議会および米国下院議会が人種を理由に移民を禁じた米国史上初の法律である中国人排斥法(Chinese Exclusion Act)を可決したことから、中国人労働者は、米国への入国を禁じられ、米国に在留する中国人は、米国市民権を得ることもできなくなったのである。

Lee(2013)によると、1882年を境に、米国は、制限も国境もゲートもなく外国人を迎え入れていた移民の国では、なくなり、「米国人とは何か?」という定義そのものが一層排他的なものになり、中国人排斥法の成立により、米国は、「門番国家」になったと指摘している[133]。

中国人排斥法は、米国でアジア系が直面した数えきれないほどの差別の一例にすぎない。例えば、第二次世界大戦中、当時の第 32 代米国大統領(1933 年〜1945 年)フランクリン・デラノ・ルーズベルト(以下、「ルーズベルト」という。)は、「大統領令 9066 号」に署名し、12 万人以上の米国内に居住する日本人(以下、「日系」という。) を強制収容所に収容している。この大統領令は、日本の真珠湾攻撃後の反日感情が主な動機となっている。そのため、日系は、こうした反日感情を払拭するために、その多くが第二次世界大戦に参加して日本やドイツを含む枢軸国側と戦っている。例えば、激戦の欧州戦線において最も危険な任務を命じられた日系の部隊は、多くの犠牲者を出しながらも勇敢に戦っている[134]。米国に忠誠を誓い、力を尽くしたにも拘らず、当時の日系は、米国社会において「敵国出身のスパイ」として疑いの目を向けられ、理不尽な差別を受けていたのである[135]。

　その後、第 40 代米国大統領(1981 年〜1989 年)ロナルド・ウィルソン・レーガン(以下、「レーガン」という。)政権の 1988 年以降になって漸く、アジア系を多くの点で差別してきた歴史から日系の強制収容等、アジア系の人々に対する差別的な行為について米国政府は、謝罪を行ったものの[136]、これらの行為の原因となったアジア系に対する憎悪の感情は、米国社会において今でも根強く残っている。こうした歴史を理解することは、米国社会において、今も続いているアジア系の差別をなくすために極めて重要なことである。事実、中国系の米国への流入を規制する中国人排斥法は、1943 年にマグナソン法(Magnuson Act)が制定されるまで、61 年間に渡って適用されていたのである。

　しかしながら、マグナソン法も中国系の移民に対してかなり制限が厳しく、中国系の移民の受け入れは、年間 105 人しか認められていなかったのである。そして、1965 年に施行された（改正）移民国籍法（Immigration and Nationality Act）により、国籍による移民の割り当てが廃止されるまで、中国系の移民を含むアジア系の移民の多くが差別に晒されてきたのである。アジア系の移民は、1970 年代以降、ベトナム戦争終結後に急増している。

　当時のアジア系の移民の多くは、低水準の技能保持者であったが、1990 年になると、米国上院議会および米国下院議会が高度の技能を持つ移民の流入を促す（改正）移民法(Immigration Act of 1990)を成立させて、専門家として高度な特殊技能を有する外国人材を対象とする「H-1B ビザ」を新設したことから、半導体等のハイテク技術関連産業の隆盛と共に高収入の給与を目的に、インド・中国・台湾・韓国・シンガポール等から多くの高学歴で優秀なアジア系のエンジニアが米国を目指すようになったのである。

　さらに、2008 年 9 月に起きたリーマン・ショック以降、海外から米国への投資を促進させるために米国政府は、米国内に高額の資産保有を条件にアジア系の富裕層を米国に移住させる政策を採り入れている[137]。その結果、米国は、中国・韓国・シンガポール・インド等から多くの富裕層を米国に招き寄せるのに成功する(別頁・写真 2 参照)。この新たな移民層の出現は、アジア系社会の中でも学歴や収入水準で様々な差異を引き起こしたのである[138]。そして、この新たな移民層は、アジア系の世帯収入の中央値を最高水準に押し上げる原動力にもなったのである。

　実際、新型コロナウイルス感染症(COVID-19)パンデミック前の 2017 年から 2018 年までの米国の世帯収入の中央値は、全ての人種の世帯で増加している[139]。米国の世帯収入の中央値の算定結果によると[140]、アジア系の米国人の収入は、最高水準の報酬を得ている。人種別に、米国国内における平均世帯収入の中央値をみてみると、多い順に、アジア系の世帯主がいる世帯の平均世帯収入が 87,243 ドル(前年比 2.1%増)、非ヒスパニック系の白人世帯主がいる世帯の平均世帯収入が 67,937 ドル(前年比 1.0%増)、ヒスパニック系の世帯主がいる世帯の平均世帯収入が 51,404 ドル(前年比 1.5%増)、そして、黒人若しくはアフリカ系の世帯主がいる世帯の平均世帯収入が 41,511 ドル(前年比 1.5%増)となっている。アジア系の世帯主がいる世帯の平均世帯収入は、黒人若しくはアフリカ系の世帯主がいる世帯の平均世帯収入と比べて約 2.1 倍となっている。こうした人種別の所得格差が新型コロナウイルス感染症(COVID-19)のパンデミック後の不安定な米国社会では、図 1 のとおり、米国のカースト制度および構造的差別の階層において低い地位にいる者たちが経済力のあるアジア系に対する妬み若しくは嫌悪の感情を高め、アジア系に対するヘイトクライムの増加に繋がったものと考えられる[141]。

図1　米国社会におけるカースト制度および構造的差別の階層

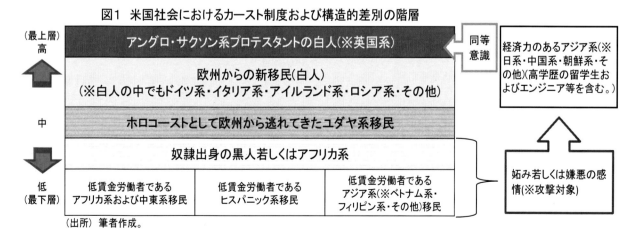

（出所）筆者作成。

Jeung (2021)によると、2020 年 3 月 19 日から 2021 年 2 月 28 日までの約 1 年間の間に、Stop AAPI Hate レポートセンターに報告されたヘイトクライムの件数は、3,795 件といわれている[142]。ヘイトクライムの件数を州別にみると、アジア系の住民の数が多い西海岸のカリフォルニア州が圧倒的に多く、1,691 件(全体構成比:44.56%)となっており、続いて、ニューヨーク州が 517 件(全体構成比：13.62%)、ワシントン州が 158 件(全体構成比：4.16%)、テキサス州が 103 件(全体構成比：2.71%)、ペンシルベニア州が 97 件(全体構成比：2.56%)となっている[143]。

その差別の種類の内訳をみてみると、言葉による嫌がらせ(68.1%)とアジア系を意図的に回避する姿勢と忌避(20.5%)の 2 つが最大の割合を占めている[144]。続いて、身体への暴行(11.1%)、公民権侵害(職場での差別、サービスの拒否、交通機関の乗降拒否等)(8.5%)、SNS 等のインターネットにおける中傷(6.8%)が占めている[145]。ヘイトクライムの性的動向としては、女性に対するヘイトクライムの発生件数が 2,269 件、男性が 968 件、トランス・ジェンダーが 66 件、その他(未回答含む。)が 35 件となっている[146]。ヘイトクライムの発生件数における年齢別構成比としては、若年層(0〜17 歳)が 12.6%、成年層(18〜35 歳)が 47%、中年層(36〜45 歳)が 20%、熟年層(46〜60 歳)が 14%、高齢者層(60 歳以上)が 6.2%となっている[147]。ヘイトクライムを経験しているアジア系の民族別構成比としては、中国系が 42.2%、朝鮮系が 14.8%、ベトナム系が 8.5%、フィリピン系が 7.9%、日系が 6.9%、台湾系が 5.5%となっており、圧倒的に中国系が多い[148]。そして、ヘイトクライムが発生した場所は、企業(35.4%)、公道(25.3%)、オンライン(※SNS 等を含む。)(10.8%)、公園(9.8%)となっており[149]、日頃のビジネス現場や公道・公園等のパブリック・スペースにおいてヘイトクライムが多く発生していることが判る。

実際、アジア系に対する暴力事件の多くがパブリック・スペースにおいて発生している(別頁・写真 3 参照)。

他方、米国教育統計センター(National Center for Education Statistics)では、2009 年に 9 年生に在籍した生徒約 2 万 3,000 人に関し、大学進学・卒業状況を 2016 年 2 月まで追跡した調査「2009 年高校長期調査(High School Longitudinal Study of 2009：HLS)」の最新データを公表している[150]。それによると、全体の 70%が 2016 年 2 月までに大学に進学しているが、社会経済的地位(Socio—Economic Status：SES)(以下、「SES」という。)五分位階層の最上層に属する家庭の生徒の 90%以上が大学に進学しているのに対し、SES 五分位階層の最下層に属する家庭の生徒では、56%程度しか進学していないとしている[151]。つまり、SES によって、大学進学率に大きな隔たりがあり、大きな格差が存在しているということである。例えば、SES 五分位階層の最上層に属する高校の成績平均点(Grade Point Average：GPA)が 2.0〜2.99 の生徒の大学進学率と、SES 五分位階層の最下層に属する GPA 3.5 以上の生徒の大学進学率は、いずれも 88〜89%でほぼ同じとなっている[152]。

また、SES 五分位階層の最上層に属する生徒の 78%が公立・私立 4 年制大学に進学するのに対し、SES 五分位階層の最下層に属する生徒では、36%のみに留まっている[153]。

さらに、競争率の高い 4 年制大学に進学する学生の割合は、白人が 19%であるのに対し、黒人若しくはアフリカ系が 7%、ヒスパニック・ラテン系が 9%と非常に低い[154]。SES 五分位階層の最上層に属する学生だけを比較しても、白人の 36%が競争率の高い大学に進学しているのに対して、黒人若しくはアフリカ系は、18%のみとなっている[155]。この場合、経済力の低い黒人若しくはアフリカ系にとっては、他の人種と比べて大学進学が難しいということが判る。学歴等のキャリアを重視する米国社会では、大学進学ができない黒人若しくはアフリカ系は、収入の高い仕事を手にすることが難しく、成人して家庭をもっても低所得の状態が続くことになり、そのまま貧困の連鎖に陥りやすい。それに対して、経済力のあるアジア系が米国に渡り、米国の大学および大学院に留学して学位を得ると、卒業後も米国に留まり、収入の高い仕事を手に入れて安定した生活を送ることが多い。そして、経済力のあるアジア系の中には、中国や韓国等、同じ国や同じ地域の出身者同志で民族的コミュニティを形成して、貿易業・卸業・小売業・飲食業等のビジネスによって富を蓄える者もいる。黒人若しくはアフリカ系は、米国社会において活躍する経済力のあるアジア系の姿を長年みており、アジア系に対して強い妬みを感じながら日常生活を過ごしているのも事実である(別頁・写真 2 参照)。確かに新型コロナウイルス感染症(COVID-19)による経済的な苦境の影響を大きく受けているのが黒人若しくはアフリカ系であり、アジア系に対する蔑視の社会的風潮と重なって、黒人若しくはアフリカ系の鬱憤が爆発し、アジア系に対する暴力的な態度となって表れているものと考えられる。

3．米国社会における警察・犯罪・銃を巡る負のスパイラルの構図

BLM の抗議行動が米国内各地で沸き上がった結果、バイデン政権により警察の過剰な実力行使を規制する法律の施行が求められたものの、BLM の抗議行動は、警察官が警察署を放棄する等の事態に追い込み、その結果、警察による治安維持ができない「警察の空白地帯」が生じたことから、地域の治安が悪化して犯罪発生件数が増加する等の事態に陥ったのである[156]。

実際、警察組織の関連改革が実施され、警察の過剰な実力行使を規制する法律が施行されれば、警察による治安維持および犯罪検挙の弱体化は、避けられない。その結果、黒人若しくはアフリカ系による犯罪の増加および治安の悪化も避けられない。実際、BLM の抗議行動により、黒人若しくはアフリカ系による暴行や略奪等の犯罪が米国各地にて発生している。その点については、亡くなったフロイドの家族も憂いている。

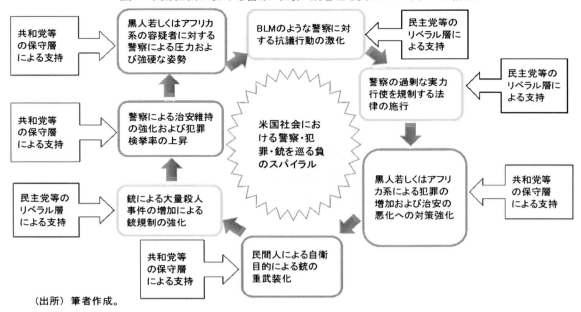

図2　米国社会における警察・犯罪・銃を巡る負のスパイラルの構図

（出所）筆者作成。

　当然ながら、警察による治安維持が図られなければ、民間人による自衛目的による銃の重武装化が進むことになる。そして、銃による大量殺人事件が増加することになれば、銃規制の強化が世論として沸き上がると共に警察による治安維持および犯罪検挙の強化が求められることになる。そうなれば、当然ながら黒人若しくはアフリカ系の容疑者に対する警察による圧力が強化され、彼らに対して警察官による強硬な姿勢による取り調べが行われることになる。その結果、フロイド事件のような黒人若しくはアフリカ系に対する誤認逮捕や過度な取り調べによる傷害致死事件等が発生することで、再び、BLM の抗議行動のようなムーブメントが全米各地にて発生することになる。これこそが米国社会における警察・犯罪・銃を巡る負のスパイラルの構図である。

　さらに、米国社会における警察・犯罪・銃を巡る負のスパイラルについては、図2のとおり、そのアクター毎に「民主党等のリベラル層による支持」と「共和党等の保守層による支持」が異なる。例えば、「BLM のような警察に対する抗議行動の激化」、「警察の過剰な実力行使を規制する法律の施行」、「銃による大量殺人事件の増加による銃規制の強化」等については、「民主党等のリベラル層による支持」が強い。それに対して、「黒人若しくはアフリカ系による犯罪の増加および治安の悪化への対策強化」、「民間人による自衛目的による銃の重武装化」、「警察による治安維持の強化および犯罪検挙率の上昇」、「黒人若しくはアフリカ系の容疑者に対する警察による圧力および強硬な姿勢」等については、「共和党等の保守層による支持」が強い。つまり、「民主党等のリベラル層による支持」と「共和党等の保守層による支持」がアクター毎に交互に興隆し、入れ替わりながら米国社会における警察・犯罪・銃を巡る負のスパイラルを形成している。このように米国社会における警察・犯罪・銃を巡る負のスパイラルは、米国の建国以来、米国社会に根付く「影」であり、1960 年代の公民権運動や 1999 年 4 月 20 日に発生したコロンバイン事件等のような銃による悲惨な集団殺人事件が多発する度に[157]、銃規制運動（別頁・写真 4 参照）、そして、2020 年に起きた BLM の抗議行動等、その都度、変革を求める声が米国社会において起こるものの、結局、それは、歴史的にみても米国社会における警察・犯罪・銃を巡る負のスパイラルとして連綿と続いてきたものであり、それを断ち切ることは、非常に困難であり、今後も続いていくものである。

第3節　むすび

　米国史上、米国大統領の中で軍人、弁護士、米国上院議会若しくは米国下院議会の議員、州知事、州議会の議員等の経験者では、なく、実業界の経営者として大統領に当選したトランプは、ディール(deal)の手法により独特な政策を実施し、白人の中流および下流階級からの大きな支持を得たのである。その結果、トランプは、低賃金労働と国内の労働単価を引き下げる要因ともなる中南米から押し寄せるヒスパニック系の不法移民の流入阻止のためにメキシコとの国境沿いに壁の建設を行ったのである。

　米国社会は、移民によって構成されている。1920 年代以降、欧州諸国からの移民よりも低賃金の労働者として中国から「苦力」と呼ばれる多くの中国系の移民が押し寄せて来る。その結果、米国では、中国系の移民の流入を阻止するために法的規制が行われ、中国系の移民に替わって日系の移民が押し寄せて来たのである。そして、日系の移民は、米国において中国系の移民と同様に低賃金労働者として利用され、米国社会において低い地位に属することになる。それがアジア系に対する差別と偏見の起点になったとも考えられる。

トランプ政権では、新型コロナウイルス感染症(COVID-19)の感染源ともなった中国系に対する露骨な差別、「米国民の雇用を奪っている」として不法移民が多い中南米出身者のヒスパニック系に対する差別、過激派によるテロ事件を連想させ易いムスリムに対する差別等を公然と行っている。その結果、ヘイトクライムが増加した。特に米国内では、高学歴で経済力もあるアジア系への嫉妬等から黒人若しくはアフリカ系によるアジア系を対象とするヘイトクライムが目立つようになっている。

　他方、今日、米国の民主主義と自由主義が大きなストレスを受けている。その要因は、労働と資本の乖離による貧富の差の拡大、白人人口が減少していく中で白人と黒人若しくはアフリカ系の双方が人種間の扱いの差に怒りを顕にする「文化戦争」の存在、米国社会における SNS による個人による情報発信の力が増したことによる情報空間でのフェイクニュースと過激主義を支持する傾向が増幅されやすい状況等といった 3 点を挙げることができる。

　2021 年 5 月 25 日、フロイド事件から 1 周年を記念して、全米各地にてフロイドを追悼する式典が開かれた。バイデンは、ホワイトハウスにてフロイドの遺族と面会した際158、ジョージ・フロイド警察活動正義法案の成立に全力を尽くし159、人種差別の解消に取り組む姿勢を示すと共に「米国の魂のための戦いは、平等の理想と人種差別の現実とのせめぎ合いでもある。今、国民は、大きな転換点において、平等の理想に向かって行動しなければならない」と発言している。そして、バイデンは、白人至上主義が根強いとして問題視されてきた警察組織の改革に着手し、不正な取り締まりが疑われる警官の責任を問い易くするために、米国上院議会および米国下院議会にて審議中であった警察改革法案の成立に強い意欲を示したのである160。このようにバイデンは、BLM の抗議行動の支援者やその他の活動家から警察に対して軍の重装備を提供しないように求められたことから、2020 年米国大統領選挙では、「戦争で用いる武器を警察に提供するのは、止めるべきだ」と訴えている。そのため、米国下院議会の民主党がこうした趣旨の大統領令を出すようにバイデンに対して要求したものの、バイデンは、それに応じた行動を起こしていない。なぜなら、BLM の抗議行動以降、バイデン政権の足元では、警察組織の改革に対する米国国民の関心が薄れつつあり、警察組織の改革の機運を持続できるかが課題となったからである。そうした背景には、BLM の抗議行動以降、警察による犯罪容疑者への対応が甘くなり、社会における治安が弱まったこともあり、米国内の各都市にて治安が悪化し、治安対策が緊急課題として浮上したからである。例えば、BLM の抗議行動の拡大により、米国の各都市にて人種問題への抗議活動が拡大する中、抗議するデモ隊と警察の衝突により、付近の警察署から多くの警官が撤退し、市民が自警をしながら抗議活動を続ける「自治地区」が登場している161。当初、「自治地区」内は、平穏で安定していたが、警察官がいない空白地帯では、次第に治安が悪化するようになり、銃による犯罪も多発したのである。社会における治安の悪化は、逆に黒人若しくはアフリカ系に対する偏見を助長しかねないものであり、彼らにとっては、不利な状況に陥ることになる。

　実際、米国のニューヨーク、シカゴ、ロサンゼルス等の大都市では、近年、銃犯罪と殺人の発生件数が急増する等、社会における治安が悪化している。2020 年に 30 万人以上が市外に転居したとされるニューヨークでは、その理由として新型コロナウイルス感染症(COVID-19)の感染拡大と共に社会における治安悪化を理由に挙げる人が多かった162。長年、米国では、治安維持の強化と銃規制の強化といった二律背反の意見の相違により、米国上院議会および米国下院議会でも警察・犯罪・銃を巡る意見の対立が続いており、その結果、終わりの見えない負のスパイラルの構図がみられる。

　今後、建国以来根付く米国社会における人種差別の構造や米国のカースト制度を無くし、教育・社会参加の点において国民誰もが平等に機会を得られるような社会システムを構築しない限り、米国社会における警察・犯罪・銃を巡る負のスパイラルを断ち切ることは、非常に難しい。必要なのは、黒人若しくはアフリカ系に対して若年層からの教育機会の提供等を図り、様々な社会プログラムを充実させることにより、彼らのキャリアアップを促し、彼らの就業機会を増やし所得を上げることで構造的な暴力の発生要因から彼らを解き放つことである。少しずつであるが、そうすることで米国社会に建国以来根付く、警察・犯罪・銃を巡る負のスパイラルが断ち切れることに繋が

写真1. BLM運動

（出所）筆者撮影。

写真2. 中国語で埋め尽くされるニューヨーク市内

（出所）筆者撮影。

写真3. ヘイトクライムに対するアジア系による抗議活動

（出所）筆者撮影。

写真4. 銃規制を求めた100万人運動

（出所）筆者撮影。

るものであり、人種間の融和に満ちた寛容な米国社会の実現に近づくものである。

第４章　中国における「社会主義現代化強国」の実現とエネルギー資源調達のリスク分散

第１節　はじめに

　中華人民共和国(以下、「中国」という。)は、５年に１度の中国共産党第19回全国代表大会(※2017年10月)における中国共産党中央委員会総書記(2012年～)・国家主席(2013年～)習近平(以下、「習近平」という。)の政治報告として「30年間の強国長期構想」を発表している[163]。そして、その中では、21世紀半ばまでの30年間を２段階に分けて「社会主義現代化強国」を実現する時代としている[164]。この場合、「社会主義現代化強国」を実現する時代の第１段階は、2020年から2035年までとしており、具体的には、「社会主義現代化」を基本的に実現するために次の項目を設定している[165]。
①　経済力・科学技術力が大幅に向上し、イノベーション型国家の上位に昇り詰める。
②　国民の平等な参加・発展の権利が十分に保障され、法治国家・政府・社会が基本的に構築され、様々な制度が一層充実し、国家統治システム・能力の現代化が基本的に実現している。
③　社会の文明度が新たなレベルまで高まり、国の文化的ソフトパワーが著しく補強され、中華文化に、より広く深い影響力が備わっている。
④　国民の生活がより豊かになり、中所得層の割合が顕著に高まり、都市・農村間、地域間の発展格差や住民の生活水準格差が著しく縮小し、基本公共サービスの均等化が基本的に実現し、全国民の共同富裕が堅実なスタートを切っている。
⑤　現代的社会統治の枠組みが基本的にできあがり、社会に活気が満ち溢れ調和と秩序も備わっている。
⑥　生態環境が根本的に改善し、「美しい中国」の目標が基本的に達成されている。
　特に「⑥生態環境が根本的に改善し、『美しい中国』の目標が基本的に達成されている」については、2022年２月に開催された北京冬季オリンピックにおいて「大気汚染等の国内の環境問題に対処し改善できた」という結果を中国政府が求めていたことが判る。
　そこで、本章においては、中国における「社会主義現代化強国」の実現とエネルギー資源調達のリスク分散に焦点を絞りながら分析し考察するものである。

第2節　中国の「社会主義現代化強国」を実現する時代

１．石炭から天然ガスへのエネルギーシフトと西気東輸パイプライン

　中国は、近年、石炭から天然ガスへのエネルギーシフトを推し進めており、①大気汚染防止、②低炭素化社会の実現、③天然ガスの輸入・貯蔵・輸送に係るインフラ整備、④天然ガス市場の創出等に向けた天然ガス利用促進政策を進めている[166]。そして、そのためのプロジェクトとして始まったのが西気東輸パイプラインである。
　西気東輸パイプラインは、2002年11月に開催された中国共産党大会(第16回全国代表大会)において提案後、速やかに計画が実施されており[167]、図２のとおり(別頁参照)、2004年に全区間完成している。開発の主体となっているのが中国石油天然気股份有限公司(PetroChina Company Limited)(以下、「PetroChina」という。)であり、同社にとって初の大規模の天然ガスパイプライン・プロジェクトとなっている。主力供給源は、タリム盆地の克拉２号ガス田から産出される天然ガスおよびトルクメニスタン(アムダリア盆地)から産出される天然ガスである。後者については、中央アジア・中国・パイプライン(東西回廊ルート)により、トルクメニスタンから中国向けに年間300億立方メートル程度、輸送されている分も含まれている。中央アジア・中国・パイプライン(東西回廊ルート)は、将来的には、年間650億立方メートルの輸送規模まで増量させる計画である[168]。

　また、安部(2016)によると、中央アジア・中国・パイプライン(東西回廊ルート)のような石油および天然ガス輸出のためのパイプラインは、図１のとおり、複数の開発ファクターの連結により構成されており、それにより、周辺地域間の連携を高め、必然的に地域の政治的安定と地域間の経済交流を促進させると指摘している。そして、これらの役割の構図を「スクアー(skewer)的分析方法」という概念により示している。

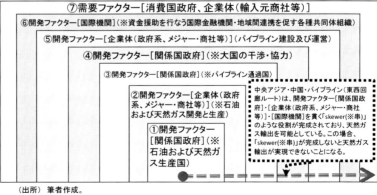

図1　(石油および天然ガス)パイプラインにおける関係するファクターの役割の構図(※「スクアー(skewer)的分析方法」)

（出所）筆者作成。

トルクメニスタン産の天然ガスは、国内の天然ガス需給の安定を確保するためにも中国にとって非常に重要な供給源となっている。そのため、中国にとっては、安全保障上、その天然ガスパイプラインを通過する国々の政情の安定が必要となる。

他方、石油輸入について、中国では、マラッカ海峡を通って石油を輸送することに対する懸念が長く存在していたのである。とりわけ、中国は、1990年代に石油の純輸入国となってからは、石油輸入の確保がエネルギー資源の安全保障上の大きな課題の一つとなっている。

現在の経済発展の速度を維持し続けると仮定した場合、中国の対外石油依存度は、2025年に80%以上にも達する

図2 中国～ミャンマー（石油および天然ガス）パイプラインと西気東輸パイプライン

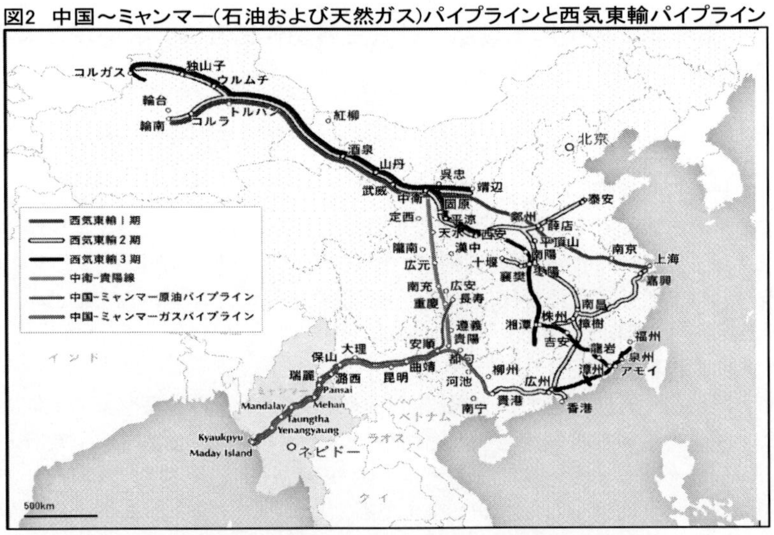

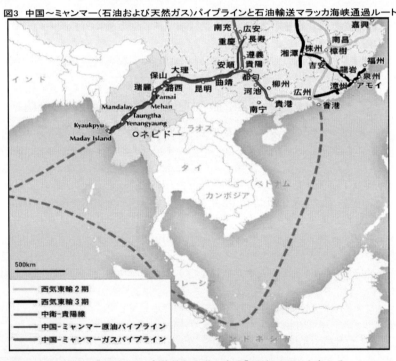

（注1）この場合の「原油」は、広義的な名称である「石油」と同じと考える。
（出所）劉、山口（2015）をもとに筆者作成。

と見込まれている[169]。そのため、1990年代の後期から中国は、石油および天然ガスの輸入先の多角化戦略を積極的に推し進めると共にマラッカ海峡経由のシーレーンへの依存低減を図ってきたのである。こうした背景から、図3のとおり、中国～ミャンマー間の石油パイプラインの建設が提起されることになったのである。

2004年、石油および天然ガスのパイプラインに関する中国とミャンマーの公式な交渉が始まったものの、両国の力点は、当初から異なっていたのである。ミャンマーは、豊富な天然ガス資源を有している一方、石油資源については、それ程豊富に有していないことから、オフショアの豊富な天然ガス資源を採掘し、それを中国に輸出して外貨を獲得することを一番の目的としていたのである。つまり、ミャンマーにとって石油パイプラインへの関心は、低かったのである[170]。

他方、中国は、図3のとおり、シーレーンの懸念からマラッカ海峡を通過する石油輸入ルートへの依存度を低減させるために、中東・アフリカ産の石油をミャンマーのチャウピューにおいて積み替えてパイプラインにて中国に輸送することに力点を置いたのである[171]。その結果、中国は、ミャンマー政府に対して天然ガスパイプラインの建

図3 中国～ミャンマー（石油および天然ガス）パイプラインと石油輸送マラッカ海峡通過ルート

（注1）この場合の「原油」は、広義的な名称である「石油」と同じと考える。
（出所）劉、山口（2015）をもとに筆者作成。

設の他に石油パイプラインの建設も強く要請したのである。

当初、ミャンマー政府は、中国のこうした計画に難色を示したともいわれている[172]。当時、ミャンマーは、インドや韓国からも天然ガスパイプライン・プロジェクトを持ちかけられていたことから、中国向け天然ガスパイプラインの建設の他に石油パイプラインの建設までも推進させる必要はなかったのである。

しかし、欧米諸国からの経済制裁による投資額が減少する中で、中国のミャンマーに対する大規模な経済投資に頼るミャンマー政府は、最終的に中国の計画を選択し、天然ガスパイプラインの建設の他に石油パイプラインの建設も受け入れたのである。この決定を支えたのは、他でもない中国政府とミャンマー軍事政権による強い政治的結束である[173]。そして、両国の関係者による一連の努力の結果、2009年12月にPetroChinaとミャンマー・エネルギー省は[174]、「中国～ミャンマー石油パイプラインに関する権利と義務協議」に署名し、パイプラインの建設と運営についてPetroChinaの子会社である東南亜管道有限公司が担う権利と義務等を明確に規定したのである[175]。

2010 年に着工された天然ガスパイプラインは、2013 年 7 月後半から試験的にガス供給を開始し、同年 11 月には、本格的に稼働を開始している。石油についても、2015 年 1 月 30 日には、石油パイプラインの試験操業が開始されている。天然ガスパイプラインおよび石油パイプラインは、両者ともミャンマー西海岸のラカイン州チャウピューおよびマデイ島等を起点としてマンダレーを経由して雲南省瑞麗市から中国国内に繋がっている。貴州省安順市までは、二つのパイプラインが並行しているが、天然ガスパイプラインは、安順市から貴州省を経て広西省に向かうのに対し、石油パイプラインは、安順市から貴州省を経由して重慶市に向かっている[176]。そして、石油パイプライン建設に伴い、雲南省昆明市と重慶市にそれぞれ年間処理能力 1,000 万トンの製油所が建設されている。

　さらに、PetroChina は、マデイ島に石油埠頭と貯蔵施設等を建設し、パイプラインが通過する中部のマンダレー近郊において製油所の建設を行っている。石油の主な輸入先は、中東であり、天然ガスは、主にミャンマーのラカイ州沖合の Shwe ガス田等から供給されている。ミャンマー側も国内需要向けに、これらの天然ガスパイプラインと石油パイプラインから年間、天然ガス 20 億㎥、石油 20 万トンを取得している。

　2017 年 4 月 10 日、石油パイプラインは、パイプラインの起点であるミャンマーのマデイ島の石油ターミナルで 14 万トンタンカー(United Dynamic)が石油のオフローディング作業を開始し、2017 年 5 月 19 日、中国側の雲南省瑞麗に石油が到着している。これにより、2006 年 10 月の基本合意から約 11 年、2010 年 6 月の着工式から約 7 年の歳月を経て 2017 年 4 月に漸くこの巨大プロジェクトの操業が本格的にスタートしたことになる[177]。このように国のエネルギー戦略、地方の利益、企業の利益が織り込まれる中、ミャンマー～中国間の石油・天然ガスパイプライン(中緬原油和天然気管道)は、「一帯一路」構想にある「海のシルクロード」による経済開発を全面的に打ち出したことで単にマラッカ海峡迂回という意義を超えて、インドを睨みながらベンガル湾沿岸地域へ進出する中国の安全保障の確保および国際貿易の拡大のために重要な戦略的事業として位置付けられたのである。

２．中国石油大手による海外での石油および天然ガス調達のための投資加速

　近年、中国石油大手企業による海外での石油および天然ガス調達のための投資が表 1 のとおり、加速している[178]。

　その背景には、米中対立の長期化に備えるために中国政府によるエネルギー資源の安全保障についての重視がみられる。中国の国家電力規画設計総院によると、今後の中国における電力需要の伸びは、大きく、2035 年には、2018 年の電力需要の 1.7 倍に拡大すると予測している[179]。こうした中で、中国政府は、2018 年の一次エネルギー消費に占める石炭比率が初めて 60% を下回ったと発表している[180]。中国政府は、着実に CO_2 排出量の抑制を実現していると胸を張っているものの、実は、石炭生産量・輸入量・消費量共に 2017 年を上回っており、エネルギー消費量の大幅な伸びによって石炭比率がみかけ上、低下したに過ぎない。2018 年は、電力需要も前年比で 8.5% と大きく伸びている。

　また、井上(2019)による

表1　中国石油大手3企業の2018年12月期(※2018年1月～12月)の業績状況

企業名	中国石油天然気股份有限公司 (PetroChina Company Limited) PetroChina	中国石油化工集団公司 (China Petrochemical Corporation) Sinopec	中国海洋石油集団有限公司 (China National Offshore Oil Corporation) CNOOC
創設	1999年(※民間企業・中国石油天然気集団公司(国営企業CNPC)の一部民営化により設立した。同公司が株式の86.507%を所有する。社外取締役に外国人を起用するほか、顧問にキッシンジャー元アメリカ合衆国国務長官を据えたことでも知られる。役員報酬は株価と連動しており、国営企業の面影は全くない。	1983年(※国営企業・全人民所有制企業)	1982年(※国有独資公司(持分の全てを中央政府が所有する有限責任会社))
主力事業	石油、天然ガスの開発 石油化学製品の販売、国内外の油田開発、特にアフリカ諸国での探鉱開発が多い。	原油、石油および化学品の供給や取引、精製、販売および輸送が主力であるが、石油・天然ガスの探査、開発および生産に関連するパイプライン輸送および加工業務も行う。	中国大陸沖合及び近隣諸国の主に海洋における石油および天然ガスの探査、採掘、開発を主力とする。
売上高	2兆3,535億元	2兆8,911億元	2,269億元
	385,974(※億円)	474,140(※億円)	37,211(※億円)
前年比増減率	16.80%	22.50%	21.80%
純利益	525億元	616億元	526億元
	8,610(※億円)	10,102(※億円)	8,626(※億円)
前年比増減率	130.70%	20.20%	113.50%
石油・天然ガス生産量	1,491(※原油換算:百万バレル)	451(※原油換算:百万バレル)	475(※原油換算:百万バレル)
前年比増減率	2.30%	0.60%	1.00%
投資額	2,559億元	1,180億元	626億元
	41,967(※億円)	19,352(※億円)	10,266(※億円)
前年比増減率	18.40%	18.70%	25.00%

（注1）上場子会社ベースであり、2018年12月期(※2018年1月～12月)に基づいている。1元＝16.40円で換算している。
（出所）多部田(2019)をもとに筆者作成。

と、中国では、再生可能エネルギーが設備量を大きく増やす一方、石炭火力発電も約 3,000 万 kW が新規に運開している。2018 年末の石炭火力設備量は、10.1 億 kW であり、発電電力量に占める石炭比率は、約 70% 近くに達している。中国の石炭消費の半分以上は、発電によるものであり、中国の石炭生産量が世界の半分を占めていることから、実に世界の石炭生産量の 4 分の 1 は、中国の石炭火力発電にて消費されている計算になる[181]。

中国においては、再生可能エネルギーによる発電と原子力発電、ガス火力発電の拡大が進められているものの、安定的な電力供給のために、今後も石炭火力発電が中心となる点に変わりは、ない。中国の石炭火力発電は、2035年に14億kWにまで達する可能性があるといわれている[182]。こうした中で中国としても、石炭火力発電に対する依存度を可能ならば下げたいと考えており、2019年には、発電効率性が悪く基準に満たない30万kW以下の小規模火力発電を閉鎖している。その一方で、2035年頃までに2〜3億kW程度の石炭火力発電の新規開発を計画している[183]。

今後、中国では、石炭消費量が増大し、CO_2排出量も拡大し続けるものとみられていることから[184]、地球温暖化の元凶として中国の石炭火力発電は、この先、世界から強く非難される可能性が高い。その対策として日本が研究開発を進めている石炭ガス化複合発電(Integrated Coal Gasification Combined Cycle：IGCC)の導入等も検討されている[185]。

他方、中国石油大手3社は、表1のとおり(別頁参照)、国内外で石油および天然ガスの増産に向けた投資のアクセルを踏んでいる。2018年12月期の中国石油大手3社合計の投資額は、5期ぶりに高水準とされる4,365億元(約7兆1,585億円)である。そして、同期の中国石油大手3社合計の売上額は、5兆4,715億元(約89兆7,325億円)となっている。日本政府の2019年度の一般会計予算の歳出総額が101兆4,564億円であることから、中国石油大手3社合計の売上高の規模は、日本政府の2019年度の一般会計予算の88.44%程度となり、極めて大きな金額であることが判る。こうした背景には、石油価格の上昇により、中国石油大手3社の業績も改善したことから、米中対立の長期化に備えて、中国が石油および天然ガスの資源確保を急いでいる点が挙げられる。その結果、今後、中国勢や日本勢も含めた世界の資源獲得競争が激しくなることが予想される。

PetroChinaの2018年12月期の投資額は、表1のとおり(別頁参照)、前年比増減率18.40%増の2,559億元を見込んでいる。市況回復で、石油の平均価格は、2017年1月期の1バレル約50ドル近傍から2017年12月には、約60ドル近傍まで上昇し、PetroChinaの同期の売上高は、前年比増減率16.80%増の2兆3,535億元、純利益は、2.3倍の525億元に増えている[186]。中国は、図4のとおり、海外において積極的に石油および天然ガス開発を目的とした権益確保に動いており、2018年には、アラブ首長国連邦(UAE)の油田権益取得、カナダの液化天然ガス(LNG)プロジェクトへの参画、ロシア北極圏の新しいLNGプロジェクトへの参画も果たしている。

また、中国は、米国から経済制裁を受けているイランの南パルス天然ガス田の共同開発を検討していたともいわれている[187]。石油等の生産で国内第2位の中国海洋石油集団有限公司(China National Offshore Oil Corporation)(以下、「CNOOC」という。)も表1のとおり(別頁参照)、投資額を増加させている。同社の投資は、ほとんどが油田の探査や開発、生産であり、2018年には、投資額を626億元まで増加させている[188]。

また、石油化学を柱に油田開発も手掛ける中国石油化工集団公司(China Petrochemical Corporation)(以下、「Sinopec」という。)の2018年の投資額としては、前年比増減率18.70%増の1,180億元となっている。その内、油田の開発は、前年比増減率41%増の596億元まで引き上げようとしている[189]。このように中国石

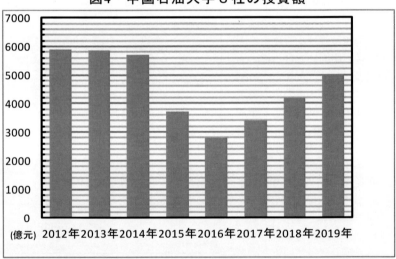

図4　中国石油大手3社の投資額

(億元) 2012年 2013年 2014年 2015年 2016年 2017年 2018年 2019年

(注1) 中国石油大手3社が上場している子会社の分も含む。単位は、億元である。また、2019年は、計画値である。
(出所) 多部田(2019)をもとに筆者作成。

油大手3社が投資拡大を進めている背景には、エネルギーの安全保障を重視する中国政府の意向が強く反映されているからである[190]。

実際、貿易やハイテク製品の取引を巡って対立する米中両国において天然ガスの取引では、利害が一致する。米国は、中国にLNGの輸入拡大を求めており[191]、天然ガス需要が急増する中国も安価な米国産LNGの輸入拡大に期待している[192]。

その一方で、中国政府は、エネルギー資源の安全保障のために世界各地で権益を獲得していく考えであり、図4のとおり、その手足となる中国石油大手3社が投資を急いでいる[193]。このように強気の中国石油大手3社だが、中国経済の減速という不安要素が中国石油大手3社に大きな影響を与えている。例えば、国内のガソリンや化学製品の需給変化の影響を受けやすいSinopecの2018年10〜12月期の純利益は、同年の1〜3月期、4〜6月期、7〜9月期に比べて約1割台の水準まで落ち込んでいる[194]。

第3節　脱炭素社会における米中戦略の相違

1．脱炭素社会における各国の動向

　脱炭素に向かって地球上で大競争時代を迎えている。欧州や中国、日本が脱炭素社会に向けて大競争時代にいる中で脱炭素社会における競争力の源泉となるのが、水素等も含めた再生可能エネルギーと蓄電池技術だといわれている。革新的なイノベーションを期待できる技術の芽生えは、既にある。問題は、それをいかにして育てるかである。IEA(2020)によると、EUは、2050年までの温暖化ガスの排出量を「実質ゼロ」とする目標を掲げている。そのため、2030年までに、1990年比で温暖化ガスの排出量を40%減らすとの目標も引き上げ、少なくとも55%減らす案を議論している。2030年までの目標は、再生可能エネルギーおよび省エネルギー等の普及が主だが、2030年以降は、新技術に期待が集まっている。その中心となるのが水素である。例えば、商用航空機分野において水素を燃料とする航空機を2035年までに事業化する計画が欧州の航空宇宙企業であるエアバスにより発表されている[195]。確かに航空機は、世界のCO_2排出量の約2%程度を排出していることから、水素燃料の航空機が実現すれば、CO_2排出量の削減に貢献できることになる。

　実際、EUは、2020年7月に「欧州クリーン水素連合」を創設しており、官民で研究開発やインフラ整備を進めている。EUのティメルマンス上級副委員長は、水素を「新エネルギー界のロックスターだ」と呼んでおり、「2050年頃には、世界のエネルギー需要の24%を水素が担っている可能性がある」とみている[196]。

　しかしながら、水素等の新技術には、コストがかかり、当面は、欧州企業が競争力で不利になる恐れがある。環境規制の緩い国から安価な製品が欧州に流入する懸念がある中で、それを防ぐためにEUが検討するのが「国境炭素税」である。これは、EUが「EUタクソノミー」の目的の一つとして検討してたきものであり[197]、環境対策が十分でない外国からの輸入品に事実上の関税をかける内容となっている。これは、欧州企業が抱く高い排出減目標への不安に応える狙いがあり、EUは、公平な競争条件の確保のために必要だとしており、遅くとも2023年までに導入しようとしている[198]。

　他方、中国は、次世代における脱炭素社会の実現のために、官民挙げて水素研究を推し進めている。そのため、中国政府は、2020年9月に燃料電池車(Fuel Cell Vehicle)(以下、「FCV」という。)の販売補助金制度を撤廃し、中核技術の開発企業に奨励金を与える制度を導入している[199]。FCVは、技術的な難度が高いことから、中国は、当面の間、技術開発に対して直接財政支援する必要があると判断したからである。2020年9月には、北京市内に「北京大興国際水素エネルギーモデル地区」を新たに設ける等、水素エネルギーのインフラを整備し、中核技術を持つメーカーの技術力を向上させようとする機運が高まっている[200]。

　また、習近平は、2020年9月の国際連合(以下、「国連」という。)での演説において「2060年までにCO_2排出量を『実質ゼロ』にする」と強調している[201]。努力目標とはいえ、中国の踏み込んだ目標設定については、国外における多くの政府関係者が驚いている。中国は、CO_2排出量で世界の2割強を占める最大の排出国だが、再生可能エネルギー導入にも熱心である。中国の太陽光の発電電力量は、2018年時点で世界の32%のシェアを占めており、日本のシェアの3倍近い数値となっている[202]。

　実際、2020年10月26日に開幕した中国共産党の重要会議である中央委員会第5回全体会議(5中全会)で決められた第14次5カ年計画(2021〜2025年)では、非化石燃料の一次エネルギーに占める消費比率を従来目標である15%程度から18%程度に引き上げるとしている[203]。具体策としては、再生可能エネルギーの「利用実績」を取引できる市場を作ることであり、地球温暖化効果ガス(以下、「温暖化ガス」という。)の排出量取引に似た仕組みとなっている。これは、中央政府が決めた再生可能エネルギーの利用目標を達成できない電力小売事業者に対して目標を達成した企業から「利用実績」を買い取らせる仕組みである。

　さらに、国際エネルギー機関(International Energy Agency：IEA)(以下、「IEA」という。)によると中国は、電気自動車(Electric Vehicle)(以下、「EV」という。)の世界市場において2019年における販売台数の54%のシェアを占めている[204]。

　欧州や中国、日本が脱炭素社会に向けて大競争時代にいる中で、第45代米国大統領(2017年〜2021年)ドナルド・ジョン・トランプ(以下、「トランプ」という。)政権は、2020年11月4日、国際的な地球温暖化対策(以下、「温暖化対策」という。)の枠組みであるパリ協定から正式に離脱している。その結果、パリ協定が世界の温暖化対策に十分な役割を果たせるかどうかは、2020年米国大統領選挙の結果がその鍵を握ることになったのである。なぜなら「米国第一主義」を掲げ、国内産業の活性化のために「シェール革命」により石油および天然ガスの生産拡大を推し進め、パリ協定からの離脱を主導したトランプに対して、当時の対立候補であり、後の第46代米国大統領(2021年〜)ジョセフ・ロビネット・バイデン・ジュニア(以下、「バイデン」という。)は、パリ協定への復帰を約束したからである[205]。パリ協定は、産業革命からの気温上昇を2℃未満に留め、できれば1.5℃以内に抑えることが定められている[206]。1.5℃の実現のためには、2050年頃に世界の温暖化ガスの排出を「実質ゼロ」にする必要があり、2℃の実現のためには、2070年頃に世界の温暖化ガスの排出を「実質ゼロ」にする必要がある[207]。

実際、EU や日本、中国等が大枠での「実質ゼロ」を相次ぎ打ち出しているものの、パリ協定における温暖化対策に実効性を持たせるためには、CO_2 排出量で世界第 2 位の米国の取り組みが欠かせない。つまり、世界の温暖化対策を進めるために、米国のパリ協定への復帰が期待されていたのである。こうした中で、バイデンは、2020 年米国大統領選挙の期間中、気候変動と温暖化対策の重要性を訴えている。そして、選挙公約においても、バイデンは、「パリ協定に復帰すると共に 2050 年の実質排出ゼロを目指す」と表明している[208]。加えて、4 年間でクリーンエネルギー等に 2 兆ドルを投じる計画も明らかにしている。米国が温暖化対策を推進する立場に復帰すれば、当然ながら世界の温暖化対策が促進されることになる。

また、水素や EV、蓄電技術等の分野において中国や欧州は、大きな技術的な成果を挙げてきたのに対して、水素や EV、蓄電技術等の分野における米国の競争力の低下は、否めない。特に水素や EV、蓄電技術等の分野における中国の取り組みは、世界をリードしているといっても過言では、ないからである。

さらに、欧州市場にて「EU タクソノミー」が進めば、米国産品に対しての輸入規制をかける可能性もある。今や米国は、「シェール革命」により、世界最大の産油国となっている。バイデン政権としても、政策の舵を脱化石燃料へと切れば、産業界を中心に大きな反発が起きることになる。もし、トランプが 2020 年米国大統領選挙の集計方法を巡る法廷闘争に勝訴する等して、再選を果たしていれば、「米国第一主義」の姿勢により、パリ協定や国際協調に背を向ける状況が続き、一段と脱炭素社会における米国の後退とガラパゴス化が進んだはずである。その結果、世界の国々の多くが脱炭素社会における脱炭素政策を推し進めていく中で、米国は、脱炭素社会における温暖化対策のための競争力をさらに低下させ、この分野における中国の増長を許したはずである。

２．地球温暖化対策に欠かせない脱炭素に関する技術研究の中国・米国・日本の比較

三隅(2021)によると、温暖化対策に欠かせない脱炭素に関する技術研究の論文件数において中国は、表 2 のとおり、16 分野において世界 1 位である[209]。

実際、論文数では、ほぼ全てのテーマで中国と米国が第 1 位と第 2 位を独占しており、米中 2 強時代が鮮明となっている。米国の場合、トランプ政権期の 2016 年以降、米国内では、優秀なアジア系の留学生の受け入れが減ると共に米国がパリ協定から離脱したことから、温暖化対策に欠かせない脱炭素に関する技術研究の資金が連邦政府予算より減らされた影響が大きい。米国にとっては、トランプ政権期の「空白の 4 年間」において温暖化対策に欠かせない脱炭素に関する技術研究が停滞する中で、中国は、国策として莫大な資金

表2　脱炭素技術に関する論文数における中国・米国・日本の比較一覧表

技術項目	中国(件数)	全体順位	米国(件数)	全体順位	日本(件数)	全体順位
リチウムイオン電池	23,267	1位	7,423	2位	1,988	5位
ナトリウムイオン電池	4,975	1位	1,064	2位	354	5位
カリウムイオン電池	823	1位	139	2位	53	5位
太陽電池	23,044	1位	10,421	2位	4,870	5位
ペロブスカイト太陽電池	5,979	1位	1,800	2位	874	4位
風力発電	10,699	1位	3,753	2位	653	15位
水力発電	3,989	1位	1,740	2位	211	22位
バイオマス発電	6,860	1位	4,951	2位	947	14位
地熱発電	1,234	2位	1,302	1位	234	12位
アンモニア発電	477	1位	389	2位	172	3位
燃料電池	13,898	1位	6,201	2位	2,799	5位
人工光合成	420	1位	339	2位	264	3位
二酸化炭素回収・貯留	24,227	1位	15,979	2位	4,396	6位
ヒートポンプ	3,116	1位	854	2位	544	6位
蓄熱材料	1,546	1位	457	3位	109	14位
電気自動車	12,212	1位	5,894	2位	1,580	9位
燃料電池車	427	1位	317	2位	257	3位
省エネルギー・半導体	723	2位	813	1位	391	4位

(注1)日本経済新聞の調査により、今後、地球温暖化問題等に対処するための脱炭素技術の中から「太陽電池」や「人工光合成」等の18のテーマを設定し、2015年～2020年にかけて英国のネイチャーや米国のサイエンス等を含む世界7,000以上の出版物や8,200万件の文献で構成する蘭国のエルゼビアのデータベースから抽出されたものである。
(出所)三隅(2021)をもとに筆者作成。

を投与しながら[210]、海外からトランプ政権により入国を断られた多くの研究者を受け入れると共に国内にて活躍する優秀な人材を活用して温暖化対策に欠かせない脱炭素に関する技術研究を躍進させて一気に米国を抜き去ったということになる。つまり、トランプ政権のパリ協定からの離脱は、米国内の温暖化対策に欠かせない脱炭素に関する技術研究を停滞させた一方で、逆に中国に利する形で、中国は、温暖化対策に欠かせない脱炭素に関する技術研究を躍進させたことになる。こうした点では、2020 年 9 月に習近平が「CO_2 排出量を 2030 年までに減少に転じさせ、2060 年までに CO_2 排出量と除去量を差し引きゼロにするカーボン・ニュートラルを目指す」と表明したことにより、国際公約として中国は、カーボン・ニュートラルを実現するために国を挙げて取り組む姿勢を国内外に示したともいえる。

3．世界のCO₂排出状況

今日、世界のCO₂排出量の増加が地球温暖化の大きな要因となっている。The World Resources Institute(2020)によると、2017年時点における世界のCO₂排出量は、表3のとおり、371億2,145万トンとなっている。対1995年比増減率では、43.77%増加しており、対2000年比増減率では、36.15%増加している。

表3 国別CO₂排出量一覧表

国名	1995年（百万トン）	1995年構成比率	2000年（百万トン）	2000年構成比率	2017年（百万トン）	2017年構成比率	対前年比増加率	対2000年比増加率	対1995年比増加率
世界	25,820.73	100.00%	27,265.43	100.00%	37,121.45	100.00%	1.27%	36.15%	43.77%
中国	2,763.14	10.70%	3,022.34	11.09%	9,705.80	26.15%	2.14%	221.14%	251.26%
米国	4,798.49	18.58%	5,394.55	19.79%	4,716.10	12.71%	−1.56%	−12.58%	−1.72%
EU（27）	3,087.80	11.96%	3,059.98	11.22%	2,490.74	6.71%	0.91%	−18.60%	−19.34%
インド	690.96	2.68%	890.01	3.26%	2,420.17	6.52%	5.13%	171.93%	250.26%
インドネシア	1,142.87	4.43%	1,009.09	3.70%	1,878.97	5.06%	2.06%	86.20%	64.41%
ロシア	1,809.31	7.01%	1,688.49	6.19%	1,456.16	3.92%	1.84%	−13.76%	−19.52%
日本	1,096.49	4.25%	1,106.64	4.06%	1,156.38	3.12%	−1.65%	4.50%	5.46%
ブラジル	1,121.13	4.34%	1,191.50	4.37%	752.44	2.03%	1.07%	−36.85%	−32.89%
ドイツ	820.14	3.18%	777.14	2.85%	692.17	1.87%	−2.11%	−10.93%	−15.60%
イラン	272.23	1.05%	340.58	1.25%	687.85	1.85%	2.23%	101.96%	152.67%
カナダ	519.57	2.01%	554.92	2.04%	627.69	1.69%	1.91%	13.11%	20.81%
韓国	349.84	1.36%	421.22	1.55%	585.75	1.58%	1.84%	39.06%	67.43%
サウジアラビア	222.40	0.86%	244.34	0.90%	540.70	1.46%	−2.88%	121.29%	143.12%
メキシコ	323.76	1.25%	401.71	1.47%	479.14	1.29%	−1.53%	19.28%	47.99%
IMF経済先進諸国（35カ国）	10,410.30	40.32%	11,220.30	41.15%	10,094.37	27.19%	−0.71%	−10.04%	−3.04%
IMF経済先進諸国（35カ国）＋中国＋ロシア	14,982.75	58.03%	15,931.13	58.43%	21,256.33	57.26%	0.75%	33.43%	41.87%
新興国および発展途上国（※IMF経済先進諸国＋中国＋ロシアを除く）	10,837.98	41.97%	11,334.30	41.57%	15,865.12	42.74%	1.99%	39.97%	46.38%

（注1）先進国の定義は、単一のものがあるわけではなく、曖昧である。明確な認定基準がないため、定義する国際機関によっても異なる。IMF（国際通貨基金）では、2017年時点で、39カ国を経済先進国（Advanced Economies）（※中国およびロシアを除く。）としている。その定義としては、一人当たりのGDPのレベルが高く、非常に高度な工業化が進んでいる国としている。そのため、香港・マカオ・台湾・サンマリノもその中に含まれている。しかしながら、EU加盟国としては、ハンガリーとポーランドが含まれていない。また、各構成比率および各増加率については、小数点第六位を四捨五入している。
（注2）本表におけるIMF経済先進諸国の中には、香港・マカオ・台湾・サンマリノが含まれていない。
（出所）The World Resources Institute(2020)をもとに筆者作成。

実際、2017年時点における中国のCO₂排出量は、97億580万トンとなっている。2017年の全体構成比率が26.15%となっており、CO₂排出量が世界第1位となっている。対前年比増減率では、2.14%の増加であるが、1995年比増減率では、251.26%、対2000年比増減率では、221.14%増加している。つまり、中国は、GDPにおいて前年比10%以上の高度経済成長の結果、CO₂の排出量を大幅に増加させたことが判る。

米国のCO₂排出量は、47億1,610万トンとなっている。2017年の全体構成比率が12.71%となっており、CO₂排出量が世界第2位となっているものの、近年、米国のCO₂排出量は、減少している。対前年比増減率では、▲1.56%減少しており、対1995年比増減率では、▲1.72%、対2000年比増減率では、▲12.58%減少している。トランプ政権では、パリ協定からの離脱を表明したが、必ずしも米国だけがCO₂排出量の増加を容認していた訳では、なく、中国に比べてCO₂排出量を減少させていたことが判る。

EUのCO₂排出量は、24億9,074万トンとなっている。2017年の全体構成比率が6.71%となっており、対前年比増減率では、0.91%の増加であるが、1995年比増減率では、▲19.34%、対2000年比増減率では、▲18.60%減少している。こうした状況をみると、EUの場合、温暖化対策に対する本気度が他国と比べて高いことが判る。

インドについては、CO₂排出量の規模がEUと近い。インドのCO₂排出量は、24億2,017万トンとなっている。2017年の全体構成比率が6.52%となっており、CO₂排出量が世界第3位となっている。対前年比増減率では、5.13%の増加であるが、1995年比増減率では、250.26%、対2000年比増減率では、171.93%と大きく増加している。その要因としては、経済成長に伴う電力需要の増加に応えるために石炭火力発電所の増設等が挙げられる。

インドネシアのCO₂排出量は、18億7,897万トンとなっている。2017年の全体構成比率が5.06%となっており、CO₂排出量が世界第4位となっている。対前年比増減率では、2.06%の増加であるが、1995年比増減率では、64.41%、対2000年比増減率では、86.20%と大きく増加している。その要因としては、人口増加および経済成長等が挙げられる。

ロシアのCO₂排出量は、14億5,616万トンとなっている。2017年の全体構成比率が3.92%となっており、CO₂排出量が世界第5位となっている。対前年比増減率では、1.84%の増加であるが、1995年比増減率では、▲19.52%、対2000年比増減率では、▲13.76%減少している。その傾向としては、EUに近いことが判る。

日本の CO_2 排出量は、11 億 5,638 万トンとなっている。2017 年の全体構成比率が 3.12%となっており、CO_2 排出量が世界第 6 位となっている。対前年比増減率では、▲1.65%の減少であるが、1995 年比増減率では、5.46%、対 2000 年比増減率では、4.50%増加している。

　ブラジルの CO_2 排出量は、7 億 5,244 万トンとなっている。2017 年の全体構成比率が 2.03%となっており、CO_2 排出量が世界第 7 位となっている。対前年比増減率では、1.07%の増加であるが、1995 年比増減率では、▲32.89%、対 2000 年比増減率では、▲36.85%減少している。

　他方、国際通貨基金(International Monetary Fund：IMF)(以下、「IMF」という。) 経済先進諸国についてみてみると、CO_2 排出量は、計 100 億 9,437 万トンとなっている。2017 年の全体構成比率が 27.19%となっている。対前年比増減率では、▲0.71%の減少であり、1995 年比増減率では、▲3.04%、対 2000 年比増減率では、▲10.04%減少している。これは、IMF 経済先進諸国を中心に温暖化対策に対する成果を示している。

　しかしながら、IMF 経済先進諸国に中国とロシアを加えると、その CO_2 排出量は、計 212 億 5,633 万トンとなり、2017 年の全体構成比率が 57.26%となっている。対前年比増減率では、0.75%の増加であるが、1995 年比増減率では、41.87%、対 2000 年比増減率では、33.43%増加している。それに対して新興国および発展途上国(※IMF 経済先進諸国+中国＋ロシアを除く)は、CO_2 排出量は、計 158 億 6,512 万トンであり、2017 年の全体構成比率が 42.74%となっている。対前年比増減率では、1.99%の増加であり、1995 年比増減率では、46.38%、対 2000 年比増減率では、39.97%増加している。つまり、1995 年以降、CO_2 排出量を増加させているのは、ロシアを含めた欧米諸国では、なく、日本を含むアジア諸国である。特に中国・インド・インドネシア等の経済成長が続くアジアにおける新興国および発展途上国を中心に CO_2 排出量が増加していることが判る。

第 4 節　むすび

　Yerginn(2020)によると、新型コロナウイルス感染症(COVID-19)が世界のエネルギーシフトを加速させ、人間の働き方を変えており、企業や政府は、脱炭素に一気に舵を切ることになると指摘している。

　実際、新しいエネルギー秩序の覇権争いの行方について、脱炭素は、どの国にとっても大きな課題であり、特に石炭への依存度が大きい中国にとっては、難易度が高くなる。それでも、中国は、石油輸入の減少分を補うために再生可能エネルギー開発やリチウムイオン電池等の供給網を通じた新戦略を打ち出し、脱炭素の分野において世界をリードしようとしている。例えば、EV に不可欠なリチウムイオン電池等の供給については、電池製造能力で圧倒的なシェアを持つ中国が供給網の頂点に立っており[211]、中国が価格を引き下げている太陽光パネル市場においても日本を含め他国が追いつくことが現実的に極めて難しくなっている。そのため、米国との間で戦略的な同盟関係を築いている国といえども、国際貿易の点で中国の重要性を認識しており、地政学上の米中対立により、中国との国際貿易に支障をきたすことを警戒している[212]。確かに今日のような経済のグローバル化が進展した世界では、産業の分業化が進んでおり、そうした点において多くの国々が中国との供給網に依存していることから、米国との間で戦略的な同盟関係を持つ国といえども、中国との供給網を無視することは、できない。その一方で、米国との間で戦略的な同盟関係を持つ国の中には、中国以外の国との新たな供給網の構築を模索する動きもみられる[213]。

　今後、中国は、グローバル経済における供給網の重要な役割を果たし続けることから、世界各国は、新型コロナウイルス感染症(COVID-19)のような疫病のリスクならびに米中対立による外交上の圧力および安全保障上の圧力による供給網の混乱に対して抵抗力を持つ必要がある。

　他方、世界のほとんどの産油国が経済の多角化を実現できていない[214]。例えば、非石油部門の発展で大きな成功を収めたアラブ首長国連邦(UAE)とは、対称的にサウジアラビアは、人口の 7 割が 35 歳以下であることから、雇用創出のために歳入の脱石油依存に向けた産業政策を推し進めているものの、あまり進展していない[215]。

　実際、石油関連企業は、気候変動問題をめぐる懸念と株式のパフォーマンスの悪化という二つの点において市場で不人気となっており、米国のシェール企業等も手厚い還元なしでは、投資家を繋ぎ留めることができないといわれている。現在、世界で約 14 億台あるといわれている自動車は、2050 年には、さらに 20 億台まで増えると予想されている中で[216]、その 3 分の 1 が電気や水素燃料に置き換わるとしても、残り 3 分の 2 は、そのまま石油を燃料として引き続き使用されることになる。そして、新型コロナウイルス感染症(COVID-19)等の疾病感染症対策により、今後、医療用機器の部品やフェースシールド等の化石燃料を原料とするプラスチック等の需要が高まれば[217]、化石燃料と新技術のミックスシステムが必要となる。それに加えて炭素回収等の新技術の開発も進めば、化石燃料を使用するデメリットが低減されることになる[218]。こうした点では、今後も石油関連産業が引き続き必要とされることになり、石油関連産業が即座に消滅することは、ない。それでも将来的には、水素社会の実現が期待されており、中国は、国家事業として莫大な資金を投入して水素技術の開発等を進めている。それに対してパリ協定からの離脱等の温暖化対策に背を向けたとされるトランプ政権期の「空白の 4 年間」は、米国にとって水素技術や脱炭素技術の研究開発の点で停滞を引き起こしている。そして、米国は、これらの分野において中国の大きな躍進を許すことになったのである[219]。

第5章　中国の「核心的利益」と「一帯一路」構想

第1節　はじめに

　グローバル化に伴って高度な工業化を達成し、経済発展を成し遂げた先進国とは、対義する形で現在でも新興国および発展途上国を中心に貧困問題および難民問題等が世界中で如実に広がっている。こうした中で中華人民共和国(以下、「中国」という。)は、「一帯一路」構想にある「陸のシルクロード」や「海のシルクロード」による経済開発を駆使しながら海外における重要性の高い港湾拠点の整備ならびに石油および天然ガス、レアメタル等の確保のためにインド洋やアジア太平洋の諸国、アフリカ諸国等を中心に対外援助の形による多額の有利子貸付を行っており、一部の国では、その返済が国家財政を圧迫させ、財政破綻に追い込まれる国も現れている。こうした背景には、中国では、経済発展による中国国民の自動車保有台数の増加等による石油需要の増加、2022年2月に開催された北京冬季オリンピックにより国内の環境問題に対処するために石炭から天然ガスへのエネルギーシフトを進めたことによる天然ガス需要の増加、そして、高品位の工業製品の生産のために、石油、天然ガス、レアメタル等の需要の増加が続いているからである。

　現在、パワー・バランスの変化は、国際政治経済の重心が大西洋から太平洋への移動を促し、アジア太平洋地域が世界の「国際政治経済の重心」となりつつある。そして、中国・アメリカ合衆国(以下、「米国」という。)・日本といった世界における巨大な三つの経済大国がアジア太平洋地域を取り囲んでいることから、アジア太平洋地域は、世界で最もダイナミックかつ世界で最も注目される重要な地域となっている。同時に、アジア太平洋地域では、領土問題やナショナリズム等が溢れており、偶発的な軍事衝突が起こりうる緊張も数多くみられている。そのため、アジア太平洋地域における今後の動向が世界秩序の行方を大きく左右するといっても過言では、ない。

　中国は、中国共産党中央委員会総書記(2012年～)・国家主席(2013年～)習近平(以下、「習近平」という。)を中心とした盤石の政治基盤を整えており[220]、「体制が備え持つ弾力性」を利用しながら、経済力を背景に新興国および発展途上国に対して自国の安全と発展の維持に有利な環境を構築しようとしている。具体的にみると、中国は、アジアインフラ投資銀行(Asian Infrastructure Investment Bank：AIIB)(以下、「AIIB」という。)や「一帯一路」構想にある「陸のシルクロード」や「海のシルクロード」による経済開発を駆使しながら、外交戦略・経済戦略・安全保障戦略・環境戦略等を軸にして新興国および発展途上国に対する影響力を行使しようとしている。その理由としては、習近平が国内で権力基盤を強固にすることにより、大国としての面目を保ちながらアジアの覇権国としての地位を確保したいといった意図が存在しているからである。そして、その内容については、アジア太平洋地域内でも相手国によって外交戦略・経済戦略・安全保障戦略・環境戦略等の各々の点で異なっている。確かに習近平は、中国が主権に関わる「核心的利益」と位置付ける問題について、米国を睨みながら強権的に対処する傾向にある。例えば、中国は、香港や台湾、南シナ海等の問題でも強硬姿勢を強めており、香港への統制を強める香港国家安全維持法の施行や台湾海峡および南シナ海における軍事活動の展開等の強硬路線の継続により、米中関係を一層悪化させている。

　そこで、本章においては、中国の「核心的利益」と「一帯一路」構想にある「陸のシルクロード」や「海のシルクロード」による経済開発を駆使した外交戦略・経済戦略・安全保障戦略・環境戦略等に焦点を絞りながら分析し考察するものである。

第2節　中国の国際的役割と対外援助政策

1．中国の対外援助政策

　2022年9月、世界銀行のマルパス総裁は[221]、新型コロナウイルス感染症(COVID-19)で新興国および発展途上国の債務返済が滞るリスクが高まっていることについて懸念を示すと共に「官民協調での債務削減が必要である」と主張している。例えば、2020年11月に開催された20か国財務大臣・中央銀行総裁会議(G20 Finance Ministers and Central Bank Governors Meeting：G20FMCBG)(以下、「G20FMCBG」という。)では、アジア諸国やアフリカ諸国等に対する債務支払い猶予策の延長を実施すると共に民間債権者による債務救済措置の実施を促すことで一致している。この会議では、新興国および発展途上国に対して多額を融資する中国の動きが焦点となり、新興国および発展途上国に対して主要な債権者である中国の関与が懸念されたのである。

　実際、73か国の新興国および発展途上国に対する2国間融資残高の内、63%は、中国が貸し手となっている。そして、対外債務支払猶予対象国における対外債務のうち中国が占める割合をみてみると、表1のとおり(別頁参照)、アフリカおよびアジアを中心として中国が新興国および発展途上国に対する債務の大半を抱えている。

その理由としては、中国が広域経済圏構想である「一帯一路」構想にある「陸のシルクロード」や「海のシルクロード」による経済開発を駆使した外交戦略・経済戦略・安全保障戦略・環境戦略等に沿って、主に国有銀行を通じたインフラ整備の資金等を新興国および発展途上国に対して融資してきたからである。

しかしながら、世界銀行は、新興国および発展途上国に対して 1%程度の低金利の融資で資金を貸し出しているのに対して、中国による融資の場合、貸し出し金利が 7%を超えるケースもある等、新興国および発展途上国にとって、中国からの融資は、金利が高いことから財政破綻等のリスクを抱えることになる[222]。

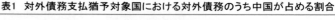

表1　対外債務支払猶予対象国における対外債務のうち中国が占める割合

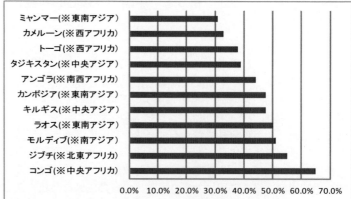

（出所）The World Bank(2020)をもとに筆者作成。

他方、北野(2019)によると、中国は、対外援助を規範化して、これまで以上に外交戦略を活用しようという姿勢を強めている。2016 年に発表された第 13 次 5 カ年計画では、5 カ年計画として初めて対外援助政策に言及している。そして、2018 年には、中国初の国際援助機関が誕生している[223]。このように中国は、国際連合(以下、「国連」という。)の専門機関および関連機関との連携も増えており、開発分野におけるグローバル・ガバナンスへの関与を強めようとしている[224]。従来、地域別の協力枠組みと近年の中国によるコミットメントとして中国の対外援助は、地域別の協力枠組みを利用して資金をコミットすることが多かったといえる。その代表的な枠組みとしては、中央アジア諸国を含む上海協力機構(Shanghai Cooperation Organization：SCO)(以下、「SCO」という。)や東南アジア諸国連合（Association of South East Asian Nations：ASEAN）（以下、「ASEAN」という。）＋1、中国・アフリカ協力フォーラム等を挙げることができる。そして、2014 年末には、シルクロード基金が設立されており、シルクロード基金への 1,000 億元追加出資をはじめ具体的施策が表明されている[225]。次いで 2015 年には、国連総会の場で、中国南南協力援助基金、中国国連平和開発基金、中国南南協力発展学院等の創設といった新たな対外援助の取り組みが公表されている。2015 年末には、AIIB も正式に発足している。2017 年には、「一帯一路」サミットフォーラムが初めて開催され、中国政府が中国南南協力援助基金に対して 10 億ドルの追加支出を行っている。そして、中国人民銀行は、国際通貨基金(International Monetary Fund：IMF)(以下、「IMF」という。)と共同で、「一帯一路」に関係する諸国を対象とした IMF 中国能力建設センターを設立している。

しかしながら、2019 年 4 月に開催された第 2 回「一帯一路」サミットフォーラムでは、対外貸付の拡大が鈍化していることから、「中国による従来の国際戦略の方針に見直しがなされた」という見方もある[226]。例えば、中国は、2018 年 9 月に開催された中国アフリカ協力フォーラム・北京サミットの開幕式において 2015 年の中国アフリカ協力フォーラム・ヨハネスブルグサミットで定められた「10 大協力計画」に続く、新たな「8 大行動」を提出しており、総額 600 億ドルの対外貸付をコミットしたものの、その中には、企業による投資分として 100 億ドル程度が含まれている[227]。2015 年の中国アフリカ協力フォーラム・ヨハネスブルグサミットの際には、公的資金だけで 600億ドルの対外投資が約束されていたことから[228]、実質的に前回と比べて、100 億ドル減となっている。中国では、「一帯一路」構想にある「陸のシルクロード」や「海のシルクロード」による経済開発において高品質、高標準、高水準を目指すことが強調されていることから、既に対外投資の調整が始まったとも考えられている。

北野(2019)によると、中国は、新援助機関の設立と同様に、多国間の対外援助による外交政策への活用を示唆している。そして、中国は、これらの多国間の対外援助の枠組みを用いて、国際社会におけるプレゼンスの向上を目指している。代表的な枠組みとしては、中国南南協力援助基金、中国国連平和発展信託基金等を挙げることができる。中国は、主に国連の専門機関および関連機関向けの資金提供を行っているが、その中心となるのが中国南南協力援助基金ということになる。中国南南協力援助基金は、2015 年に「一帯一路」推進の一環として設立された基金の一つであり、設立当初の資本金は、20 億ドルであったが、その後、10 億ドルが追加されて 30 億ドルとなっている[229]。その財源としては、中国の商務部における無償協力資金が充てられている[230]。最近では、中国国内の政府機関・社会団体・シンクタンクにも資金を提供している[231]。例えば、国際連合開発計画(United Nations Development Programme：UNDP)(以下、「UNDP」という。)がハリケーンに襲われたアンティグア・バーブーダやドミニカ向けの復興支援のためのファンドを作った際、中国は、総額 2,630 万ドルのうち 500 万ドルを拠出している[232]。中国の拠出額は、EU の 570 万ドルに続いて二番目である[233]。

また、中国国連平和発展信託基金は、2016 年の設立であり、その規模は、現在 2 億ドルにもなっている。中国国連平和発展信託基金は、国連の信託基金であるため、運営委員会は、国連によって管理されているものの、実質的には、中国が意思決定をしている。中国国連平和発展信託基金は、中国政府内にある外交部と財政部が共同管理をしている。この場合、PKO 関連の研究やプロジェクトに資金を供与する"Peace and Security Sub—Fund"と

SDGs 関連の"2030 Agenda for Sustainable Development Sub—Fund"という二つのサブハンドがあり、各機関から提案される案を審査して実施するためのプロジェクトが決められている[234]。実施されているプロジェクトの具体例としては、国連社会経済局経済分析・政策課がホストする「SDGs に向けた『一帯一路』共同建設のための国レベルの政策策定能力強化プロジェクト」等がある。中国は、「一帯一路」構想にある「陸のシルクロード」や「海のシルクロード」による経済開発を国際公共財まで引き上げることを目標としており、積極的に中国国連平和発展信託基金を活用している。

近年、中国は、ソフト面での取り組みに力を入れており[235]、中国が経験してきた経済開発事業を新興国および発展途上国と共有するために英国からの協力を得て対外援助分野でのシンクタンクである中国国際発展知識センター(Center for International Knowledge on Development：CIKD)(以下、「CIKD」という。)を設立している。

さらに、技術標準国際化の一環として新興国および発展途上国の政府職員等向けに研修事業を実施しており、北京大学に中国南南協力発展学院を設立して新興国および発展途上国からの留学生に対して中国の経済開発事業を学ぶ機会を提供する等、この分野における人材育成にも積極的に取り組んでいる[236]。

２．米中間における貿易対立の要因

米中間における貿易対立の要因については、表2のとおり、世界貿易マトリクスの点から考えてみると興味深い点が浮かび上がってくる。

米国からの輸入についてみてみると、東アジアにおける米国からの輸入額は、7,021 億ドルとなり、米国全体における輸出に占める割合としては、29.11％となる。東アジアの地域的な包括的経済連携協定(Regional Comprehensive Economic Partnership Agreement：RCEP)(以下、「RCEP」という。)における米国からの輸入額は、8,663 億ドルとなり、米国全体における輸出に占める割合としては、35.92％となる。中国における米国からの輸入額は、4,185 億ドルとなり、米国全体における輸出に占める割合としては、17.35％となる。ASEAN における米国からの輸入額は、1,651 億ドルとなり、米国全体における輸出に占める割合としては、6.85％となる。アジア太平洋経済協力(Asia-Pacific Economic Cooperation：APEC) (以下、「APEC」という。) における米国からの輸入額は、1 兆 6,291 億ドルとなり、米国全体における輸出に占める割合としては、67.55％となる。

次に中国からの輸入についてみてみると、東アジアにおける中国からの輸入額は、4,065 億ドルとなり、中国全体における輸出に占める割合としては、22.53％となる。RCEPにおける中国からの輸入額は、5,901 億ドルとなり、中国全体における輸出に占める割合としては、32.71％となる。米国における中国からの輸入額は、1,066 億ドルとなり、中国全体における輸出に占める割合としては、5.91％となる。ASEAN における中国からの輸入額は、1,866 億ドルとなり、中国全体における輸出に占める割合としては、10.34％となる。APEC における中国からの輸入額は、1 兆 6,783 億ドルとなり、中国全体における輸出に占める割合としては、93.05％となる。

表2 世界貿易マトリクス(2019年)

輸出 ＼ 輸入	世界	NAFTA	米国	EU	日本	東アジア	RCEP	中国	ASEAN	APEC
世界	18,681,769	3,274,201	2,411,401	6,213,312	644,271	3,940,854	5,027,923	1,803,625	1,407,003	8,982,511
NAFTA	2,547,920	1,277,155	708,372	394,838	88,218	323,363	453,338	131,198	93,076	1,792,437
米国	1,641,118	548,961	–	334,683	74,653	280,449	388,268	106,627	85,706	995,309
EU	6,283,415	596,745	503,293	3,988,837	76,711	441,970	585,715	251,994	108,440	1,319,728
日本	705,632	159,901	140,394	82,231	–	326,024	314,987	134,710	106,222	545,130
東アジア	4,692,986	825,562	702,150	652,988	295,582	1,532,941	1,965,915	406,528	836,506	3,241,625
RCEP	5,730,619	1,013,209	866,304	787,207	322,940	1,940,984	2,398,420	590,103	956,694	3,923,893
中国	2,498,549	501,790	418,584	428,160	143,224	526,347	743,224	–	360,283	1,556,149
ASEAN	1,346,768	183,827	165,189	145,886	104,200	608,918	761,549	186,664	329,580	1,009,525
APEC	9,295,991	2,355,033	1,629,132	1,394,432	459,576	2,828,802	3,485,559	1,678,313	1,112,205	6,430,419

(注1)単位は、百万ドルとなっている。また、輸出ベースにて作成している。この場合、東アジアとは、中国・韓国・台湾を含む。
(出所)IMF (2020)をもとに筆者作成。

第45代米国大統領(2017 年～2021 年)ドナルド・ジョン・トランプ(以下、「トランプ」という。)政権下において米中間における貿易不均衡問題が取り沙汰されていたが、中国における米国からの輸入額は、4,185 億ドルとなり、米国全体における輸出に占める割合としては、17.35％であるのに対して、米国における中国からの輸入額は、1,066 億ドルとなり、中国全体における輸出に占める割合としては、5.91％にすぎない。つまり、両国の報復関税で痛手を被るのは、米国の方である。注目すべき点は、APEC における米国からの輸入額が 1 兆 6,291 億ドルとなり、米国全体における輸出に占める割合としては、67.55％であるのに対して、APEC における中国からの輸入額が 1 兆 6,783 億ドルとなり、中国全体における輸出に占める割合としては、93.05％となっている点である。つまり、米中共に APEC との貿易額が非常に多いということである。特に中国は、香港等を中心としながら、APEC との貿易取引を増やそうとしており、香港周辺を一体とした再開発を進めようとしている[237]。この場合、米中間における貿易対立とは、両国間の貿易不均衡問題から生じたというよりは、APEC 等のアジア太平洋地域における市場確保を巡る両国間の競合によるコンフリクトから生じたということが判る。

3．国連の専門機関および関連機関における代表選出

近年、中国は、国連の専門機関および関連機関における中国人の代表選出ついて強い関心を持っている。

実際、表3のとおり、現在、20組織ある国連の専門機関および関連機関の内、中国との関係が深い世界保健機関（World Health Organization：WHO）(以下、「WHO」という。)以外に、食糧農業機関(Food and Agriculture Organization：FAO)(以下、「FAO」という。)、国際民間航空機関(International Civil Aviation Organization：ICAO)(以下、「ICAO」という。)、国際電気通信連合(International Telecommunication Union：ITU)(以下、「ITU」という。)、国連工業開発機関(United Nations Industrial Development Organization：UNIDO)(以下、「UNIDO」という。)の4つの機関で中国人がトップを務めている。

表3　国連の専門機関および関連機関における代表の出身国

国連の専門機関および関連機関	代表	氏名	出身国	本部
FAO（食糧農業機関） Food and Agriculture Organization	事務局長	屈冬玉（チュー・ドンユィ）	中国	ローマ
ICAO（国際民間航空機関） International Civil Aviation Organization	事務局長	柳芳（リウ・ファン）	中国	モントリオール
IFAD（国際農業開発基金） International Fund for Agricultural Development	総裁	ジルベール・F・ウングボ	トーゴ	ローマ
ILO（国際労働機関） International Labour Organization	事務局長	ガイ・ライダー	英国	ジュネーブ
IMF（国際通貨基金） International Monetary Fund	専務理事	クリスタリナ・ゲオルギエヴァ	ブルガリア	ワシントンD.C.
IMO（国際海事機関） International Maritime Organization	事務局長	林基沢（イム・ギテク）	韓国	ロンドン
ITU（国際電気通信連合） International Telecommunication Union	事務局長	趙厚麟（ジャオ・ホーリーン）	中国	ジュネーブ
UNESCO（国連教育科学文化機関） United Nations Educational, Scientific and Cultural Organization	事務局長	オードレ・アズレ	フランス	パリ
UNIDO（国連工業開発機関） United Nations Industrial Development Organization	事務局長	李勇（リー・ヨン）	中国	ウィーン
UNWTO（世界観光機関） World Tourism Organization	事務局長	ズラブ・ポロリカシュヴィリ	ジョージア	マドリード
UPU（万国郵便連合） Universal Postal Union	事務局長	ビシャール・アブディラフマン・フセイン	ケニア	ベルン
WHO（世界保健機関） World Health Organization	事務局長	テドロス・アダノム	エチオピア	ジュネーブ
WIPO（世界知的所有権機関） World Intellectual Property Organization	事務局長	ダレン・タン	シンガポール	ジュネーブ
WMO（世界気象機関） World Meteorological Organization	事務局長	ペッテリ・ターラス	フィンランド	ジュネーブ
World Bank(世界銀行) International Bank for Reconstruction and Development	総裁	デイビッド・マルパス	米国	ワシントンD.C.
CTBT(包括的核実験禁止条約機関準備委員会) Preparatory Commission for the Comprehensive Nuclear-Test-Ban Treaty Organization	事務局長	ラッシーナ・ゼルボ	ブルキナファソ	ウィーン
IAEA(国際原子力機関) International Atomic Energy Agency	事務局長	ファエル・マリアーノ・グロッシー	アルゼンチン	ウィーン
IOM(国際移住機関) International Organization or Migration	事務局長	アントニオ・ヴィトリーノ	ポルトガル	ジュネーブ
OPCW(化学兵器禁止機関) Organisation for the Prohibition of Chemical Weapons	事務局長	フェルナンド・アリアス	スペイン	ハーグ
WTO(世界貿易機関) World Trade Organization	事務局長	オコンジョ・イウェアラ	ナイジェリア	ジュネーブ

（注1）2022年11月時点。世界貿易機関の事務局長は、韓国の兪明希が有力視されていたが、最終的には、ナイジェリア出身のオコンジョ・イウェアラが選出された。
（出所）各種資料をもとに筆者作成。

そもそも国連の専門機関および関連機関の役割は、ルールに基づいて各国の利害を調整し、国際社会の利益を図ることであるが、最近では、中国出身のトップによる自国への利益を誘導する言動や自国の意向が優先される事例が大変目立っている。つまり、中国は、自分の国の人間を国連の専門機関および関連機関のトップに据えることで、国連の専門機関および関連機関を足場に明らかに自国に有利なルール作りや情報発信を試みようとしている。例えば、2019年6月に行われたFAOの事務局長選挙では、中国の屈冬玉が投票で191票中108票を獲得して圧勝しているが、その投票の裏では、中国がFAOの事務局長候補から撤退したカメルーンに対して、同国の債務の帳消しを決定しており、アルゼンチン・ブラジル・ウルグアイに対しては、「中国代表を支持しなければ、中国からの輸出を停止する」等と脅している[238]。

実際、中国は、国連の専門機関および関連機関を自国の各種政策の推進に利用している。例えば、UNIDO の李勇事務局長(中国財政部・元財務次官)は、中国の「一帯一路」構想にある「陸のシルクロード」や「海のシルクロード」による経済開発の推進のために UNIDO の経済支援プロジェクトを利用している。

　また、民間航空の安全運航等を目指している ICAO の柳芳事務局長は、新型コロナウイルス感染症(COVID-19)の感染拡大を受け、台湾を WHO から排除していることについて批判的な見解を投稿した米国研究者らの Twitter(※現在の X)のアカウントをブロックする等して物議を醸し出している[239]。

　さらに、ITU では、中国出身の趙厚麟事務局長が公正性を欠くような態度を示している。例えば、中国の「一帯一路」構想にある「陸のシルクロード」や「海のシルクロード」による経済開発との連携を主張すると共に中国の通信大手である華為技術(ファーウェイ)を米国の批判から護り[240]、擁護する発言等もしている。

　他方、2019 年になると中国の国連の専門機関および関連機関における通常予算の分担率は、米国に次ぐ第 2 位となっている。その一方で、トランプ政権は、国連の専門機関および関連機関への拠出を停止・削減する等、国連との距離を置いてきたといえる。そもそも、国連の専門機関および関連機関には、高い中立性と責任が求められ、法の支配や客観的裁量に基づいて各国の利害を調整し、国際社会の公益を追求する使命がある。ところが、国連の専門機関および関連機関のトップに中国人が選任されることで、本来、国連の専門機関および関連機関の組織が果たすべき公共性のある使命を果たせなくなっている。このように中国は、中国の「一帯一路」構想にある「陸のシルクロード」や「海のシルクロード」による経済開発の推進に協力する国等を中心に、国連の専門機関および関連機関における事務局長選挙等の際、チャイナマネーを駆使して、できるだけ多くの票を集めようとしている。そして、「国連の専門機関および関連機関における中国の存在感をさらに高める」といった戦略を謀っている。つまり、これは、第二次世界大戦の戦勝国の中核である米国が策定した国連の専門機関および関連機関におけるルールの中で、中国は、自国に有利になるようなゲーム展開を図ろうとしていることを意味する。そうした中で、新型コロナウイルス感染症(COVID-19)の渦中の 2020 年 3 月 4 日には、特許や商標の保護を促進する立場にあり、国連の関連機関でもある世界知的所有権機関(World Intellectual Property Organization：WIPO)(以下、「WIPO」という。)の事務局長選挙が行われている。中国は、5 つ目の国連の専門機関および関連機関のトップ誕生を虎視眈々と狙っていたが、残念ながら、中国の思惑通りの結果には、ならなかったのである。事務局長には、当時、WIPO 事務次長であった中国人の王彬穎が有力とみられていたにも拘らず、結局、シンガポールの知的財産権庁長官のダレン・タンが選出されている[241]。こうした背景には、トランプ政権が中国による米国企業の秘密情報窃取を批判する一方で、「もし、中国人の王彬穎が WIPO のトップに就けば、知的財産に関わる重要な情報が中国に流れる恐れがある」と主張して、対立候補のダレン・タンへの支持を呼びかけ、他国がそれに同調した形となったからである。これは、WHO が中国の傀儡になってしまったことで新型コロナウイルス感染症(COVID-19)の対策への遅れや、その発生源の特定に消極的な対応があった反省等を踏まえて、「国連の専門機関および関連機関の場で中国の影響力が突出するのは、望ましくない」といった共通認識が米国および他の多くの国々によって共有された証だともいえる。

第 3 節　むすび

　通常、中国では、5 年に 1 度開かれる中国共産党大会(全国代表大会)にて、最高指導部にあたる中国共産党政治局常務委員が入れ替わる。ところが、2020 年 10 月 29 日に閉幕した中国共産党の重要会議、第 19 期中央委員会第 5 回全体会議(5 中全会)では、中国共産党指導部の人事がなかったのである。これは、習近平が後継者を決めずに 2022 年の中国共産党大会(第 20 回全国代表大会)以降も続投して 3 期目を務める意思を示したことになる。

　また、習近平は、人民解放軍を指揮する中国共産党中央軍事委員会主席のトップも兼務している。人民解放軍については、習近平が「習近平の強軍思想を貫徹し、2027 年に建軍 100 周年の目標を確保する」と示しており、少なくとも 2027 年まで軍のトップを続けるとみられている。習近平は、2018 年の憲法改正で、国家主席の任期を 2 期 10 年までとする規定を削除しており、残るハードルは、「中国共産党大会(全国代表大会)時に 68 歳以上は引退する」とした不文律のみとなっている。習近平は、2022 年 10 月 18 日に開催された中国共産党大会(第 20 回全国代表大会)において 69 歳となり[242]、本来ならば、政治の表舞台から引退することになるが、2020 年 10 月に発表した「中国共産党中央委員会工作条例」では、習近平を党の「核心」として擁護することを中国共産党幹部に義務付けているため、中国共産党内では、習近平の続投への異論を唱えることが困難となっている。そして、「中国共産党中央委員会総書記(※習近平)が中国共産党政治局常務委員会の議案を決める」といった権限を手にしたことから、習近平は、かつて中国共産党中央委員会主席(1945 年～1976 年)・国家主席(1954 年～1959 年)毛沢東(以下、「毛沢東」という。)が 1945 年から 1976 年に死去するまで決して手放さなかった中国共産党の最高指導者ポストである中国共産党中央委員会主席を復活させて、自らが就任したいと考えている。もし、中国共産党中央委員会主席・習近平が実現すれば、毛沢東に続く二人目の中国における終身最高指導者が誕生することになる。現在、中国は、世界の工場としての経済的な地位を築いている。今後、さらなる外交戦略・経済戦略・安全保障戦略・環境戦略等の点において国内外に対して影響力の誇示をみせるために、中国は、次の 3 つの方向性を示唆している。

① 中国共産党を中心とした習近平による独裁・新中華思想の展開
② 中国経済の安定に必要なシーレーンの確保・エネルギー資源の需給の安定・石油および天然ガスパイプライン・プロジェクトの推進・国際市場の確保
③ 新興国および発展途上国への対外援助の増加・国際社会での中国の役割および地球温暖化対策(以下、「温暖化対策」という。)への取り組み・国連の専門機関および関連機関における中国人の代表選出

　最初に「①中国共産党を中心とした習近平による独裁・新中華思想の展開」についてみてみると、中国は、共産党を中心とした習近平による独裁が続いており、習近平は、多くの政敵を次々と失脚させている[243]。特に中国共産主義青年団の出身者を徹底して冷遇している。こうした中でも、虎視眈々と習近平からの権力の奪取を狙っている者もいることから[244]、習近平自身も国外で弱みをみせたら国内にて政治的に失脚することを理解している。

　習近平の最終目標は、「中国建国の父」ともいわれる毛沢東を超える指導者になることである[245]。そのため、中国が進める外交戦略に対する国際社会からの異議については、無視若しくは排除する姿勢を示している。例えば、南シナ海における中国の海洋進出をめぐり常設仲裁裁判所による判決(以下、「仲裁判決」という。)は、中国が歴史的権利として管轄権を主張する「九段線」の法的根拠を否定し、「スプラトリー(南沙)諸島に排他的経済水域を伴う『島』は、存在しない」という、中国の全面的敗訴ともいえる法的結論を齎している[246]。中国の指導部やメディアは、総力を挙げてこれに反論し、仲裁判決の無効性を強調しつつ、南シナ海における埋立てや軍事関連施設の建設を継続する姿勢を崩さないでいる。こうした背景には、中国が「力」による領土拡大のために軍事力の強化を進めている点で大きな自信を持っているからである。今や中国の軍事予算は、世界第二位となっており、軍事大国としての自負が中国には、あり、そのため、中国は、仲裁判決についても平気で無視することができる。よって、日本としても尖閣諸島を巡る中国による領海侵犯に対して、軍事力により中国を一蹴することはできず、宥めながら中国に対して威嚇し続けていくしかないのである[247]。

　実際、中国国内では、「国際制度や規範が中国に対して不利・不公平に形成されている」という不信感が高まっている。とりわけ南シナ海では、海洋進出の拠点として歴史的権利を主張する中国と航行自由の原則を重視し、一方的な現状変更を厳しく批判する米国との間で非妥協的な対抗姿勢が強まっている。

　現在、米国・日本・オーストラリア(以下、「豪州」という。)・インドの四か国により、インドも含めたアジア太平洋地域の安全保障協定として日米豪印戦略対話(Quadrilateral Security Dialogue:Quad)(以下、「Quad」という。)の構築が進められている[248]。こうした背景には、日本・豪州・インドの3か国だけでは、軍事力の点において中国に対抗できないため、米国の軍事力を加えることの必要性が挙げられる。

　次に「②中国経済の安定に必要なシーレーンの確保・エネルギー資源の需給の安定・石油および天然ガスパイプライン・プロジェクトの推進・国際市場の確保」についてみてみると、中国は、石油および天然ガス、レアメタル等の確保のために海外において港湾拠点の整備やパイプライン・プロジェクトを推進させている。

　また、中国にとっては、アジア太平洋地域における貿易取引額の増加により、この地域における国際市場の確保を必要としている。現在、米中対立の要因の一つとして両国間における貿易の不均衡が指摘されているが、これは、両国間における直接的な貿易取引による不均衡から生じた両国の対立ではなく、両国によるアジア太平洋地域における国際市場の確保を巡る衝突だともいえる。そして、上記①・②の行く先は、中国の「一帯一路」構想にある「陸のシルクロード」や「海のシルクロード」による経済開発の推進である。これは、中国による事実上の世界侵略である。そして、これらの推進に伴う、関係各国の住民からの反発も出ている。例えば、ジョージアにおいては、鉄道建設事業を巡って住民と工事関係者との間で対立が生じたこともあった[249]。

　三つ目に、「③新興国および発展途上国への対外援助の増加・国際社会での中国の役割および温暖化対策への取り組み・国連の専門機関および関連機関における中国人の代表選出」についてみてみると、中国は、インド洋地域やアジア太平洋地域の関係諸国、アフリカの関係諸国等を中心に海洋進出を見据えた対外援助を増加させており、陸路での流通促進を図るために中央アジア諸国および中東欧諸国等に対する対外援助も増加させている。

　さらに、中国国内での CO_2 や SO_x 排出抑制と温暖化対策の取り組むためのパリ協定への参加および協力は、国際的な評価を得ており、中国の温暖化対策については、「やるといったらやる」といった真摯な対応と積極的な姿勢について各国の期待も高まっている。特に次世代エネルギーとして期待の大きい水素等の開発については、他国と比べて研究予算の規模が極めて大きく、中国は、この分野において世界のフロントランナーになりつつある。そして、中国は、自国にとって自らの政策が有利に運べるように国連ならびに国連の専門機関および関連機関の場における発言力の強化を目的として国連の専門機関および関連機関における中国人の代表選出に力を注いでいる。

　このように①・②・③が目指すものは、「パックス・アメリカーナ」に替わる「パックス・チャイナ」の実現である。つまり、北京の天安門広場に掲げられた「中華人民共和国万歳」・「世界国民大団結万歳」の表題を具現化するために、中国は、「中国の繁栄が世界の繁栄となる」ことを目指して、外交問題・経済問題・安全保障問題等と共に環境問題・内政問題・社会福祉問題等に対処するために、あらゆる角度から戦略を練り、果敢に実行しようとしている。世界にとって、こうした中国の姿勢は、大きな期待であると共に大きな脅威にも感じられるのである。

第6章　中国社会におけるウイグル人

第1節　はじめに

　中華人民共和国(以下、「中国」という。)は、公式に認定されている56の民族からなる多民族国家である。そして、「中国人」といわれている、その多くが漢族であり、事実上、中国は、政治経済において漢族を主体とした国家である。こうした中で、中国では、身分証明書として国内に居住する満16歳以上の中国国民を公布対象として「居民身分証」を配布している。「居民身分証」の記載項目としては、氏名・性別・民族・生年月日・住所ならびに居民身分証番号が記載されている[250]。特徴的なのは、他国における身分証明書では、通常、人権上の配慮から民族項目が表示されないことが多い中で、中国の場合、「居民身分証」において民族項目が表示されている点である。

　他方、中国においてウイグル人が多数居住する新疆ウイグル自治区は、中国の西端に位置している。首府は、ウルムチ、民族構成は、ウイグル人の他、漢族、カザフ人、キルギス人、オイラト人を系譜とするモンゴル人等から構成されている。そして、様々な民族が居住する多民族地域であることから、自治州、自治県等、様々なレベルの民族自治区画が置かれている。例えば、タクラマカン砂漠西端に位置するオアシス都市であり、中国最西端の町であるカシャガルは、写真1・写真2・写真3・写真4・写真5・写真6・写真7・写真8のとおり(別頁参照)、漢族が少なくウイグル人が多く住む民族都市として繁栄を遂げてきたのである[251]。

　また、新疆ウイグル自治区は、辛亥革命の後、清朝の版図を引き継いだ孫文が率いる中華民国に属しながらも、半独立的な領域支配が行われていた地域でもある。

　その後、1933年と1944年の二度にわたって土着のムスリムによって民族国家である東トルキスタン共和国の建国が図られたが、国共内戦で東トルキスタン共和国のセイプディン・エズィズィと新疆省のブルハン・シャヒディらが中国共産党に帰順したことで中国人民解放軍が展開し、東トルキスタン共和国の建国は、実現できず、1955年に中国における新疆ウイグル自治区が設置されている。1966年には、新疆ウイグル自治区内にも文化大革命が波及し、北京から多くの知識人たちが開墾と開発のために強制的に入植させられている。その頃から漢族の人口も増え始めている。

　新疆ウイグル自治区内では、石油および天然ガスが多く産出されており、太陽の照射時間が長く、風も強いことから、太陽光発電や風力発電等も盛んに行われている。そして、新疆ウイグル自治区は、トルクメニスタンから産出される天然ガスを中央アジア・中国・パイプライン(東西回廊ルート)にて中国に輸入する際の重要な西部地域の中継地点となっている。このように新疆ウイグル自治区は、中国において地経学的な戦略性の観点からみても極めて重要な地域であることが判る。

　新疆ウイグル自治区内での第一次産業としては、小麦・綿花・テンサイ・ブドウ・ハミウリ・羊・イリ馬等が主要な生産物となっている。特にこの地域で生産される新疆綿といわれる綿は、エジプト綿(ギザ綿)、スーピマ綿と並んで世界三大高級綿と呼ばれており、繊維が長く光沢があり高級品とされている。そして、新疆綿は、日本・アメリカ合衆国(以下、「米国」という。)・欧州各国等に輸出されており、高級シャツや高級シーツ等の素材として利用されている。そして、中国四大宝石の中で最高とされる「和田玉」は、ホータンで多く産出されている。

　他方、新疆ウイグル自治区は、古くからシルクロードの貿易地であり、中央アジアと中国を結ぶ要衝として発展してきた。漢代には西域三十六国の一つインド・ヨーロッパ語族系の白色人種が住む疏勒国の国都として栄え、唐代に安西都護府の支配化に入る。当時この地を訪れた玄奘の記録では、「仏教が盛んな地域」と記されている。

　しかしながら、9世紀になると天山山脈北方よりウイグル人が侵入して混血したことで、この地の言語は、トルコ語化する。そして、10世紀には、パミール高原を越えてカラハン朝の勢力が進出して影響が及ぶようになり、ムスリムに改宗する住民が多くなったのである[252]。

　ウイグル人は、漢族と異なり、海外へ渡航するためのパスポート発給についても厳しい審査を受けなければならず、海外への渡航も制限されている。そして、ウイグル人は、漢族と比べて中学校・高校・大学等への進学率が非常に低い。特にウイグル人の女性は、初等教育も十分に受けられないことが多く、小学校すら卒業できない等の低学歴の状態に置かれている。

　また、ウイグル人は、何らかの事業を始める際に、国内の金融機関からの融資を受け難い等、中国内においてウイグル人の地位は、政治・経済・社会のあらゆる面において低い地位のままである。そのため、ウイグル人は、中国社会において構造的な貧困状態に陥っており、ウイグル人の潜在的な不満は、非常に高い状態にある。

　そこで、本章においては、中国西部にある新疆ウイグル自治区内にて生活する少数民族ウイグル人に焦点を当てながら、ウイグル社会における貧困問題、中国政府によるウイグル人への弾圧と同化政策の状況について分析し考察するものである。

写真1. カシャガル市内における家畜取引市場

（出所）筆者撮影。

写真2. カシャガル市内におけるウイグル人の様子

（出所）筆者撮影。

写真3. カシャガル市内における中心部の様子

（出所）筆者撮影。

写真4. カシャガル市内においてパンを売る少年

（出所）筆者撮影。

写真5. 国境付近においてラクダの放牧をするキルギス人

（出所）筆者撮影。

写真6. カシャガル近郊にあるイスラム廟

（出所）筆者撮影。

写真7. カシャガル郊外にて生産されている干しブドウ

（出所）筆者撮影。

写真8. カシャガル市内にあるバザールの様子

（出所）筆者撮影。

第2節 （仮称）特定地域における民族間の勢力均衡論(ドミノ式)

　新疆ウイグル自治区内において混在しているウイグル人等の少数民族と漢族との関係は、特定地域における民族間の勢力均衡の様相を呈している。そこで、これらの関係について、図1のとおり、（仮称）特定地域における民族間の勢力均衡論(ドミノ式)について論じてみる。ここでは、他の勢力均衡のパターンも含めて3つに分類している。

図1　(仮称)特定地域における民族間の勢力均衡論(ドミノ式)

①パターン

事例: 中国新疆ウイグル自治区におけるウイグル人と漢族の関係、中国チベット自治区におけるチベット人と漢族の関係、イスラエルにおけるパレスチナ人とユダヤ人の関係、旧植民地支配における支配者と現地人との関係等

②パターン

事例: 旧ユーゴスラビアにおけるセルビア人とクロアチア人との関係、ウクライナ東部地域におけるウクライナ人とロシア人との関係等

③パターン

勢力均衡点

特定地域において民族構成は、Bが多数を占めており、AはBの中に埋没している状態であり、Bの社会に適応して生活している。両者は、勢力均衡の状態ではない。社会環境が変わったりすると、Aは、真っ先に排除される。

事例: 東アフリカの小国ルワンダで起きた大虐殺事件における少数派トゥチ人と多数派フゥツ人の関係、第二次世界大戦前の欧州各国においてユダヤ人が置かれた立場等

（出所）　筆者作成。

　①パターンは、ある特定地域において民族構成の点で、Aの方が多いものの、Bは、社会権力(※政治・経済・治安)を支配しているために、それを利用することで、両者は、勢力均衡の状態にある。この場合、社会変化をきっかけにAがBに対して攻撃を仕掛けたとしても、Bは、容易にAを弾圧し鎮圧することができる。事例としては、次のとおり、中国新疆ウイグル自治区におけるウイグル人と漢族の関係、中国チベット自治区におけるチベット人と漢族の関係、イスラエルにおけるパレスチナ人とユダヤ人の関係、旧植民地支配における支配者層と現地人との関係等を挙げることができる。特に中国新疆ウイグル自治区におけるウイグル人と漢族の関係の場合、人口構成上は、ウイグル人等の少数民族の方が漢族を上回っているものの、政治・経済・治安等の社会権力を漢族が牛耳っていることから、勢力均衡が保たれている状態が続いている。そのため、社会変化を契機にウイグル人等の少数民族が漢族に対して蜂起をしたとしてもウイグル人等の少数民族は、社会権力(※政治・経済・治安)を保持していないため、逆に社会権力(※政治・経済・治安)を支配している漢族からの弾圧を受けて鎮圧されることになる。

　②パターンは、特定地域において民族構成は、AとBが拮抗していてほぼ同じ状態であり、両者が勢力均衡の状態にある。人口のバランスが均衡を保っているが、社会変化をきっかけにして全面的な衝突になりやすい構造にある。事例としては、旧ユーゴスラビアにおけるセルビア人とクロアチア人との関係、ウクライナ東部地域におけるウクライナ人とロシア人との関係等を挙げることができる[253]。特に旧ユーゴスラビアにおけるセルビア人とクロアチア人との関係の場合、両民族共に旧ユーゴスラビア時代には、良き隣人として平和裡に社会生活を営んでいたものの、冷戦の崩壊をきっかけにして、旧ユーゴスラビア内の各民族間に民族主義が台頭するようになる。そして、セルビア人とクロアチア人のように人口構成上、互いに拮抗している両者が対立するようになる。最終的には、全面的な戦闘状態となる。もし、一方の攻勢が有利となれば、相手の民族に対するジェノサイド等が行われ、互いに殺戮の報復が行われることになる。

③パターンは、特定地域において民族構成は、Bが多数を占めており、Aは、少数であることから、Bの社会の中で埋没している状態にあり、Bの社会に適応して生活している。社会環境が変わったりすると、Bの社会では、Aは、真っ先に排除される。事例としては、東アフリカの小国ルワンダで起きた大虐殺事件等がある。この場合、少数派トゥチ人が多数派フツ人の社会に埋没して生活していたものの、フツ人の大統領ジュベナール・ハビャリマナが暗殺されるといった社会環境が変化した時、平穏な日常が突然終わりを告げ、トゥチ人は、フツ人から一方的な攻撃を受け、民族として抹殺され、社会的に排除される存在となる。

また、第二次世界大戦前の欧州におけるユダヤ人が置かれていた立場もこれらと同様である。当時、ユダヤ人は、欧州各国にて少数派として生活し、中には、経済的に成功を収め、社会的に高い地位を得る者も現れる。こうした中で、旧ドイツ帝国(第三帝国)総統のアドロフ・ヒトラー(以下、「ヒトラー」という。)政権が誕生すると、ユダヤ人は、法律上の財産および社会的地位を奪われ、強制収容所に収監され、民族としても抹殺され、社会的に排除されることになる。

以上、3つのパターンについて論じたものである。何れのパターンにおいても、平時の状況下では、特定地域における民族間の勢力均衡がみられるものの、社会的な変化により、同じ社会に住む民族が別の異なる民族をドミノのように薙ぎ倒していく状態に注目したものである。勿論、国際連合(以下、「国連」という。)等の国際社会の介入により、一旦、虐殺等の「民族排除」が止まったとしても、時間が経過すれば、再発する場合もある。

また、過去に虐殺等の「民族排除」を受けて被害者の立場であった民族が場合によっては、逆に加害者として立場を替えて他の異なる民族を攻撃して虐殺等の「民族排除」を行う場合もある[254]。

第3節　シルクロード世界とウイグル人

1．日本人とシルクロード

新疆ウイグル自治区は、チベット自治区と並んで中国におけるアキレスである。2014年にウルムチ駅爆発事件が起きた際には、当時、ウルムチを視察していた中国共産党中央委員会総書記(2012年〜)・国家主席(2013年〜)習近平(以下、「習近平」という。)が「対テロ国民戦争」、「厳打暴恐活動専項行動」を打ち出し、新疆ウイグル再教育キャンプ等を設置してウイグル人に対する徹底的な管理統制を行っている。そして、様々なハイテク機器を用いて、ウイグル人の一挙手一投足まで監視していることから、欧米諸国のメディアや国際的な人権団体等は、「『世界でも類のない警察国家』および『完全監視社会の実験場』が構築された」と中国を批判している。

ウイグル人が人口の80％を占める民族色豊かな町のカシュガルは、現在でもカラコルム・ハイウェイでパキスタン北部と新蔵公路で西チベットと結ばれる交通の要衝である[255]。他のウルムチやトルハン等と比べてもウイグル人の比率が高く、街並みもイスラム化している。ウイグル人は、「一人っ子政策」の影響を受けた漢族とは異なり、男子が生まれる3人までは、子供を持つことが許されていた。そのため、新疆ウイグル自治区内においてウイグル人の人口は、漢族の人口と比べて多いものの、生活手段や経済活動が制限されており、貧しい状態が続いている。

実際、多くのウイグル人は、大変貧しく、安定した職を得ている訳でもなく、郊外の農村村落に居住しながら、自動車も持たずにロバを使った農耕用荷馬車を移動手段として利用した生活をおくっている。主要産業は、漢族が主体となって営まれているため、ウイグル人は、天山山脈の雪解け水を利用したオアシス農業により小麦やブドウ栽培等を行っている。そのため、食文化も漢族とは、異なり、ウイグルパンやトマトをベースにした焼うどんのような「ラグマン」等が主食として食されている。

近年では、ウイグル人の子供を中心に中国標準語化教育が徹底されており、古くからあるウイグル語の文化が廃れようとしている。ウルムチの空港は、日本の政府開発援助(Official Development Assistance：ODA)(以下、「ODA」という。) による無償協力援助によって建設されたものであるが、現在、それを示すプレートは、外されている。ウルムチやトルハンにおいても市場やホテルでも、そこで働く漢族の目は、鋭く、街の雰囲気も殺伐としており、タクシーに乗車しても平気でメーターが壊れて正規の乗車料金が算出されないように装う等、ウルムチの住民は、漢族、ウイグル人を問わず「利己主義」的な気質が感じられ、温和で寛容な態度を他人に対してみせることは、決してない。

また、キルギス国境付近では、独特なキルギス帽子を被るキルギス人が羊の放牧をしており、天山山脈のふもとにある天池という美しい湖付近には、カザフ人が馬を飼い暮らしている。新疆ウイグル自治区には、タクラマカン砂漠があるが、近年、過放牧によって草原が荒れており、砂漠化が進行している。その理由は、タリム盆地周縁のオアシス人口の急激な人口増加や漢族の急激な入植による人口増加が主な原因とされている。

1980年代以降、中国では、「改革開放」の政策の下、日本人をはじめとする外国人による来訪が盛んになり、中国共産党中央委員会総書記(1982年〜1987年)胡耀邦(以下、「胡耀邦」という。)の時代になると[256]、中国政府の全面的な協力の下でNHKにて制作放送がなされたテレビドキュメンタリー番組「シルクロード」やテレビドラマ番組「大地の子」等の人気番組の影響もあり、日中間の文化交流が大きく進んだのである。

写真9. 敦煌の西に広がるタクラマカン砂漠

（出所）筆者撮影。

写真10. 中国国境沿いに聳える天山山脈

（出所）筆者撮影。

写真11. 敦煌市郊外にある莫高窟門

（出所）筆者撮影。

写真12. 遊牧するキルギス人が食する羊のスープ

（出所）筆者撮影。

写真13. 敦煌市郊外にある莫高窟外観

（出所）筆者撮影。

写真14. 莫高窟内にある仏教美術

（出所）筆者撮影。

　その結果、タクラマカン砂漠が広がる新疆ウイグル自治区内では[257]、映画「敦煌」等をはじめとする日本映画の撮影等も数多く行われている[258]。
　また、新疆ウイグル自治区や莫高窟遺跡がある甘粛省敦煌は、写真9・写真10・写真11・写真12・写真13・写真14のとおり、平山郁夫画伯によるタクラマカン砂漠を舞台とした「シルクロードを行くキャラバン」等の創作舞台にもなっている[259]。こうした影響により、多くの日本人が観光目的により新疆ウイグル自治区を訪問している[260]。その結果、日本人相手の観光ビジネスを展開するために、日本語を独学で勉強するウイグル人も現れたものの、最近では、新疆ウイグル自治区内において観光目的の日本人の姿を見かけることが非常に少なくなり、その結果、ウイグル人による日本人相手の観光ビジネスも衰退したといえる。

２．農村部における貧困とウイグル人女性

　新疆ウイグル自治区におけるウルムチやトルファン等の都市部の周辺には、数多くの農村集落が存在しており、天山山脈の雪解け水を利用した灌漑用水により農業や牧畜を営んでいる。新疆ウイグル自治区のウイグル人が居住する農村部(以下、「ウイグル人農村部」という。)における女性の就業、早婚、低教育等との関係について研究を行った Abulimiti(2005)によると、ウイグル人農村部では、家族経営による農業・牧畜が多い中で、ウイグル人女性は、教育機会が乏しく依然として低学歴状態に置かれていると指摘している。

　実際、農村のウイグル人女性は、伝統的慣習による早婚等の要因により、低学歴に陥りやすく、その結果、早婚による離婚や低い経済生活水準等が相まって、「貧困のスパイラル」といった悪循環に陥っている。ウイグル人農村部における低学歴の要因としては、伝統的にウイグル人女性が教育の機会を持つことを奨励されず、家事・育児・農作業・家畜の世話等の労働を幼少の頃から強いられており、学校教育を受ける機会も制限されていること等が考えられる。例えば、Abulimiti(2005)によると、伝統的なウイグル人農村集落では、高校を卒業したウイグル人女性が存在せず、中学校を卒業した者は、全体の 16%、小学校を卒業した者は、全体の 38%となっている。

　また、Abulimiti(2005)によると、ウイグル人女性全体の 46%は、小学校も卒業しておらず、非識字者の割合が 28%と極めて高く[261]、経済分野でも夫が家計を管理していることが多く、ウイグル人女性は、自分で自由な金銭利用もできない状態にあると指摘している。一般的に社会主義国の中国では、男女の平等が浸透しており、女性でも大学卒業後、キャリアを活かして社会にて活躍する機会が多いものの、ウイグル人社会では、女性の学歴が低く、キャリアを積むこともなく社会的地位が男性の地位よりも低く抑えられている。

　こうした中で、ウルムチ等の大都市周辺の近くには、新たに入植した漢族とウイグル人が混在しながら生活している農村集落(以下、「混在集落」という。)も現れている。こうした混在集落内では、ウイグル語よりも中国標準語が使われている。つまり、ウイグル人女性にとっては、中国標準語を話して、読み書きできることが必要となる。そして、近くには、漢族が出資する製造工場や縫製工場も操業しており、ウイグル人女性の中には、こうした工場にて賃金労働者として働く者も現れるようになる。その結果、ウイグル人女性の中には、現金収入を得て家計を支えると共に自らも自由に金銭利用ができる者も現れるようになったのである。そして、次第に、ウイグル人女性の収入は、混在集落における世帯の収入に寄与するようになったのである[262]。

　実際、混在集落では、昔ながらの伝統的な慣習に基づくウイグル人農村部と比べて、一人当たりの年間平均収入の差が約２倍となった事例もみられる[263]。当然ながら、製造工場や縫製工場等で働くためには、ウイグル人女性の識字率の向上が求められるものであり、そのため、中国政府は、2000 年代以降、ウイグル人のために中国標準語の再教育と職業訓練を目的にした施設を数多く設置してきたのである。

　中国共産党中央委員会総書記(1989 年～2002 年)・国家主席(2003 年～2013 年)江沢民(以下、「江沢民」という。)政権時には、国務院総理を勤めた朱鎔基の働きにより、2001 年頃から新疆ウイグル自治区を含む西部大開発戦略が始まり[264]、この開発戦略により新疆ウイグル自治区等の農村部にも資金と人が流れ込むようになっている。この時期、中国政府によって実施されたウイグル人農村部におけるウイグル人向けの職業訓練や同化政策は、現在の習近平政権時のような強権的な体制の下で運営されていた訳では、なく、江沢民政権時の協調的な体制の下で運営されていたものであり、ウイグル人と漢族は、互いに友好的に接していたといえる[265]。

３．ウイグル人への弾圧と同化政策

　2009 年 7 月にウルムチ内にてウイグル人による暴動が発生し、暴徒以外に多くの一般市民が巻き込まれ、多くの犠牲者が生じている[266]。それ以降、新疆ウイグル自治区の各地にて、明確な理由もないまま、逮捕されるウイグル人の数が多くなり、ウルムチ等の都市部以外のウルムチ人農村部においてもウイグル人と漢族の対立が生じるようになったのである。その結果、治安向上の目的のために中国政府の命を受けた「ウイグル人を監視するウイグル人」も増えたといわれている[267]。

　その後、習近平が新疆ウイグル自治区を初めて視察した直後の 2014 年 4 月 30 日にウルムチ駅にてウイグル人による自爆テロ事件が発生している[268]。習近平は、同年 5 月の新疆工作座談会にて「対テロ国民戦争」を掲げ、「国民民主独裁の武器を躊躇なく行使せよ、情け容赦は無用だ」と指示したことから、これを受けて[269]、これまでのウイグル人と漢族の柔和な体制が一変したのである。そして、ウイグル人のために中国標準語の再教育と職業訓練を目的にした施設が強制収容所に様変わりし、強硬な体制によりウイグル人のための再教育施設が運営されるようになっている。特に 2016 年 8 月には、陳全国が新疆ウイグル自治区の中国共産党委員会の書記(以下、「党委書記」という。)に就任し、2017 年 2 月には、朱海侖が同委員会の副書記兼政法委員会の書記(以下、「政法書記」という。)に就任すると、公安部(※地方機関を含む。)・国家安全部・武装警察・民兵等を集めた決起大会を開催し、その中で朱海侖が「国民民主独裁の強力な拳により全ての分離主義者とテロリストを粉砕する」と演説して以降、ウイグル人に対する大規模な勾留が始まり、「再教育」と称した洗脳教育が行われている。例えば、収容施設内では、次の項目が掲げられ、「思想変革」、「学習と訓練」、「規律の遵守」等が徹底されている[270]。

① 脱走を阻止する。
② 違反行動には、厳しい規律と懲罰で対応する。
③ 悔い改めと自白を促す。
④ 中国標準語への矯正学習を最優先とする。
⑤ 収容者には、悔い改めと自白を促し、彼らの過去の活動が違法で犯罪的で危険な性質のものであることを深く理解させる。
⑥ 浅い理解や悪い態度、反抗心を示す者には、教育改革を実行し、確実に結果を達成させる。

　世界ウイグル会議顧問のベン・エマーソンは、この政策について、一つの民族コミュニティ全体を対象に作られて実行されており、巨大な集団洗脳計画であり、新疆ウイグル自治区にいるムスリムのウイグル人を個別の文化集団として、地球上から消滅させようとしていると指摘している[271]。

　ウイグル人に対する強制収容政策については、外交の舞台においても中国を批判する国と、それとは、逆に中国を擁護する国の二つに分かれている。例えば、2019 年 11 月 29 日に開催された国連総会の第三委員会では、日本・米国・欧州各国等の 23 か国の共同声明により、「中国国内における強制収容政策の撤回」を求めたのに対して、ベラルーシ、ロシア、エジプト等の親中国である 54 か国は、逆に共同声明で中国の措置を支持している。

　最近では、習近平による中国の「社会主義現代化強国」による軍事力の増強により、周辺地域での軍事的な緊張が高まりつつあり、日本・米国・欧州各国等から中国政府によるウイグル人に対する民族浄化等の迫害についての追及が強まっている。

　第 45 代米国大統領(2017 年～2021 年)ドナルド・ジョン・トランプ(以下、「トランプ」という。)政権時には、米中対立が激化していたことから、2019 年 12 月 3 日、米国は、中国政府によるウイグル人やその他少数民族に対する人権侵害を非難し、党委書記の陳全国への制裁を求めたウイグル人権法案を米国連邦議会上院(以下、「米国上院議会」という。)および米国連邦議会下院(以下、「米国下院議会」という。)の両議会にて可決し成立させている[272]。確かに The New York Times(2019) が公表した新疆秘密文書によると[273]、現実に伝えられる報道や画像、当事者の証言、中国の正式な国家統計である『中国統計年鑑』の数字等をみても、新疆ウイグル自治区でジェノサイドが行われているのは、明らかである。2021 年 1 月、米国政府は、中国政府による新疆ウイグル自治区でのウイグル人弾圧を「国際条約上の『民族大量虐殺』であり、かつ『人道に対する罪』として認定した」と発表している。その結果、米国は、新疆ウイグル自治区内において主に栽培され加工されている新疆綿の輸入を停止している。そのため、新疆綿を原料に用いた UNIQLO (ファーストリテイリング)の衣料品が米国で輸入差し止めとなる等の事態も起きている[274]。

　米国のこうした動きに同調するかのように、2021 年 2 月、カナダ議会およびオランダ議会では、「新疆ウイグル自治区内にてウイグル人に対するジェノサイドが発生している」と認定する決議を可決している。2021 年 4 月には、英国議会もジェノサイドと認定する決議を可決する等、欧米諸国を中心に「新疆ウイグル自治区内にてウイグル人に対するジェノサイドが発生している」と認定する動きが顕著となっている[275]。国連においては、「中国擁護派」が多数を占めているため、国連における非難決議には、至らなかったものの、2022 年 8 月に国連人権高等弁務官事務所が「中国がウイグル人に対して深刻な『人道に対する罪』を犯している可能性が高い」とする報告書を公表している[276]。これに対して中国政府は、国連人権高等弁務官事務所に対して猛烈に抗議し、真っ向から反論する等して、この報告書を全面的に否定している[277]。

４．ウイグル人に対する人口抑制政策

　オーストラリア(以下、「豪州」という。)、英国、フランス、ドイツ、日本、米国等の 40 か国を超える国々が集い、2021 年 6 月 22 日に開かれた国連の人権理事会(Human Rights Council：HRC)(以下、「国連人権理事会」という。)において「新疆ウイグル自治区の人権状況について深刻な懸念を抱いている」との共同声明が発表され、「国連人権高等弁務官のミシェル・バチェレの新疆ウイグル自治区訪問と調査を受け入れるべきだ」とする要求が中国に対して出されている。この共同声明では、新疆ウイグル自治区内にて 100 万人超が恣意的に拘束され、ウイグル人やその他少数民族に対して人権を無視した偏った監視が行われ、信仰の自由やウイグル文化に対する各種制限がなされている事例があると共に拷問、強制不妊手術、子供を親から引き離す等の事例もあると指摘している[278]。

　近年、中国の他の少数民族地域では、総じて少数民族人口が漸増しているにも拘らず、新疆ウイグル自治区では、2017 年～2019 年にかけて、総人口が 2,444 万 6,700 人から 2,523 万 2,200 人へと 78 万 5,500 人も増加した一方で、ウイグル人を含む少数民族の人口が 1,654 万 4,800 人から 1,489 万 9,400 人へと 164 万 5,400 人も激減している[279]。つまり、僅か 2 年間で新疆ウイグル自治区内において漢族等の人口流入が増えている一方で、ウイグル人を含む少数民族の人口が大幅に減少しているということである。その結果、新疆ウイグル自治区における少数民族が占める割合についても、僅か 2 年間で 67.7%から 59.1%へと 8.6%も減少するという異常事態となっている[280]。

また、西日本新聞(2021)によると、中国政府によるウイグル人への不妊処置強要が懸念される新疆ウイグル自治区では、2019年の出生率(人口千人当たりの出生数)が過去最低の8.14となり、2017年の15.88から2年間でほぼ半減していると指摘している。中国全体で産児制限が緩和される中、新疆ウイグル自治区内では、この時期に不妊手術や子宮内避妊用具 (Intrauterine Device：IUD)(以下、「IUD」という。) の装着手術が急増しており、突出した人口抑制策が実施された疑いが強まっている。

　実際、新疆ウイグル自治区の出生率(人口千人当たりの出生数)は、1990年の26.41をピークに緩やかに減少しており、2001年以降は、15〜16前後で推移していたが、2018年は、10.69に急減し、中国国内平均(10.94)を下回っている。2019年には、さらに落ち込み、記録が公表されている1978年以降では、最低の8.14に低迷しており[281]、中国国内平均(10.48)との差が広がっている。少子高齢化が進む中国では、1979年から続いてきた産児制限「一人っ子政策」が2015年に終了している[282]。現在は、一夫婦当たり、3人までの出産が認められており、中国全体では、2016年以降、不妊手術やIUDの装着手術が急減している。よって、ウイグル人を対象とした人口抑制策は、新疆ウイグル自治区トップの党委書記に陳全国が就任した2016年以降に強まったものと考えられている[283]。これは、ウイグル人を対象とした不妊処置が増加した時期と丁度重なっている。

　米国政府が中国の新疆ウイグル自治区内で不妊手術が強制されていると指摘したのに対して、2020年9月に中国社会科学院傘下のシンクタンクは、「新疆(新疆ウイグル自治区)の女性たちは、自ら望んで不妊手術を受けている」と主張する文書を発表すると共に「新疆(新疆ウイグル自治区)における2018年の出生率(人口千人当たりの出生数)は、計画に基づき出産を管理した結果、大幅に下落したものである」と強調している[284]。

第4節　むすび

　現在でも中国では、旧東トルキスタン共和国の話題が禁句であり、外国人でも旧東トルキスタン共和国に関係する資料を集めようとすると「国家政権転覆罪」の容疑で容赦なく公安部(※地方機関を含む。) および国家安全部等により逮捕される。

　実際、東京大学大学院に留学していたウイグル人留学生が母親の看病のため一時帰国したところ、そのまま行方不明となり、「中国からの分離独立を煽り、国家機密情報を不正に入手しようとした」という容疑により、突然、逮捕され刑事訴追された後、刑が確定し、刑務所に収監された事例もある[285]。

　1980年代に胡耀邦が国務院副総理を務めた時期には、チベット政策やウイグル政策について寛容な政策が執られていた[286]。そのため、新疆ウイグル自治区内でもウイグル語が自由に使われ、外国人や漢族等の観光客相手のビジネスもウイグル人の間で盛んに行われていた。その結果、バザールも賑わい、ウイグル人の多くが経済的な余裕を感じていた。当時は、漢族とウイグル人との関係も良好なものであり、ウイグル人が経営する葡萄園にて食事をする漢族の姿も多くみられている。

　しかしながら、こうした状況は、習近平が政権に就くと一変する。漢族に対するウイグル人のテロ行為等をきっかけにして中国政府は、ウイグル人に対して一方的な封じ込め政策に奔ることになる。具体的には、ウイグル語教育の廃止やウイグルの歴史文化教育に対する規制である。モスクにおいては、「テロ活動の温床になっている」という憶測の下、今でも厳しい監視が行われている。残念ながら、ウイグル人と同じテュルク語系の民族で構成されているトルコやイスラムの盟主であるサウジアラビア等のイスラム諸国も「中国におけるウイグル人に対する弾圧問題」に関して、中国政府に対する強硬な姿勢を示すことは、ない。これは、外交戦略・経済戦略・安全保障戦略・環境戦略等の点において中国の力が大きくなり、トルコやサウジアラビア等のイスラム諸国もこうした点を鑑みながら、様々な角度から中国に対して配慮する必要があり、「中国におけるウイグル人に対する弾圧問題」をめぐって中国との友好関係を壊したくないという思惑が存在しているからである。

　現在、新疆ウイグル自治区内では、全面的に管理統制が強化されている。例えば、ウイグル人の住民は、QR コードで管理され、自動車による移動やメッカへのハッジの際には、追跡装置が装着され、モスク等では、張り巡らした AI 監視カメラによって訪問者が人種プロファイリングで識別され、様々なハイテク機器により一挙手一投足が監視されている。つまり、新疆ウイグル自治区は、「世界でも類のない警察国家」および「完全監視社会」の実験場になったともいえる。こうした取り組みは、欧米社会が掲げる民主主義と自由主義、民主的な選挙制度、国家権力を制限する「法の支配」、司法・立法・行政の権力分立により勢力均衡を図るための「三権分立」制度、基本的人権の尊重等の理念が融合した社会の構築といった価値観とは、全く相反するものである。特に歴史的な経緯から欧米社会は、民族浄化等の問題について厳しく対処する傾向にあることから、中国政府によるウイグル人を含む少数民族に対する弾圧等の問題については、今後も中国と欧米諸国との間で大きな軋轢となっていくものである。

　当然、日本政府も歴史文化面において長年、交流関係のあるウイグル人社会を擁護していくと共に欧米諸国と協調しながら中国政府に対して外交的な圧力をかけると共に国際社会に対してウイグル人の擁護を訴えていくべきである。

第7章　国立大学の法人化と門戸開放

第1節　はじめに

　現在、国際情勢が大きく変化しており、国内の大学においては、「大学の国際化」が最重要課題の一つとなっている。そのため、日本では、国内の高等教育機関を中心に外国人留学生(以下、「留学生」という。)の受け入れが盛んに行われている[287]。国内の高等教育機関への留学生の受け入れは、当初、国際貢献と国家間の友好促進をその主な目的としていたが、グローバリゼーション下の新たな国際戦略として多くの留学生を受け入れることにより、日本社会の活性化が期待されるようになると、日本政府の政策として留学生に対しての就学ビザが容易に発給されるようになり、その結果、留学生が大幅に増加したのである。

　2008年1月には、当時、内閣総理大臣であった福田康夫が「日本を世界に開かれた国とし、人の流れを拡大していくために重要である」として「留学生30万人計画」を打ち出している[288]。具体的には、日本が世界に対してより開かれた国へと発展する「グローバル戦略」の一環として2020年までに日本国内の留学生を30万人に増やそうというものである。こうした背景には、外国人に対して国内の高等教育機関の門戸を開き、卒業後も日本社会に留まり、各分野において活躍してもらうと共に日本社会におけるグローバル化の進展に対する貢献への期待等が挙げられる。そのため、国内における留学生の受け入れ態勢の改善等を図る等して官民挙げて取り組んだ結果、2019年5月1日時点で留学生が312,214人となり、「留学生30万人計画」は、当初の数値目標を達成したのである。

　実際、「留学生30万人計画」の数値目標の達成は、出入国在留管理庁による在留資格の緩和とそれを受け入れる日本語学校の増加が大きな要因となっている[289]。一般的な傾向として中華人民共和国(以下、「中国」という。)・台湾・韓国等の漢字圏からの留学生は、最長2年間の日本語学校を経て大学進学に必要な日本語力を習得できる確率が高いのに対して[290]、非漢字圏出身の留学生は、最長2年間の日本語学校を経て大学進学に必要な日本語力を習得できる確率が低いといわれている。そのため、非漢字圏出身の留学生は、日本語学校を経て専修学校に進学することが多い[291]。

　その後、日本では、留学生のための施策として国内の日本語学校を経由しないで海外から国内の大学への留学が可能になると、海外から国内の大学への渡日前入学の推進、日本への留学試験の海外での実施、国内の大学における英語による授業の実施および英語による単位取得を可能とする特別コースの設置等が行われている[292]。そして、第二次安倍政権時には、アベノミクスによる成長戦略の一つとして「優秀な外国人材」の確保を目的に、国内において留学生の就職率を上げる方針が打ち出されている。

　しかしながら、留学生の中には、少なくとも学力や語学力の点で「優秀」とは呼べない者も含まれるようになり、最初から国内での就労を目的に来日する者も多くなったのである。その結果、留学生に認められた「週28時間以内労働」を超えて違法就労を行う者も現れるようになり[293]、違法就労が露呈しないように劣悪な労働環境下でも耐えながら働く等の社会問題も発生したのである[294]。

　そこで、本章においては、国立大学法人化に伴って国立大学における学部・大学院・研究機関等(以下、「国立大学」という。)において独自改革が迫られる中で、国立大学の多くが「第3期中期目標・中期計画」および「第4期中期目標・中期計画」に沿う形で、「産学連携」、「大学のグローバル化」、「大学の国際化の推進」、「リカレント教育の充実」等を掲げ、門戸開放の形で留学生を受け入れ、その増加に取り組んでいった点について焦点を絞りながら分析し考察するものである。

第2節　国立大学の改革と外国人留学生

1．日本における外国人留学生

　日本では、日本再興戦略等で提言されているスーパーグローバル大学構想を促進し、優秀な外国人教員および留学生の確保をはじめとする大学における徹底したグローバル化を図りたいと考えている。留学生の受け入れは、国内の各大学の判断により行われているが、質の高い留学生の確保は、日本でも"ALL JAPAN"として取り組むべき課題だとされており、日本の大学の魅力を一層高める必要があるといわれている[295]。

　しかしながら、質の高い留学生は、欧米諸国に流れる傾向にあり、日本に留学して来ないという指摘もされている。確かに日本における留学生は、欧米諸国からの留学生が少なく、圧倒的に東アジア諸国からの留学生が多いのが実情である。例えば、日本における留学生(2020年5月1日時点)を多い順にみてみると、表1のとおり(別頁参照)、中国からの留学生が圧倒的に一番多く、121,845人となっており、(国別)外国人留学生(以下、「国別留学生」という。)に占める全体構成比率としては、43.58%を占めている。続いてベトナムからの留学生が62,233人となっており、国別留学生に占める全体構成比率としては、22.26%を占めている。三番目がネパールからの留学生であり、24,002人となっており、国別留学生に占める全体構成比率としては、8.58%を占めている。

主要アジア諸国からの留学生(以下、「主要アジア諸国留学生」という。)については、計253,609人となっており、国別留学生に占める全体構成比率としては、90.71%を占めている。つまり、主要アジア諸国留学生が極めて多い一方で、北米・中南米・欧州・アフリカ等のからの留学生が極めて少ないことが判る。

他方、国費外国人留学生をみると、表1のとおり、一番多いのがインドネシアからの留学生であり、888人となっている。インドネシアからの留学生に対する国費外国人留学生が占める割合としては、14.32%となっており非常に高いことが判る。二番目に多いのが、中国からの留学生であり、834人となっている。中国からの留学生に対する国費外国人留学生が占める割合としては、0.68%となっており、割合としては、大変低いことが判る。つまり、中国からの留学生は、私費留学生が多いことが判る。三番目に多いのがベトナムからの留学生であり、601人となっている。ベトナムからの留学生に対する国費外国人留学生が占める割合としては、0.97%となっており、こちらも大変低いことが判る。

表1 日本における外国人留学生一覧表 (2020年5月1日時点)

国別	(国別) 外国人留学生(人数) (A)	(国別) 外国人留学生(人数) に占める全体構成比率	(※内訳) 国費外国人留学生(人数) (B)	割合 (B) / (A)	国費外国人留学生(人数) に占める全体構成比率
中国	121,845人	43.58%	834人	0.68%	9.52%
ベトナム	62,233人	22.26%	601人	0.97%	6.86%
ネパール	24,002人	8.58%	62人	0.26%	0.71%
韓国	15,785人	5.65%	565人	3.58%	6.45%
インドネシア	6,199人	2.22%	888人	14.32%	10.14%
スリランカ	5,238人	1.87%	96人	1.83%	1.10%
ミャンマー	4,211人	1.51%	219人	5.20%	2.50%
バングラデシュ	3,098人	1.11%	453人	14.62%	5.17%
モンゴル	3,075人	1.10%	275人	8.94%	3.14%
タイ	3,032人	1.08%	614人	20.25%	7.01%
マレーシア	2,670人	0.95%	237人	8.88%	2.71%
フィリピン	2,221人	0.79%	260人	11.71%	2.97%
主要アジア諸国留学生（計）	**253,609人**	**90.71%**	**5,104人**	**2.01%**	**58.26%**
その他	25,988人	9.29%	3,657人	14.07%	41.74%
（合計）	**279,597人**	**100.00%**	**8,761人**	**3.13%**	**100.00%**
（参考）台湾	7,088人	―	278人	3.92%	―

（注1）日本国内の大学院・大学・短期大学・高等専門学校・各種専修学校等にて就学している外国人留学生を対象としている。また、（国別）外国人留学生（人数）に占める全体構成比率、割合(B) / (A)、国費外国人留学生（人数）に占める全体構成比率は、小数点第五位を四捨五入している。
（注2）国費外国人留学生の制度における対象者は、「日本政府と国交のある国の国籍を有すること」が条件であるため、台湾からの留学生は、対象外となる。しかし、台湾からの留学生に対しては、公益財団法人日本台湾交流協会を通じて、1973年度から国費外国人留学生の制度による支援と同額程度の特別支援を実施している。2020年度予算は、約6.5億円となっている。特別支援を受けている台湾からの留学生は、次のとおり。「2017年度　大学院：230人・学部：51人・計281人」「2018度　大学院：242人・学部：51人・計293人」「2019年度　大学院：222人・学部：50人・計272人」「2020年度　大学院：226人・学部：52人・計278人」。数値は、年間支援総数である。
（出所）日本学生支援機構留学生事業部留学情報課企画調査係（2021）をもとに筆者作成。

国別留学生に対する国費外国人留学生が占める割合として高い順にみてみると、一番高いのがタイからの留学生であり、20.25%、二番目に高いのがバングラデシュからの留学生であり、14.62%、三番目に高いのがインドネシアからの留学生であり、14.32%となっている。主要アジア諸国留学生(計)に対する主要アジア諸国からの国費外国人留学生が占める割合としては、2.01%となり、それ程、高くは、ないものの、国費外国人留学生(合計)に対する主要アジア諸国留学生における国費外国人留学生が占める割合としては、58.26%となっており、全体の半分以上を占めていることが判る。

今後の課題としては、北米・中南米・欧州・アフリカ・オセアニア等の地域等からの留学生を増やしていく必要がある。これらの国から多くの留学生を受け入れていくためには、国内の大学において英語による授業を実践していく等のカリキュラムの改善が必要であるが、日本人学生がそのようなカリキュラムに対応できるかが鍵となる。勿論、日本人学生にとっては、英語力の向上、国際化への対応、グローバル人材としての成長等の点で相乗効果も期待できることになる。

また、外交・経済・安全保障等に関わる分野にて、今後、日本が協力していく必要があるアメリカ合衆国(以下、「米国」という。)・オーストラリア(以下、「豪州」という。)・インド等からの留学生の受け入れをもっと増やしていくべきである。特に米国等は、大学の授業料が高く、多くの学生が多額の学生ローンや奨学金の返済に苦しんでいる。そのため、大学進学を諦める人も多いことから、日本の国費外国人留学生の制度を活用して米国からの留学生をもっと呼び込むための体制の整備を図るべきである。

２．外国人留学生における大学院(※修士号)・専門職大学院修了者および大学(※学士号)卒業者の進路状況

　留学生における大学(※学士号)卒業者の進路状況と大学院(※修士号)・専門職大学院修了者の進路状況について、表2のとおり、分析してみる。

表2　外国人留学生における大学院(※修士号)・専門職大学院修了者および大学(※学士号)卒業者の進路状況

項目		大学院(※修士号)・専門職大学院修了者							大学(※学士号)卒業者							
年度および構成比		2007年度	構成比率	2012年度	構成比率	増減率	2018年度	構成比率	増減率	2007年度	構成比率	2012年度	構成比率	増減率	2018年度	構成比率	増減率
国外への出国者		1,855人	28.98%	3,748人	41.10%	102.05%	4,719人	39.49%	25.91%	2,431人	21.68%	4,479人	38.43%	84.25%	3,408人	29.97%	-23.91%
国内在留者	その他	728人	11.38%	1,239人	13.59%	70.19%	1,444人	12.08%	16.55%	1,258人	11.22%	1,614人	13.85%	28.30%	1,147人	10.09%	-28.93%
	国内進学	1,490人	23.28%	1,597人	17.51%	7.18%	1,858人	15.55%	16.34%	3,023人	26.95%	2,224人	19.08%	-26.43%	2,075人	18.25%	-6.70%
	国内就職	2,327人	36.36%	2,536人	27.81%	8.98%	3,930人	32.88%	54.97%	4,503人	40.15%	3,337人	28.63%	-25.89%	4,741人	41.69%	42.07%
計		4,545人	71.02%	5,372人	58.90%	18.20%	7,232人	60.51%	34.62%	8,784人	78.32%	7,175人	61.57%	-18.32%	7,963人	70.03%	10.98%
合計		6,400人	100.00%	9,120人	100.00%	42.50%	11,951人	100.00%	31.04%	11,215人	100.00%	11,654人	100.00%	3.91%	11,371人	100.00%	-2.43%

（注1）　構成比率および増減率は、小数点第五位を四捨五入している。
（出所）　日本学生支援機構(2020)をもとに筆者作成。

　留学生における大学(※学士号)卒業者(以下、「学士号取得留学生」という。)の国内在留者(その他・国内進学・国内就職)の状況をみてみると、東日本大震災前の2007年度が8,784人(78.32%)、東日本大震災直後の2012年度が7,175人(61.57%)、東日本大震災後の2018年度が7,963人(70.03%)となっている。つまり、2007年度が2,431人(21.68%)、2012年度が4,479人(38.43%)、2018年度が3,408人(29.97%)もの学士号取得留学生が国内での学位取得後、日本を離れていることが判る。

　また、留学生における大学院(※修士号)・専門職大学院修了者(以下、「修士号取得留学生」という。)の国内在留者(その他・国内進学・国内就職)の状況をみてみると、東日本大震災前の2007年度が4,545人(71.02%)、東日本大震災直後の2012年度が5,372人(58.90%)、東日本大震災後に復興が進んだ2018年度が7,232人(60.51%)となっている。つまり、2007年度が1,855人(28.98%)、2012年度が3,748人(41.10%)、2018年度が4,719人(39.49%)もの修士号取得留学生が国内での学位取得後、日本を離れていることになる。こうしてみると、近年においては、修士号取得留学生の方が学士号取得留学生よりも日本を離れている者の数が多いことが判る。

　特に2011年に発生した東日本大震災や福島第一原子力発電所事故等の影響から、その直後の2012年度をみると、修士号取得留学生の国外への出国者が3,748人となっており、構成率として41.10%を占めている。修士号取得留学生の国内在留者(国内就職)は、2,536人となっており、構成率として27.81%を占めているものの、構成率が30%を下回っており、修士号取得留学生の国内在留者(国内就職)の割合が低くなっている。それに対して、東日本大震災前の2007年度をみると修士号取得留学生の国内在留者(国内就職)は、2,327人となっており、構成率として36.36%を占める等、修士号取得留学生の国内在留者(国内就職)の割合が高かったことが判る。そして、東日本大震災から少し時間が経過した2018年度をみると、修士号取得留学生の国内在留者(国内就職)は、3,930人となっており、構成率として32.88%を占める等、東日本大震災前の状況に戻りつつあることが判る。増減率をみても2012年度に比べて2018年度は、54.97%も増加している。

３．国立大学の改革と外国人留学生の受け入れ増加

　国内にある国立大学は、それまで長い間、「象牙の塔」として君臨してきたといえる。そして、21世紀が「知の時代」といわれるようになると、「知の創造と承継」を担う役割が国立大学に求められたのである。こうした中で、国立大学法人化以前の国立大学は、文部科学省の内部組織であったことから、国立大学が学部および研究科の改編や新しい取組みをしようとしても、その都度、文部科学省と協議する必要があり、迅速な対応ができない等の弊害が生じていたのである[296]。そして、多くの議論を重ねた結果、国立大学は、2004年4月に国立大学法人に移行している[297]。

　その後、文部科学省では、表3のとおり、国立大学法人化以降、大学独自の裁量を増やす一方で、法令改正や通達、予算等を通じて関与を続けている。文部科学省が2012年に発表した「大学改革実行プラン」については、教育の質的転換や入試改革、ガバナンス強化等が盛り込まれている。例えば、文部科学省は、国立大学に対して、学長の権限を強化する等して、大学の強みや特色、社会的役割等の再定義を求めている。

実際、多くの国立大学では、文部科学省が進める改革プランに呼応する形で学部を再編、地域性を生かした新学部を生み出している。特に 2016 年度から 2021 年度まで実施されている「第 3 期中期目標・中期計画」では、多くの国立大学が教育学・人文科学・社会科学系等の学部の見直しや教育学部の教員免許養成課程における「ゼロ免課程」を廃止して、その定員分を活用する形で新学部を創設することが進められている。こうした背景には、文部科学省からの予算削減によるところが大きい。国立大学法人化以降、文部科学省からの運営費交付金は、毎年 1.0%〜1.3%が一律で削減されており、削減幅は、10 年間で 10%超に及んでいる[298]。

国立大学は、科学技術研究費等の補助金や産学連携による受託研究収入、寄付金等の獲得に乗り出したものの、不足分の補填には至っていない。その結果、常勤教員数の削減や労働契約法施行による非常勤教員の永続雇用を避けるために、雇用期間を最大 10 年間とする等[299]、自由に解雇が容易な「特任教授」・「特任准教授」・「特任助教」・「非常勤講師」等といった非正規雇用の教員ポストの設置を増加させ

表3 文部科学省主導による国立大学改革の経緯

時期	概要
2004年4月	国立大学が「国立大学法人」に移行する。各国立大学は、6年ごとに中期目標を策定するようになる。
2012年6月	文部科学省が「大学改革実行プラン」を発表する。これが政府における大学改革の基本方針となる。
2013年6月	政府内の教育再生実行会議が「これからの大学教育等の在り方について」を提言し、世界と渡り合えるために「大学の国際化」、「グローバル対応」、「教育機能の強化」、「ガバナンス改革」等を求めるようになる。
2013年11月	文部科学省が「国立大学改革プラン」を策定し、各国立大学の強みや役割の整理（ミッション再定義）を求めた結果、各国立大学は、自主的な改革を実行する。
2015年6月	2016年度から始まる「第3期中期目標・中期計画」の策定指針となる「国立大学法人等の組織および業務全般の見直しについて」を文部科学省が各国立大学に通知する。
2016年4月	文部科学省は、国立大学に対する運営費交付金の配分を見直し、改革を進める国立大学に対して重点配分する方針を固める。多くの国立大学が文部科学省の意向に沿うような形で、「大学の国際化」、「グローバル対応」、「教育機能の強化」、「組織ガバナンス体制の整備」等といった点に重点を置いた形で「第3期中期目標・中期計画」を定める。
2022年4月以降	中央教育審議会答申「2040年に向けた高等教育のグランドデザイン」を踏まえ、次の項目が網羅された「第4期中期目標・中期計画」が策定される。①徹底的な教育改革、文理横断的かつ異分野融合的な知を備えた人材の育成、学修時間の確保や外国人留学生に対する厳格な出口管理の徹底を図る。②多様で柔軟なネットワークや「大学等連携推進法人（仮称）」を活用した教育研究資源の共有・オンラインを活用した教育基盤の共有体制の構築を図る。③強靭なガバナンス、人事給与マネジメント改革、教育研究コストの「見える化」の推進を図る。④地域の中核として高度な知を提供し、「地域連携プラットフォーム（仮称）」を通じた地域構想策定や地方創生の中心を担いながら、地域経済の活性化を図る。⑤世界や社会との高度で多様な頭脳循環、組織全体を貫徹した「大学の国際化」の加速、「リカレント教育」の充実等を図る。⑥世界の「知」をリードするイノベーションハブ、イノベーション創出の基盤となる基礎研究の強化、女性研究者および若手研究者等の多様な人材の登用と活躍促進を図る。⑦国立大学の適正な規模の確保を図りながら、各国立大学が求められる役割を果たすために必要な規模の在り方を議論し、教員養成系大学や学部の高度化を図りながら、他の国立大学との連携および集約の促進（※教員養成課程における近隣の国立大学との集約化等）を図る。

（出所）2021年4月、文部科学省高等教育局国立大学法人支援課より聞き取り。

る等して教員人件費の削減に努めている[300]。こうした中で、「第 3 期中期目標・中期計画」により、国立大学間の競争も激化している。2016 年度以降の予算では、積極的に改革を進める大学に対して、運営費交付金を重点的に配分する方針が示されている。現場から「これ以上の予算削減は、限界」との声が上がる中で、文部科学省、国立大学共に改革への本気度が問われる形となっている。

その後、2022 年 4 月に実施された「第 4 期中期目標・中期計画」については、表 3 のとおり、その策定内容をみると、「第 3 期中期目標・中期計画」の中で掲げられた項目を引き継いだものが多い[301]。特に「⑤世界や社会との高度で多様な頭脳循環、組織全体を貫徹した『大学の国際化』の加速、『リカレント教育』の充実等を図る」については、「大学の国際化」と「大学のグローバル化」を実践しながら、取り組んでいる国立大学も多いものの、そのためには、国立大学として多くの優秀な留学生の受け入れが必要となる。

また、政府が掲げる外国人人材の登用を促すためにも留学生の受け入れが重要である。その結果、国立大学の多くが留学生のために寄宿舎設備等の充実、英語による学位獲得を可能とするカリキュラムの整備等、優秀な留学生の獲得に動き出すことになったのである。

しかしながら、欧米諸国からみて地理的に極東に位置する日本の国立大学に留学を希望する留学生は、限られており、各国立大学は、非漢字圏の国からの留学生の受け入れが極めて難しいことを実感する。

他方、日本の国立大学において全体的に留学生が高等専門教育を学びたい分野としては、理工系および医薬系分野等が中心であり、教育学・人文科学・社会科学系等の分野は、これらと比べて、学びたいとする留学生が少ないのが実情である。こうした中で、国内の大学受験競争が激しく、有名大学を卒業しないと就職も難しい韓国からの留学生、地方部の出身で自らのキャリアアップを図りたい中国からの留学生、そして、親日傾向にある台湾からの留学生等、漢字圏の国からの留学生の受け入れが多くなっている。

４．外国人留学生に対する優遇制度

　留学生については、国費外国人留学生として日本政府から奨学金等を供与される制度がある。募集形態としては、大学推薦によるものと在外公館推薦によるものと、２つの方法がある。

　大学推薦によるものとしては、2021 年度の募集種別をみてみると、国費外国人留学生(日本語・日本文化研修留学生)・国費外国人留学生(研究留学生〔一般枠等〕)・国費外国人留学生(研究留学生・学部留学生〔特別枠〕)等がある。

　また、在外公館推薦によるものとしては、国費外国人留学生(日本語・日本文化研修留学生および教員研修留学生)・国費外国人留学生(研究留学生)・国費外国人留学生(学部留学生・高等専門学校留学生・専修学校留学生)等がある。

　日本政府の予算の状況により各年度で金額は、変更される場合があるものの、奨学金額としては、①予備教育期間および非正規生:月額 143,000 円・②学士課程:月額 117,000 円・③修士課程および専門職学位課程:月額 144,000 円・④博士課程月額: 145,000 円となっている。この場合、奨学金支給期間としては、渡日後に在籍している課程の標準修業年限内とされている。ただし、「博士課程(5 年一貫制)」の採択プログラムについては、1 年次から 2 年次までを修士課程として 3 年次から 5 年次を博士課程として奨学金支給期間を取り扱うため、3 年次進学の際は、奨学金支給期間の延長申請が必要となる。

　修士課程(博士前期課程)および博士課程(博士後期課程)の採択プログラムについては、優先配置枠を使用して博士後期課程進学のための奨学金支給期間の延長申請が可能である。「学士課程」、「予備教育および学士課程」、「修士課程(博士前期課程)」、「専門職学位課程」のいずれかの採択プログラムについては、上位課程進学に伴う奨学金支給期間の延長申請が不可となっている。このように留学生にとって国費外国人留学生に採用されれば、月額一定の奨学金が支給され、授業料および入学検定料も免除となり、自国への往復旅費も支給される等、至れり尽くせりの待遇を受けることになる。

　実際、主要アジア諸国留学生の多くが国費外国人留学生を目指している。特に中国からの留学生については、国費外国人留学生への応募者数が多く、国内の大学院に私費留学した後に大学推薦による国費外国人留学生(研究留学生)の募集に応募するケースも多い。確かに私費留学した中国からの留学生が訪日後に国費外国人留学生(研究留学生)に選定されることは、極めて稀であるものの、国立大学の場合、大学推薦による国費外国人留学生(研究留学生)の募集に応募すると、学内の授業料の減免申請の際に有利に働くため、国費外国人留学生(研究留学生)に選定される可能性が低くても、私費留学した中国からの留学生を含むその多くが国費外国人留学生(研究留学生)に応募している。結果して、私費留学した中国からの留学生を含むその多くが国費外国人留学生(研究留学生)に採用されなくても、国立大学において授業料全額免除若しくは授業料半額免除となっている[302]。

　また、アジア諸国等を含む新興国および発展途上国においては、日本のように国民皆保険制度を導入していない国も多いことから、留学生にとっては、1 年間で約 10,000 円程度の国民健康保険料を支払い、国民健康保険に加入すれば、30％の自己負担により国内のあらゆる病院および歯科医院において診察および治療が受けられる[303]。このように在留期間中、留学生にとって日本における医療保険サービスが受けられることは、心身共に健康な状態で研究若しくは学習に専念できることを意味している。

第３節　日本における中国からの留学生

１．中国による学術スパイ

　昨今、米国において中国による学術スパイが懸念されている。第 45 代米国大統領(2017 年～2021 年)ドナルド・ジョン・トランプ(以下、「トランプ」という。)政権時には、「米国内の大学および研究機関から中国からの留学生により、先端技術が流出されている」として中国人向けの留学ビザの発給が制限されている。人工知能(AI)や量子コンピューターの分野等、現時点で規制対象でなく、実用化されていない技術も中国に狙われる恐れがあることから、欧米諸国では、新たな規制強化の動きが出ている。

　日本の場合、先端技術の海外流出について大学側の危機意識の薄さが問題となっている。そのため、大学の先端技術保護を巡っては、日本政府が対応策を次々と打ち出しており、新たに経済安全保障担当大臣のポストを設置していると共に文部科学省でも科学技術系部局の組織再編により、「学術スパイ」対策等に当たる経済安全保障担当ポストを新設している[304]。

　また、外務省も技術管理の充実は、「国際社会からの要請でもある」との認識の下、2021 年度から大学への留学生や研究者らに発給するビザ(査証)の審査を厳格化している。

　実際、日本国内から、人工知能(AI)やロボティクス(ロボット工学)等の先端技術の流出を防ぐためには、ただ扉を閉ざせば良いという訳ではない。この場合、先端技術の情報が中国等の海外に流出すれば、欧米諸国の大学・研究機関が日本の大学と共同研究をしてくれなくなる恐れがある[305]。

しかしながら、日本でも優秀な中国からの留学生が研究を支えているのも事実であり、日本でも人工知能(AI)やロボティクス(ロボット工学)等の先端技術等の研究分野において不足するマンパワーを多くの中国からの留学生が補っている。この場合、中国からの留学生自体が悪いのではなく、大学が人材を受け入れる際の審査を厳格化する必要があることを意味している[306]。

　また、個々の大学教員にも慎重な対応が求められている。多くの大学幹部が名を連ね、各大学の学術研究に一定の影響力を持つ日本学術会議は、2015年に民間団体の中国科学技術協会と研究者間の交流等で協力促進を図ることで合意しているものの、中国科学技術協会は、中国政府傘下の組織と深い関わりを持つとされている[307]。

　実際、日本人研究者が国防7校といわれる中国の大学にて教えていたケースもあった[308]。経済産業省は、原子力やレーダー、センサー等の軍事転用可能な先端技術の海外流出防止のために、2017年に大学向けの指針を策定している。そこでは、輸出管理担当部署を設置すると共に留学生や教職員による海外への資料の持ち出しについて許可制にすることを求めている。これにより、軍事転用可能な先端技術の海外流出を防ぐために外為法にて輸出規制対象とした技術に関して、経済産業省は、大学向けに指針で定めた管理を担当する部署や責任者の設置を求めたのである。その結果、文部科学省からの要請もあり、国立大学は、2020年までに輸出管理担当部署の整備を終了している。一方、公立大学・私立大学は、40〜50校程度で整備が進んでいるものの、それでも輸出管理担当部署の設置は、130校、関連規定の策定については、112校程度に留まっている[309]。

　中国では、国外の研究者を破格の条件で雇う「千人計画」が進められており、日本人を含む多くの外国人研究者が厚遇にて招聘されている[310]。中国は、民間の最先端技術を軍の強化につなげる「軍民融合」を国家戦略として推進しており、最新鋭兵器を開発・導入すると共に近隣地域において覇権主義的な行動を強めている[311]。日本政府は、軍事転用可能な技術が中国に流出すれば、日本にとって安全保障上の悪影響に繋がることを強く懸念している。

　日本では、「千人計画」への参加等に関する政府の規制はなく、実態も把握できていないことから、科学研究費等の日本の学術資金が投入された研究を対象に海外の人材招致プロジェクトへの参加や外国資金受け入れの際には、開示を義務づけることになっている。

　米国司法省は、「千人計画」について、「機微な情報を盗み、輸出管理に違反することに報酬を与えているのと同じだ」として監視や規制、技術流出防止策を強化しており、海外から一定額以上の資金を受けた研究者に情報の開示を義務付けている。米国エネルギー省は、同省の予算を使う企業、大学等の関係者が中国を含む外国の人材招致計画に参加することを禁止している。

　他方、確かに科学技術は、人類を幸福に導くものであるものの、現代社会では、「科学に問うことはできるが、科学が答えを決められない」といった課題が増加しているのも事実である。例えば、20世紀初頭、窒素肥料の開発により食糧増産を成功させて人類の幸福に貢献したとしてノーベル化学賞を受賞したドイツのフリッツ・ハーバー(以下、「ハーバー」という。)の事例のように、一方で、ハーバーは、食糧増産に寄与したとされる空気中の窒素からアンモニアを合成する「ハーバー・ボッシュ法」の技術を応用して世界で初めて塩素系毒ガスとマスタードガスの製造にも関わっており[312]、「毒ガス開発の父」ともいわれている。つまり、科学技術の進歩は、人類に幸福を齎すものの、軍事技術への転用も可能であることから、人類を危険に晒すといった「両刃の剣」であるともいえる。そのため、科学技術については、「想定外」、「専門知の限界」、「多様な専門知」、「多様な地域知との協働の必要性」等、こうした点について検証しながら、少しずつ発展させていく必要がある。

２．国内大学院への中国からの留学生による進学者数の増加

　国内大学院における私費留学生の就学状況について、文部科学省の2019年度学校基本調査をみてみると[313]、第1位が中国からの留学生であり、国内大学院在籍の私費留学生合計45,645人中、31,353人であり、全体の68.7%を占めている。第2位が韓国からの留学生の1,755人であり、全体の3.8%を占めている。第3位がインドネシアからの留学生の1,522人であり、全体の3.3%を占めている。このように国内大学院在籍の私費留学生については、圧倒的に中国からの留学生が多いことが判る。

　また、留学生における海外からの国内大学院への直接進学者数と全体構成率をみると、「2004年・1,980人・28.5%」、「2008年・2,597人・31.6%」、「2013年・3,614人・37.2%」、「2019年・6,325人・45.4%」と増え続けており[314]、2019年は、半数近くが海外からの直接入学で占められている。その実数は、2004年に比べて約3倍程度増加している。

　他方、留学生における国内大学から国内大学院への進学者数と全体構成比率をみてみると、「2004年・3,934人・56.6%」、「2008年・4,715人・57.4%」、「2013年・4,075人・42.0%」、「2019年・4,670人・33.5%」と全体的に低下傾向にある[315]。そして、絶対数は、少ないものの、留学生における国内の日本語教育機関・準備教育課程を経てからの国内大学院への進学者数と全体構成比率をみてみると、「2004年・415人・6.0%」から「2019年・1,820人・13.1%」と約4倍程度増加している。中国からの留学生の場合、中国の大学にて学士号を得た後に来日して日本の日本語教育機関・準備教育課程を経て国内大学院(※修士課程等)に進学する方法が確立されている。こうした要因も手伝って、国内大学院(※修士課程等)への中国からの留学生による進学者の数を増やしている。

第4節　東北大学における外国人留学生

1．東北大学における外国人留学生の就学状況

　東北大学における留学生の就学状況について、分析し考察してみる。

　東北大学は、国内で3番目の「東北帝国大学」として1907年に創立している。そして、1949年に実施された学制改革に伴い新たな国立大学として「東北大学」と改称している。東北大学は、「門戸開放主義」および「研究第一主義」を建学の精神としていることから、これまで魯迅をはじめとする多くの留学生を受け入れてきた[316]。特に文部科学省が2012年に発表した「大学改革実行プラン」以降、東北大学でも「第3期中期目標・中期計画」および「第4期中期目標・中期計画」により、「国際化」と「グローバル化」の実現を積極的に推し進めている。2018年7月、東北大学では、国際戦略室が総長直下の組織として設置され、「東北大学ビジョン2030」にて示された「戦略的な国際協働の深化」の実現を目標としている。これは、開学以来脈々と培われてきた東北大学とその関係者による国際的な活動や国際ネットワークの形成を、より戦略的かつ機動的に推進することの必要性が強く認識されたことによる。「東北大学の国際戦略」では、「東北大学ビジョン2030」で示された重点戦略の一つであり、戦略的な国際協働の深化を実現すべく、さらなる国際化に向けた指針と行動計画を明示することを目的として策定されており[317]、東北大学のミッションおよび活動の範疇が日常的に国を超えて世界にあることから、今後、東北大学は、グローバル大学として力強く躍進することを目指している[318]。

　実際、図1のとおり、東北大学に在籍している留学生の推移をみてみると、2015年度の2,938人と比べて、2016年度は、3,208人となっており、2015年度と比べて9.19%も増えている。2018年度は、3,405人、2019年度は、3,548人となっており、毎年4%程度増えていたものの、2020年度は、新型コロナウイルス感染症(COVID-19)の影響等により来日できない留学生もおり、2,081人となっており、2019年度と比べて▲41.35%も減少している。

図1　東北大学に在籍する外国人留学生（人数）の推移

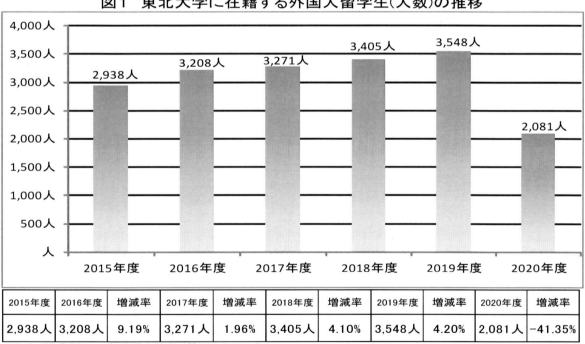

2015年度	2016年度	増減率	2017年度	増減率	2018年度	増減率	2019年度	増減率	2020年度	増減率
2,938人	3,208人	9.19%	3,271人	1.96%	3,405人	4.10%	3,548人	4.20%	2,081人	-41.35%

（注1）　増減率は、小数点第六位を四捨五入している。
（出所）東北大学公開資料をもとに筆者作成。

　他方、東北大学における留学生の就学状況をみてみると、表4および表5のとおり(別頁参照)、2020年5月1日時点で、合計2,081人が在籍している。文系・理系別にみると文系分野に在籍している留学生が634人(全体構成率30.47%)となっており、理系分野に在籍している留学生が1,447人(全体構成率69.53%)となっている。その内訳をみると、多い順に工学部・工学研究科に在籍している留学生が一番多く、579人(全体構成率27.82%)、文学部・文学研究科に在籍している留学生が二番目に多く、251人(全体構成率12.06%)、理学部・理学研究科に在籍している留学生が三番目に多く、196人(全体構成率9.42%)となっている。地域別にみると、アジア地域からの留学生(以下、「アジア地域留学生」という。)が一番多く、計1,812人(全体構成率87.07%)となっている。その内訳をみると文系分野の学部・研究科等に在籍しているアジア地域留学生が565人(全体構成率31.18%)、理系分野に在籍しているアジア地域留学生が1,247人(全体構成率68.82%)となっている。後者においては、工学部・工学研究科に在籍しているアジア地域留学生が一番多く、494人(全体構成率27.26%)となっている。

表4 東北大学における外国人留学生（人数）一覧表（文系分野）（2020年5月1日時点）

国別	全体構成率（％）	（※文系・理系）合計	（文系計）全体構成率（％）	文系計	国別構成率（％）	文学部・文学研究科	国別構成率（％）	教育学部・教育学研究科	国別構成率（％）	法学部・法学研究科	国別構成率（％）	国際文化研究科	国別構成率（％）	公共政策大学院	国別構成率（％）	経済学部・経済学研究科	国別構成率（％）	会計大学院	国別構成率（％）	教育情報学教育部	国別構成率（％）	東北アジア研究センター	国別構成率（％）	日本語研修コース	国別構成率（％）	（※全学教育科目・特別聴講生）	国別構成率（％）	（※文系・社会科学科目短期留学生）	国別構成率（％）
インド	1.83%	38人	0.16%	1人	2.63%		0.00%		0.00%		0.00%	1人	2.63%		0.00%		0.00%		0.00%		0.00%		0.00%		0.00%		0.00%		0.00%
インドネシア	6.34%	132人	0.79%	5人	3.79%																								1人	0.76%
韓国	4.42%	92人	3.31%	21人	22.83%			1人	1.09%	3人	3.26%	2人	2.17%			3人	3.26%													0.00%
カンボジア	0.10%	2人	0.00%	0人																										
シンガポール	0.24%	5人	0.16%	1人	20.00%																									0.00%
スリランカ	0.34%	7人	0.00%	0人						1人																				0.00%
タイ	2.35%	49人	1.42%	9人	18.37%	4人	8.16%					3人	6.12%																2人	4.08%
台湾	3.36%	70人	4.10%	26人	37.14%	9人	12.86%	1人	1.43%	4人	5.71%	4人	5.71%			6人	8.57%												2人	2.86%
中国	61.60%	1,282人	75.55%	479人	37.36%	190人	14.82%	41人	3.20%	39人	3.04%	68人	5.30%	2人	0.16%	117人	9.13%	20人	1.56%	1人	0.08%		0.00%	2人						0.28%
（※アジア）計	87.07%	1,812人	89.12%	565人	31.18%	220人	12.14%	43人	2.37%	53人	2.92%	81人	4.47%	21人	1.16%	136人	7.51%	21人	1.16%	1人	0.06%	0人	0.00%	2人	0.11%	1人	0.06%	5人	0.28%
中東	1.35%	28人	0.47%	3人	10.71%	7人	3.57%			1人		3人				1人	3.57%													
アフリカ	2.50%	52人	1.10%	7人	13.46%	1人				1人		3人	5.77%			3人	5.77%													
オセアニア	0.19%	4人	0.16%	1人	25.00%							1人																		
米国	0.86%	18人	0.32%	2人	11.11%							1人	5.56%																	
カナダ	0.14%	3人	0.16%	1人	33.33%							1人	33.33%																	
中南米	2.26%	47人	2.37%	15人	31.91%	2人	4.26%			3人		5人	10.64%			3人	6.38%							2人	4.26%				
アイルランド	0.05%	1人	0.16%	1人																										
英国	0.19%	4人	0.16%	1人	25.00%																							1人	25.00%
イタリア	0.43%	9人	1.10%	7人	77.78%	7人																	1人	25.00%					
エストニア	0.10%	2人	0.16%	1人	50.00%	1人																							
オーストリア	0.14%	3人	0.47%	3人	100.00%	1人	33.33%									1人												2人	66.67%
オランダ	0.29%	6人	0.47%	3人	50.00%											2人													
ギリシャ	0.05%	1人	0.00%	0人																										
クロアチア	0.10%	2人	0.32%	2人	100.00%	2人																							
スウェーデン	0.24%	5人	0.16%	1人	20.00%																							1人	20.00%
スイス	0.24%	5人	0.00%	0人																								1人	20.00%
スペイン	0.24%	5人	0.63%	4人	80.00%	4人																							
スロバキア	0.05%	1人	0.16%	1人	100.00%	1人																							
スロベニア	0.05%	1人	0.16%	1人	100.00%	1人										1人	100.00%												
チェコ	0.14%	3人	0.16%	1人	33.33%	1人																	1人						
デンマーク	0.05%	1人	0.00%	0人												1人	100.00%												
ドイツ	0.67%	14人	0.63%	4人	28.57%	1人	7.14%			1人	7.14%		7.14%			2人	14.29%											2人	14.29%
ノルウェー	0.10%	2人	0.32%	2人	100.00%	2人	100.00%																						
ハンガリー	0.05%	1人	0.00%	0人																										
フィンランド	0.05%	1人	0.00%	0人																										
フランス	2.02%	42人	0.79%	5人	11.90%	3人	7.14%																	1人				2人	4.76%
ベルギー	0.05%	1人	0.00%	0人																										
ポーランド	0.14%	3人	0.16%	1人	33.33%	1人	33.33%																						
ポルトガル	0.05%	1人	0.00%	0人																										
リトアニア	0.05%	1人	0.16%	1人	100.00%	1人	100.00%																						
ルーマニア	0.05%	1人	0.00%	0人																										
ロシア	0.34%	7人	0.47%	3人	42.86%	2人	28.57%			1人	14.29%	1人	14.29%																	0.00%
（※欧州）計	5.62%	117人	6.31%	40人	34.19%	28人	23.93%	3人		1人	0.85%	1人	0.85%	2人	2.56%	3人	2.56%	0人	0.00%	0人	0.00%	0人	0.00%	1人	0.85%	2人		6人	5.13%
合計	100.00%	2,081人	100.00%	634人	30.47%	251人	12.06%	43人	2.07%	58人	2.79%	93人	4.47%	21人	1.01%	146人	7.02%	21人	1.01%	1人	0.05%	0人	0.00%	5人	0.24%	2人	0.10%	12人	0.58%

（注1）（※文系・理系）合計の数値は、別表「東北大学における外国人留学生（人数）一覧表（理系分野）（2020年5月1日時点）」における理系分野計を加算したものである。また、「各学部・各研究科等の国別構成率（％）」＝各学部・各研究科等における（国別）外国人留学生（人数）／（国別）外国人留学生（合計人数）」としている。そして、小数点第五位を四捨五入している。

（出所）東北大学公開資料をもとに筆者作成。

表5　東北大学における外国人留学生数（人数）一覧表（理系分野）　（2020年5月1日時点）

国別	全体構成率（%）	（※文系・理系）合計	（理系計）全体構成率（%）	理系計	国別構成率（%）	理学部・理学研究科	国別構成率（%）	医学部・医学研究科	国別構成率（%）	歯学部・歯学研究科	国別構成率（%）	薬学部・薬学研究科	国別構成率（%）	工学部・工学研究科	国別構成率（%）	農学部・農学研究科	国別構成率（%）	情報科学研究科	国別構成率（%）	生命科学研究科	国別構成率（%）	環境科学研究科	国別構成率（%）	医工学研究科	国別構成率（%）	金属材料研究所	国別構成率（%）	加齢医学研究所	国別構成率（%）	流体科学研究所	国別構成率（%）	電気通信研究所	国別構成率（%）	多元物質科学研究所	国別構成率（%）	サイクロトロン・RIセンター	国別構成率（%）
インド	1.83%	38人	2.56%	37人	97.37%	9人	23.68%	1人	2.63%	1人	2.63%		0.00%	17人	44.74%		0.00%	5人	13.16%		0.00%	2人	5.26%	2人	5.26%		0.00%		0.00%		0.00%		0.00%		0.00%		0.00%
インドネシア	6.34%	132人	8.78%	127人	96.21%	29人	21.97%	2人	1.52%	6人	4.55%		0.00%	26人	19.70%	18人	13.64%	6人	4.55%	6人	4.55%	27人	20.45%	4人	3.03%		0.00%	2人	1.52%	1人	0.76%		0.00%		0.00%		0.00%
韓国	4.42%	92人	4.91%	71人	77.17%	7人	7.61%	2人	2.17%	1人	1.09%		0.00%	48人	52.17%	10人	10.87%	1人	1.09%		0.00%	2人	2.17%		0.00%		0.00%		0.00%		0.00%		0.00%		0.00%		0.00%
カンボジア	0.10%	2人	0.14%	2人	100.00%		0.00%		0.00%		0.00%		0.00%	2人	100.00%		0.00%		0.00%		0.00%		0.00%		0.00%		0.00%		0.00%		0.00%		0.00%		0.00%		0.00%
シンガポール	0.24%	5人	0.28%	4人	80.00%	1人	20.00%		0.00%		0.00%		0.00%	2人	40.00%	1人	20.00%		0.00%		0.00%		0.00%		0.00%		0.00%		0.00%		0.00%		0.00%		0.00%		0.00%
スリランカ	0.34%	7人	0.48%	7人	100.00%	1人	14.29%		0.00%	1人	14.29%		0.00%	2人	28.57%		0.00%	1人	14.29%	1人	14.29%	1人	14.29%		0.00%		0.00%		0.00%		0.00%		0.00%		0.00%		0.00%
タイ	2.35%	49人	2.76%	40人	81.63%	5人	10.20%	5人	10.20%	5人	10.20%	1人	2.04%	15人	30.61%	2人	4.08%	6人	12.24%		0.00%	1人	2.04%		0.00%		0.00%		0.00%		0.00%		0.00%		0.00%		0.00%
台湾	3.36%	70人	3.04%	44人	62.86%	7人	10.00%	3人	4.29%	3人	4.29%		0.00%	16人	22.86%	3人	4.29%	4人	5.71%	2人	2.86%	3人	4.29%	2人	2.86%		0.00%		0.00%	1人	1.43%		0.00%		0.00%		0.00%
中国	61.60%	1,282人	55.49%	803人	62.64%	79人	6.16%	97人	7.57%	30人	2.34%	19人	1.48%	325人	25.35%	66人	5.15%	74人	5.77%	32人	2.50%	59人	4.60%	10人	0.78%	3人	0.23%		0.00%	2人	0.16%		0.00%	7人	0.55%		0.00%
ネパール	0.19%	4人	0.21%	3人	75.00%	2人	50.00%		0.00%		0.00%		0.00%		0.00%	1人	25.00%		0.00%		0.00%		0.00%		0.00%		0.00%		0.00%		0.00%		0.00%		0.00%		0.00%
パキスタン	0.67%	14人	0.90%	13人	92.86%		0.00%	3人	21.43%		0.00%		0.00%	5人	35.71%		0.00%	3人	21.43%		0.00%		0.00%	2人	14.29%		0.00%		0.00%		0.00%		0.00%		0.00%		0.00%
バンクラデッシュ	1.49%	31人	2.14%	31人	100.00%	11人	35.48%	2人	6.45%		0.00%		0.00%	5人	16.13%	2人	6.45%	3人	9.68%	2人	6.45%	3人	9.68%	3人	9.68%		0.00%		0.00%		0.00%		0.00%		0.00%		0.00%
フィリピン	0.72%	15人	0.97%	14人	93.33%		0.00%	2人	13.33%	1人	6.67%		0.00%	8人	53.33%	1人	6.67%		0.00%		0.00%	2人	13.33%		0.00%		0.00%		0.00%		0.00%		0.00%		0.00%		0.00%
ベトナム	1.68%	35人	1.45%	21人	60.00%	5人	14.29%	1人	2.86%		0.00%		0.00%	7人	20.00%	2人	5.71%	2人	5.71%	1人	2.86%	3人	8.57%		0.00%		0.00%		0.00%		0.00%		0.00%		0.00%		0.00%
マレーシア	0.82%	17人	0.97%	14人	82.35%	1人	5.88%	1人	5.88%		0.00%		0.00%	10人	58.82%		0.00%		0.00%		0.00%	2人	11.76%		0.00%		0.00%		0.00%		0.00%		0.00%		0.00%		0.00%
ミャンマー	0.24%	5人	0.14%	2人	40.00%		0.00%		0.00%		0.00%		0.00%	2人	40.00%		0.00%		0.00%		0.00%		0.00%		0.00%		0.00%		0.00%		0.00%		0.00%		0.00%		0.00%
モンゴル	0.62%	13人	0.90%	13人	100.00%	3人	23.08%	1人	7.69%	2人	15.38%		0.00%	3人	23.08%		0.00%	1人	7.69%		0.00%	3人	23.08%		0.00%		0.00%		0.00%		0.00%		0.00%		0.00%		0.00%
ラオス	0.05%	1人	0.07%	1人	100.00%		0.00%		0.00%		0.00%		0.00%	1人	100.00%		0.00%		0.00%		0.00%		0.00%		0.00%		0.00%		0.00%		0.00%		0.00%		0.00%		0.00%
（※アジア）計	87.07%	1,812人	86.18%	1,247人	68.82%	160人	8.83%	120人	6.62%	50人	2.76%	20人	1.10%	494人	27.26%	106人	5.85%	106人	5.85%	44人	2.43%	108人	5.96%	23人	1.27%	3人	0.17%	2人	0.11%	4人	0.22%	0人	0.00%	7人	0.39%	0人	0.00%
中東	1.35%	28人	1.73%	25人	89.29%	3人	10.71%	3人	10.71%	2人	7.14%	0人	0.00%	10人	35.71%	1人	3.57%	2人	7.14%	2人	7.14%	1人	3.57%	0人	0.00%	0人	0.00%	0人	0.00%	1人	3.57%	0人	0.00%	0人	0.00%	0人	0.00%
アフリカ	2.50%	52人	3.11%	45人	86.54%	9人	17.31%	5人	9.62%	1人	1.92%	0人	0.00%	12人	23.08%	4人	7.69%	3人	5.77%	4人	7.69%	4人	7.69%	3人	5.77%	0人	0.00%	0人	0.00%	0人	0.00%	0人	0.00%	0人	0.00%	0人	0.00%
オセアニア	0.19%	4人	0.21%	3人	75.00%	0人	0.00%	0人	0.00%	0人	0.00%	0人	0.00%	1人	25.00%	1人	25.00%	1人	25.00%	0人	0.00%	0人	0.00%	0人	0.00%	0人	0.00%	0人	0.00%	0人	0.00%	0人	0.00%	0人	0.00%	0人	0.00%
米国	0.86%	18人	1.11%	16人	88.89%	2人	11.11%		0.00%		0.00%		0.00%	9人	50.00%	2人	11.11%	2人	11.11%	1人	5.56%		0.00%		0.00%		0.00%		0.00%		0.00%		0.00%		0.00%		0.00%
カナダ	0.14%	3人	0.14%	2人	66.67%	1人	33.33%		0.00%		0.00%		0.00%	1人	33.33%		0.00%		0.00%		0.00%		0.00%		0.00%		0.00%		0.00%		0.00%		0.00%		0.00%		0.00%
中南米	2.26%	47人	2.21%	32人	68.09%	7人	14.89%	1人	2.13%	1人	2.13%	0人	0.00%	12人	25.53%	1人	2.13%	3人	6.38%	3人	6.38%	3人	6.38%	1人	2.13%	0人	0.00%	0人	0.00%	0人	0.00%	0人	0.00%	0人	0.00%	0人	0.00%
アイルランド	0.05%	1人	0.07%	1人	100.00%	1人	100.00%		0.00%		0.00%		0.00%		0.00%		0.00%		0.00%		0.00%		0.00%		0.00%		0.00%		0.00%		0.00%		0.00%		0.00%		0.00%
英国	0.19%	4人	0.21%	3人	75.00%		0.00%		0.00%		0.00%		0.00%	3人	75.00%		0.00%		0.00%		0.00%		0.00%		0.00%		0.00%		0.00%		0.00%		0.00%		0.00%		0.00%
イタリア	0.43%	9人	0.14%	2人	22.22%	1人	11.11%		0.00%		0.00%		0.00%		0.00%		0.00%		0.00%		0.00%		0.00%		0.00%		0.00%		0.00%		0.00%		0.00%	1人	11.11%		0.00%
エストニア	0.10%	2人	0.07%	1人	50.00%		0.00%		0.00%		0.00%		0.00%	1人	50.00%		0.00%		0.00%		0.00%		0.00%		0.00%		0.00%		0.00%		0.00%		0.00%		0.00%		0.00%
オーストリア	0.14%	3人	0.00%	0人	0.00%		0.00%		0.00%		0.00%		0.00%		0.00%		0.00%		0.00%		0.00%		0.00%		0.00%		0.00%		0.00%		0.00%		0.00%		0.00%		0.00%
オランダ	0.29%	6人	0.21%	3人	50.00%		0.00%	2人	33.33%		0.00%		0.00%	1人	16.67%		0.00%		0.00%		0.00%		0.00%		0.00%		0.00%		0.00%		0.00%		0.00%		0.00%		0.00%
ギリシャ	0.05%	1人	0.07%	1人	100.00%		0.00%		0.00%		0.00%		0.00%	1人	100.00%		0.00%		0.00%		0.00%		0.00%		0.00%		0.00%		0.00%		0.00%		0.00%		0.00%		0.00%
クロアチア	0.10%	2人	0.00%	0人	0.00%		0.00%		0.00%		0.00%		0.00%		0.00%		0.00%		0.00%		0.00%		0.00%		0.00%		0.00%		0.00%		0.00%		0.00%		0.00%		0.00%
スイス	0.05%	1人	0.00%	0人	0.00%		0.00%		0.00%		0.00%		0.00%		0.00%		0.00%		0.00%		0.00%		0.00%		0.00%		0.00%		0.00%		0.00%		0.00%		0.00%		0.00%
スウェーデン	0.24%	5人	0.28%	4人	80.00%	1人	20.00%		0.00%		0.00%		0.00%	2人	40.00%		0.00%	1人	20.00%		0.00%		0.00%		0.00%		0.00%		0.00%		0.00%		0.00%		0.00%		0.00%
スペイン	0.24%	5人	0.07%	1人	20.00%		0.00%		0.00%		0.00%		0.00%	1人	20.00%		0.00%		0.00%		0.00%		0.00%		0.00%		0.00%		0.00%		0.00%		0.00%		0.00%		0.00%
スロバキア	0.05%	1人	0.07%	1人	100.00%		0.00%	1人	100%		0.00%		0.00%		0.00%		0.00%		0.00%		0.00%		0.00%		0.00%		0.00%		0.00%		0.00%		0.00%		0.00%		0.00%
スロベニア	0.05%	1人	0.00%	0人	0.00%		0.00%		0.00%		0.00%		0.00%		0.00%		0.00%		0.00%		0.00%		0.00%		0.00%		0.00%		0.00%		0.00%		0.00%		0.00%		0.00%
デンマーク	0.14%	3人	0.21%	3人	100.00%	1人	33.33%		0.00%		0.00%		0.00%		0.00%		0.00%	2人	66.67%		0.00%		0.00%		0.00%		0.00%		0.00%		0.00%		0.00%		0.00%		0.00%
ドイツ	0.67%	14人	0.69%	10人	71.43%	3人	21.43%	1人	7.14%		0.00%		0.00%	5人	35.71%		0.00%	1人	7.14%		0.00%		0.00%		0.00%		0.00%		0.00%		0.00%		0.00%		0.00%		0.00%
ノルウェー	0.05%	1人	0.07%	1人	100.00%		0.00%		0.00%		0.00%		0.00%	1人	100.00%		0.00%		0.00%		0.00%		0.00%		0.00%		0.00%		0.00%		0.00%		0.00%		0.00%		0.00%
ハンガリー	0.10%	2人	0.00%	0人	0.00%		0.00%		0.00%		0.00%		0.00%		0.00%		0.00%		0.00%		0.00%		0.00%		0.00%		0.00%		0.00%		0.00%		0.00%		0.00%		0.00%
フィンランド	0.05%	1人	0.07%	1人	100.00%		0.00%		0.00%		0.00%		0.00%		0.00%		0.00%	1人	100%		0.00%		0.00%		0.00%		0.00%		0.00%		0.00%		0.00%		0.00%		0.00%
フランス	2.02%	42人	2.56%	37人	88.10%	5人	11.90%		0.00%		0.00%		0.00%	23人	54.76%	1人	2.38%	7人	16.67%		0.00%	1人	2.38%		0.00%		0.00%		0.00%		0.00%		0.00%		0.00%		0.00%
ベルギー	0.05%	1人	0.07%	1人	100.00%	1人	100%		0.00%		0.00%		0.00%		0.00%		0.00%		0.00%		0.00%		0.00%		0.00%		0.00%		0.00%		0.00%		0.00%		0.00%		0.00%
ポーランド	0.14%	3人	0.14%	2人	66.67%		0.00%		0.00%		0.00%		0.00%	2人	66.67%		0.00%		0.00%		0.00%		0.00%		0.00%		0.00%		0.00%		0.00%		0.00%		0.00%		0.00%
リトアニア	0.05%	1人	0.00%	0人	0.00%		0.00%		0.00%		0.00%		0.00%		0.00%		0.00%		0.00%		0.00%		0.00%		0.00%		0.00%		0.00%		0.00%		0.00%		0.00%		0.00%
ルーマニア	0.05%	1人	0.07%	1人	100.00%	1人	100%		0.00%		0.00%		0.00%		0.00%		0.00%		0.00%		0.00%		0.00%		0.00%		0.00%		0.00%		0.00%		0.00%		0.00%		0.00%
ロシア	0.34%	7人	0.28%	4人	57.14%		0.00%	1人	14.29%		0.00%		0.00%		0.00%	1人	14.29%		0.00%		0.00%	2人	28.57%		0.00%		0.00%		0.00%		0.00%		0.00%		0.00%		0.00%
（※欧州）計	5.62%	117人	5.32%	77人	65.81%	14人	11.97%	5人	4.27%	0人	0.00%	0人	0.00%	40人	34.19%	2人	1.71%	12人	10.26%	0人	0.00%	3人	2.56%	0人	0.00%	0人	0.00%	0人	0.00%	0人	0.00%	0人	0.00%	1人	0.85%	0人	0.00%
合計	100.00%	2,081人	100.00%	1,447人	69.53%	196人	9.42%	134人	6.44%	54人	2.59%	20人	0.96%	579人	27.82%	117人	5.62%	129人	6.20%	54人	2.59%	119人	5.72%	27人	1.30%	3人	0.14%	2人	0.10%	5人	0.24%	0人	0.00%	8人	0.38%	0人	0.00%

（注1）　（※文系・理系）合計の数値は、別表「東北大学における外国人留学生数（人数）一覧表（文系分野）（2020年5月1日時点）」における文系計を加算したものである。また、「各学部・各研究科等の国別構成率（%）＝各学部・各研究科等における（国別）外国人留学生数（人数）／（国別）外国人留学生数（合計人数）」としている。そして、小数点第五位を四捨五入している。
（出所）　東北大学公開資料をもとに筆者作成。

特にアジア地域留学生の中でも中国からの留学生が圧倒的に多く、(※文系・理系)合計1,282人(全体構成率61.60%)となっている。文系・理系別にみると文系分野に在籍している中国からの留学生が479人(国別構成率37.36%)、理系分野に在籍している中国からの留学生が803人(国別構成率62.64%)となっている。その内訳をみると、多い順に工学部・工学研究科に在籍している中国からの留学生が一番多く、325人(国別構成率25.35%)、文学部・文学研究科に在籍している中国からの留学生が二番目に多く、190人(国別構成率14.82%)、医学部・医学研究科に在籍している中国からの留学生が三番目に多く、97人(国別構成率7.57%)となっている。やはり、帰国後も即戦力人材としての活躍が期待される理工系および医薬系分野等の理系分野に在籍している中国からの留学生が多いことが判る。中国からの留学生の場合、国費外国人留学生だけでなく私費留学生も多いことから、文系分野に在籍している留学生も多い。例えば、文学部・文学研究科に在籍している中国からの留学生は、文学部・文学研究科に在籍している留学生の合計251人に対して190人となっており、文学部・文学研究科の留学生構成率75.70%を占めている[319]。法学部・法学研究科に在籍している中国からの留学生は、法学部・法学研究科に在籍している留学生の合計58人に対して39人となっており、法学部・法学研究科の留学生構成率67.24%を占めている。経済学部・経済学研究科に在籍している中国からの留学生は、経済学部・経済学研究科に在籍している留学生の合計146人に対して117人となっており、経済学部・経済学研究科の留学生構成率80.14%を占めている。独立大学院である国際文化研究科に在籍している中国からの留学生は、国際文化研究科に在籍している留学生の合計93人に対して68人となっており、国際文化研究科の留学生構成率73.12%を占めている。このように文系分野に在籍している留学生に対して中国からの留学生の占める割合が全体的に高いことが判る。そうした点では、例えば、東北大学大学院国際文化研究科国際文化研究専攻アジア・アフリカ研究講座のように日本人学生が数人しかおらず、日本人学生以外は、全て中国からの留学生により構成されており、中東やアフリカ地域を研究する学生が全くみられない事象もみられる[320]。

中国からの留学生については、理工系および医薬系分野等における最先端技術の習得を目標にすると共に文系分野等における専攻科目を学んで大学教員や日系企業への就職を目標にする者も少なくない。特徴的なのは、東北大学大学院に留学している中国からの留学生の場合、その出身大学をみると、北京大学や清華大学等の中国を代表するエリート層が学ぶ有名大学の出身者では、なく、地方部にある公営大学や民営大学、そして、その中にある独立学院等の出身者であることが多いということである[321]。こうした背景には、「藤野先生」および「故郷」等の作品の影響により[322]、日中両国において著名である魯迅が学んだ旧仙台医学専門学校の後継である東北大学は、写真1・写真2・写真3・写真4・写真5・写真6のとおり(別頁参照)、中国国内でも広く知られている点が挙げられる[323]。例えば、魯迅を敬愛していた中国共産党中央委員会総書記(1989年〜2002年)・国家主席(2003年〜2013年)江沢民(以下、「江沢民」という。)は、在任中、訪日した際に、本人の希望により、東北大学を訪問しており、魯迅が学んだとされる「旧仙台医学専門学校の階段教室」を感慨深く見学している[324]。

また、中国からの留学生の多くが授業料の全額免除の対象になっていることも東北大学に進学する中国からの留学生が多い大きな要因となっている。こうした経緯もあり、中国政府も留学先として東北大学を高く評価している。

しかしながら、東北大学における社会科学の研究分野をみると、建国以来、「中国における歴史の闇」として中国国内では、情報が封印され禁句となっている「文化大革命による社会の混乱」・「将来の中国を担う人材として嘱望された大学生等の多くの若い命が失われた第二次天安門事件」・「中国初のノーベル賞を受賞した劉暁波による零八憲章」・「香港における民主派への弾圧」・「台湾の独立問題」・「チベット人やウイグル人等に対する国内における少数民族問題」等の禁句テーマ(以下、『中国禁句テーマ』という。)については、これからの中国における民主主義と自由主義、民主的な選挙制度、国家権力を制限する「法の支配」、司法・立法・行政の権力分立により勢力均衡を図るための「三権分立」制度、基本的人権の尊重等を考える上で重要なテーマであるにも拘らず、国外であっても中国からの留学生にとっては、「中国禁句テーマ」について知識として触れることも、研究対象として研究に取り組むことも事実上禁止となっている[325]。確かに中国からの留学生は、互いに監視し合っており、その中には、中国政府の監視役および連絡係としての役割を持つ者もいる。そのため、もし、中国からの留学生が「中国禁句テーマ」に関心を示せば、即座に中国政府に知られることになり[326]、自らの身に危険が及ぶことになる。それでも、東北大学の場合、「門戸開放主義」・「研究第一主義」を建学の精神としていることから、躊躇せずに、「中国禁句テーマ」について考察する機会として多くの中国からの留学生に対して積極的に教えていくべきである。勿論、東北大学の教員がこうした教育を実践していけば、中国政府の反感をかうことになり、東北大学にて学ぶ中国からの留学生が減少していくことにも繋がりかねない。そのため、東北大学の教員の多くがそうなることを恐れて「中国禁句テーマ」に接することを避けてきたといえる。確かに中国からの留学生が「中国禁句テーマ」に接した場合、中国に帰国後、公安部(※地方機関を含む。)および国家安全部等から逮捕および起訴される等の危険を伴うことになる。

しかし、例え、そのような危険を伴うとしても、日本国憲法第23条が定める「学問の自由」を尊重しながら、東北大学は、真のアカデミズムの原点に立ち返り、留学生の60%以上を占める中国からの留学生に対して遠慮せずに「中国禁句テーマ」に限らず、中国国内において発生した歴史的事実や今日、世界各地にて中国が取り組んでいる外交戦略・経済戦略・安全保障戦略・環境戦略等の分野における課題について取り上げ、中国からの留学生に考えさせるべきである。つまり、これこそが真のアカデミズムに対する東北大学の責務である。そして、東北大学は、中国に関する政治学・経済学・社会学・歴史学等を研究する講座等において真正面から「中国禁句テーマ」を取り上げて、日本人学生、中国以外の留学生、中国からの留学生が互いに議論しながら検証し、考察できる機会を提供していくべきである。そうすることで、東北大学は、「第3期中期目標・中期計画」および「第4期中期目標・中期計画」を基に「東北大学ビジョン2030」にて示した「戦略的な国際協働の深化」の実現を図ることになる。

写真1. 魯迅の小説「藤野先生」のモデル：藤野厳九郎

（出所）東北大学附属図書館所蔵。

写真2. 旧仙台医学専門学校六号教室（魯迅の階段教室）

（出所）筆者撮影。

写真3. 紹興の魯迅記念館にある魯迅の肖像画

（出所）筆者撮影。

写真4. 魯迅の出身地である中国の紹興（魯迅の小説「故郷」の舞台）

（出所）筆者撮影。

写真5. 旧仙台医学専門学校在学時の魯迅

（出所）東北大学附属図書館所蔵。

写真6. 上海にある魯迅記念館（※表札は、江沢民の直筆）

（出所）筆者撮影。

　中国以外の留学生をみると、台湾からの留学生は、（※文系・理系）合計70人（全体構成率3.36%）しかおらず、インドからの留学生も（※文系・理系）合計38人（全体構成率1.83%）しかいない。一般的にインドからの留学生は、欧米諸国に留学する傾向にあることから、東北大学に在籍しているインドからの留学生の場合、東北大学に在籍している中国からの留学生と比べて、その数が非常に少ないことが判る。そして、インドネシアからの留学生は、（※文系・理系）合計132人（全体構成率6.34%）となっており、他のアジア地域留学生に比べて多いものの、文系・理系別にみると文系分野に在籍しているインドネシアからの留学生は、5人（国別構成率3.79%）しかいない。それに対して、理系分野に在籍しているインドネシアからの留学生は、127人（国別構成率96.21%）となっており、断然、理系分野が多いことが判る。その内訳をみると、多い順に理学部・理学研究科に在籍しているインドネシアからの留学生が一番多く、29人（国別構成率21.97%）、工学部・工学研究科に在籍しているインドネシアからの留学生が二番目に多く、26人（国別構成率19.70%）、農学部・農学研究科に在籍しているインドネシアからの留学生が三番目に多く、18人（国別構成率13.64%）となっている。その他、中東からの留学生は、（※文系・理系）合計28人（全体構成率1.35%）、アフリカからの留学生は、（※文系・理系）合計52人（全体構成率2.50%）、豪州を含む南太平洋からの留学生は、（※文系・理系）合計4人（全体構成率0.19%）、中南米からの留学生は、（※文系・理系）合計47人（全体構成率2.26%）となっている。北米においては、米国からの留学生が18人しかいない。カナダからの留学生の3人を加えても（※文系・理系）合計21人（全体構成率1.01%）となり、非常に少ないことが判る。

インドネシア、バングラデッシュ、中東等のイスラム圏出身で文系分野に在籍している留学生が少ないのは、彼らの多くがムスリムであり、イスラム教の聖典であるコーラン等の教えに反するような哲学・文学・美術・法律等について学ぶことを「良し」としない宗教上の習慣が社会的背景にあるものと考えられる。

欧州からの留学生は、(※文系・理系)合計 117 人(全体構成率 5.62%)となっている。文系・理系別にみると文系分野に在籍している欧州からの留学生が 40 人(国別構成率 34.19%)、理系分野に在籍している欧州からの留学生が 77 人(国別構成率 65.81%)となっている。その内訳をみると、多い順に工学部・工学研究科に在籍している欧州からの留学生が一番多く、40 人(国別構成率 34.19%)、文学部・文学研究科に在籍している欧州からの留学生が二番目に多く、28 人(国別構成率 23.93%)、理学部・理学研究科に在籍している欧州からの留学生が三番目に多く、14 人(国別構成率 11.97%)となっている。文学部・文学研究科に在籍している者以外の文系分野に在籍している欧州からの留学生をみてみると、法学部・法学研究科や国際文化研究科に在籍している欧州からの留学生は、各々1 人(国別構成率 0.85%)しかおらず、経済学部・経済学研究科に在籍している欧州からの留学生も 3 人(国別構成率 2.56%)しかいない。欧州からの留学生は、国費外国人留学生や東北大学と「大学間協定」を結んでいる大学からの交換留学生が多く、東北大学が得意とする理系分野に在籍している欧州からの留学生が多いものの、近年、欧州では、日本の歴史文化に対する関心が高まり、文系分野、特に文学部・文学研究科に在籍している欧州からの留学生もみられるようになっている。

第5節　むすび

経済成長が進む中国では、北京大学や清華大学等の中国を代表するエリート層が学ぶ有名大学の出身者や富裕層に属する学生の場合、卒業後、その多くが欧米諸国の大学院への留学を希望する傾向にあり、東北大学大学院を含む日本国内の大学院への留学を希望する者は、少ない。その結果、北京大学や清華大学等の中国を代表するエリート層が学ぶ有名大学の出身者では、なく、地方部にある公営大学や民営大学、そして、その中にある独立学院等の出身者であり[327]、富裕層にも属さない者たちにとって東北大学大学院を含む日本国内の大学院は、地理的に中国にも近いことから、国費外国人留学生として選抜されずに、私費留学生として入学したとしても、授業料を全額免除にしてくれる可能性が高く、留学期間中、割安な宿舎の利用や低廉な国民健康保険料の負担により、充実した医療サービスが受けられる等、優遇された留学環境の下で自らのキャリアアップを可能とする貴重な学術機関となったのである。

他方、日本の国立大学の場合、国立大学法人への移行前までは、国立大学の教授会が国立大学の最高決議機関であった[328]。

しかしながら、国立大学の教授会は、教授間の派閥が形成され易く、各派閥の意見が対立する等して、「国立大学の重要事項の採決や運営方針が迅速に決められない」等の弊害が顕著にみられたのである。国立大学法人への移行後、国立大学の多くが文部科学省による指導を受けながら、学長の権限を強化してきた結果、国立大学は、学長を中心とした学外のメンバーから成る運営委員会による大学運営が実現するようになる。そして、国立大学は、一般企業のように取締役会等の最高経営層を頂点としたトップダウン型の大学運営が可能となり、決定手続きの迅速化を進めていったのである。

また、国立大学の学長人事についても、国立大学法人法第 12 条により、「学長の任命は、国立大学法人の申出に基づいて、文部科学大臣が行うものである」と定められ、実質的に国立大学に対する文部科学省の権限を強めていったのである。

さらに、これまでの国立大学では、公的財源に依存した経営が行われていたが、国立大学法人への移行後は、文部科学省から大学法人に配分される補助金について、使途が自由な運営費交付金に統一されている。残念ながら、この運営費交付金は、配分額が毎年削減されており、国立大学といえども国によって守られる存在では、なくなっている。そして、国立大学は、経営面においても自立した運営を図ることが求められるようになると、理工系および医薬系分野等と比べて研究成果がみえにくい教育学・人文科学・社会科学系等の分野については、学部・学類の再編、プロジェクト基金の創設、各種寄附金の募集、大学発ベンチャーの創設等、多岐に渡る経営戦略を構築させていったのである。

その後、国立大学の多くが自分たちで提出した「第3期中期目標・中期計画」および「第4期中期目標・中期計画」の内容に沿う形で、「産学連携」、「大学のグローバル化」、「大学の国際化の推進」、「リカレント教育の充実」等を目指すようになったのである。そして、これらの「産学連携」、「大学のグローバル化」、「大学の国際化の推進」、「リカレント教育の充実」等を反映させるかのように、「国際教養」、「未来」、「創造」、「産学連携」、「国際グローバル」、「復興」、「地域創生」、「男女参画」等の華やかで、将来性が感じられる冠名が付けられた学部や研究センター等の組織整備が図られるようになり、国立大学の多くが個性や特徴のない所謂「金太郎飴」のような横並びの組織形態になったのである。

国立大学の多くが「産学連携」、「大学のグローバル化」、「大学の国際化の推進」、「リカレント教育の充実」等の名の下で優秀な留学生の受け入れに奔走していく中で、国立大学は、非漢字圏の国からの留学生の受け入れが極めて難しいことを実感する。その結果、国立大学の多くが漢字圏出身の中国からの留学生の受け入れに頼ることになったのである。そして、国立大学が学内において研究成果を挙げにくい教育学・人文科学・社会科学系の分野を今後も学部・学類の一つとして組織上、存続していくためには、中国・台湾・韓国等の漢字圏からの留学生を多く受け入れながら、「第3期中期目標・中期計画」および「第4期中期目標・中期計画」によって齎された「産学連携」、「大学のグローバル化」、「大学の国際化の推進」、「リカレント教育の充実」等に基づいた目標を達成しなければならなくなったのである。特に東日本大震災後、福島第一原子力発電所事故による放射能に対する不安等から、国立大学における漢字圏の韓国からの留学生が減少している中で、国立大学における漢字圏の中国からの留学生は、教育学・人文科学・社会科学系の分野においても増加している。

中国からの留学生にとっては、国立大学を卒業し、日本国内において大学教員や企業社員として就職できれば、中国で働くよりも多くの給与所得を得られることが期待できることから、他の留学生と競合する可能性が高い理工系および医薬系分野等の理系分野に拘らず、他の留学生と競合する可能性が低い教育学・人文科学・社会科学系等の分野にて学ぶことも苦にならないのである[329]。中国からの留学生は、国立大学における中国からの留学生への対応状況、教員の指導内容、学位取得に向けた論文指導の評価等について SNS 等を活用して互いに情報収集に努めており、中国出身の教員がいる国立大学の研究室、中国からの留学生に対して熱意を持ち親身になって研究指導をしてくれる国立大学の教員や研究室等の評判は、直ぐに広まり、そのような国立大学については、中国からの留学生の志願者数を増やしていったのである。このように中国が尖閣諸島周辺海域において海警局に所属する船舶等による領海侵犯や東シナ海の中間線での一方的な資源開発を継続させながら、日本および周辺アジア諸国に対して「戦狼外交」を展開している中で、国立大学は、多くの中国からの留学生を制限なく受け入れ、優遇してきたことになる。国立大学の研究室の中には、先述のとおり、事実上、中国からの留学生に乗っ取られたところもみられる。

　実際、国立大学における中国からの留学生のほとんどが漢族であり、中国籍でありながらウイグル人やチベット人等の少数民族出身の留学生は、漢族出身の留学生と比べて少ない。よって、国立大学においては、こうした点を考慮して、同じ中国からの留学生であっても少数民族枠等を設けて国費外国人留学生に準じる形でウイグル人やチベット人等の中国において少数民族出身の留学生に対して優遇策を施すことで、積極的に彼らを受け入れるべきである。

　現実として国立大学においては、中国からの留学生が「中国禁句テーマ」について知識として触れることも、研究対象として研究に取り組むことも難しい。その理由としては、彼らにとって「中国禁句テーマ」に触れることは、極めて高い政治的リスクを伴うからである。それでも、中国からの留学生は、将来の中国社会における知識層として社会的リーダーシップを執るべき存在であり、人類が多くの犠牲と長い時間をかけて培った民主主義と自由主義、民主的な選挙制度、国家権力を制限する「法の支配」、司法・立法・行政の権力分立により勢力均衡を図るための「三権分立」制度、基本的人権の尊重等といったグローバル社会における固有の価値観を理解すべきである。そのためには、国立大学が「中国禁句テーマ」を避けるのではなく、「独立自尊」のアカデミズムの原点に立ち返り、「中国禁句テーマ」についても真正面から受け止めて、中国からの留学生に対して教えていくべきである。確かに中国からの留学生に対して「中国禁句テーマ」についての教育を国立大学が実践すれば、中国政府の反発をかうことにも繋がり、日中間の外交問題にも発展しかねない。そして、公安部（※地方機関を含む。）および国家安全部等からの追及を恐れるあまり、中国からの留学生が減少する恐れもある。当然、中国からの留学生が減少すれば、「第3期中期目標・中期計画」および「第4期中期目標・中期計画」に沿う形で、「産学連携」、「大学のグローバル化」、「大学の国際化の推進」、「リカレント教育の充実」等を目標としてきた国立大学にとっても大きな痛手を被ることになる。残念ながら、これまで国立大学の多くがそのような事態を恐れて、中国からの留学生に対する「中国禁句テーマ」についての教育を避けてきたようにもみえる。つまり、国立大学の多くが「第3期中期目標・中期計画」および「第4期中期目標・中期計画」に沿う形で「産学連携」、「大学のグローバル化」、「大学の国際化の推進」、「リカレント教育の充実」等を掲げ、留学生の受け入れ増加に取り組んだ結果、中国からの留学生に対する「中国禁句テーマ」についての教育を回避する形で中国からの留学生や中国政府の顔色を伺いながら、彼らの多くを受け入れてきたということになる。

　しかしながら、国立大学においては、「アカデミズムの独立自尊」が揺らぐことがあってはならない。中国では、「国家政権転覆罪」として訴追される恐れがある「中国禁句テーマ」であっても、国立大学では、研究対象として自由に分析し考察することができる。それこそが日本国憲法第23条が定める「学問の自由」の本質であり、「アカデミズムの独立自尊」の維持にも繋がるものである。当然ながら、そうした姿勢を中国からの留学生に対しても示していくべきである。確かに中国からの留学生に対する「中国禁句テーマ」についての教育を実践すれば、先述のとおり、中国政府の反発を招くことになり、中国からの留学生の日本への渡航制限にも繋がりかねない。それでも、国立大学は、中国政府による外圧に決して屈しては、ならない。国立大学は、堂々と中国からの留学生に対して「中国禁句テーマ」についての教育を実践していくべきである。確かにこうした一歩が中国の政治・社会体制における中国共産党の一党独裁の終焉に繋がると共に中国における民主主義と自由主義、民主的な選挙制度、国家権力を制限する「法の支配」、司法・立法・行政の権力分立により勢力均衡を図るための「三権分立」制度、基本的人権の尊重等の実施に繋がることにもなる。

　将来、中国において民主主義と自由主義、民主的な選挙制度、国家権力を制限する「法の支配」、司法・立法・行政の権力分立により勢力均衡を図るための「三権分立」制度、基本的人権の尊重等が実施されれば、中国は、Sandel(2010)が唱えるような「正義」の概念に繋がる社会を実現できるようになる[330]。そして、「新しい中国」の出現は、これまで「一帯一路」構想にある「陸のシルクロード」や「海のシルクロード」による経済開発を駆使しながら、外交戦略・経済戦略・安全保障戦略・環境戦略等の点において影響力を誇示してきた新興国および発展途上国に対して、「平和と安定」を齎すと共に人類が多くの犠牲と長い時間をかけて培った民主主義と自由主義、民主的な選挙制度、国家権力を制限する「法の支配」、司法・立法・行政の権力分立により勢力均衡を図るための「三権分立」制度、基本的人権の尊重等といったグローバル社会における固有の価値観を大事にしながら、「正義」の概念の実践者としての活躍が期待されることになる。そして、中国は、そのような大きな役割を果たすことにより、人新生における人類に対して多くの幸福を齎す大国として生まれ変わることになる。

第8章　現代の「進撃の巨人」：中国の進路

第1節　はじめに

　リーマン・ショック後もグローバル化が進む世界では、富が資本を追い求める社会風潮が続いており、新自由主義が横行する中で、「自力で富裕になれない人間、若しくは、変革ができない人間は、敗残者でしかない」という考え方が市場でも強くなっている。こうした中で、アメリカ合衆国(以下、「米国」という。)社会において貧富の差や大学卒業後も多額の授業料の借金返済に苦しむ若者を中心に「自由を基調とする社会主義」が注目されている。2011年9月17日には、「自由を基調とする社会主義」に賛同する人達により、米国ニューヨーク市マンハッタン区のウォール街において米国経済界および米国政界に対する一連の抗議運動としてウォール街占拠事件が発生している。

　その後、自らを「民主社会主義者」と呼称する米国連邦議会上院(以下、「米国上院議会」という。)議員バーナード・サンダース(以下、「サンダース」という。)が彼らに担がれる形で2016年米国大統領選挙に立候補している。これは、貧富の差が広がる米国社会において民主社会主義に傾倒する米国国民が増えていることを意味している。

　他方、中華人民共和国(以下、「中国」という。)は、社会主義国家を標榜しており、旧ソビエト連邦と同じように中国共産党を中心とした一党独裁による権威主義国家である。そして、現代の中国が最新の監視システムや公安部(※地方機関を含む。)および国家安全部等の秘密警察により国民一人一人の行動を監視している点は、旧ソビエト連邦と同じであるものの、旧ソビエト連邦やEU諸国と同様に医療サービスおよび社会保障サービスが充実しているという訳では、ない。例えば、中国における癌の新規患者数および癌による死亡者数は、世界最多となっており[331]、国民の癌治療費への自己負担額も大きくなっている。今後、こうした状況が続けば、中国政府に対する国民の不満が高まり、新たな火種ともなりかねない。

　木村(2021)によると、中国は、冷戦後、旧ソビエト連邦および東欧の社会主義国が次々と内部崩壊した中で生き残った数少ない社会主義国の一つであり、中国の憲法上、民主主義と自由主義、民主的な選挙制度、国家権力を制限する「法の支配」、司法・立法・行政の権力分立により勢力均衡を図るための「三権分立」制度、基本的人権の尊重等に対する配慮が全く欠けていると指摘している。確かに中国の政治体制をみても判るとおり、中国の社会主義は、自由を基調とする社会主義では、ない。中国は、中国共産党中央軍事委員会主席(1981年～1989年)鄧小平(以下、「鄧小平」という。)による「改革開放」の経済政策が行われて以降、工業化が進み、「世界の工場」として高い経済成長を遂げるようになると「都市部の富裕層」と「農村部の貧困層」との間に「経済的な格差」が生じるようになる。かつて、中国共産党中央委員会主席(1945年～1976年)・国家主席(1954年～1959年)毛沢東(以下、「毛沢東」という。)によって制度化された「都市戸籍」と「農村戸籍」といった国民に対する社会システム上の区別により、国民の農村部から都市部への移住、すなわち国内における「移住の自由」が制限されたことから、都市部の建設現場にて「農民工」として働く低所得者層の国民の多くが家族を帯同して都市部に居住しても、彼らの子女が学校にも通えず、十分な医療サービスおよび社会保障サービスも受けられない等、国民の間に社会的乖離が生じている[332]。そのため、中国共産党中央委員会総書記(2012年～)・国家主席(2013年～)習近平(以下、「習近平」という。)は、国民の間にある社会的乖離の是正を目指して「共同富裕」の方針を掲げ、戸籍制度を緩和し、一定の条件の下で農村から都市への移動を促進させている[333]。確かに中国の経済システムは、株式市場や証券市場も稼働する資本主義体制であるものの、アリババ等の事例のように[334]、国によって管理されている枠を超えて独自のビジネス展開を図ろうとすると、違法性の説明も曖昧で不十分なまま一方的に巨額の罰金が科せられる等、中国政府の意向に逆らうことは、できない[335]。そして、今後も中国が安定した経済成長を成し遂げていくためには、市場の拡大および労働力の確保が必要であり、そのためには、貿易相手国となる新興国および発展途上国側の経済成長と共に中国自身の人口の確保が求められている。

　そこで、本章においては、外交戦略・経済戦略・安全保障戦略・環境戦略等の点において現代の「進撃の巨人」ともいうべき中国の進路について分析し考察するものである。

第2節　地域別人口動向と中国

1．世界の人口動向

　将来的な世界の人口の増減は、国内総生産(Gross Domestic Product：GDP)(以下、「GDP」という。)等の経済力の伸び等にも大きな影響を与える重要な要素である。地域別人口動向をみてみると、表1のとおり(別頁参照)、2020年の世界全体の人口は、77億9,479万人である。今後、2050年の人口は、101億63万人となり、2100年の人口は、175億9,265万人となる見込みである。つまり、2100年の人口は、2020年と比べて125.70％も増加していることが判る。

　経済的な状況から世界銀行の評価により先進諸国といわれる経済高所得諸国の人口をみてみると、2020年の経済高所得諸国の人口は、12億6,309万人である。今後、2050年の経済高所得諸国の人口は、12億7,447万人となる。そして、2100年の経済高所得諸国の人口は、表1のとおり(別頁参照)、11億6,416万人と減少する見込みである。2020年と比べて▲7.83％減少していることが判る。それに対して、世界銀行の評価により新興国および発展途上国といわれる経済中所得諸国の人口をみてみると、2020年の経済中所得諸国の人口は、57億5,305万人となる見込みである。今後、2050年の経済中所得諸国の人口は、70億9,321万人となる見込みである。そして、2100年の経済中所得諸国の人口は、98億9,698万人となる見込みである。2020年と比べて72.03％増加していることが判る。つまり、先進諸国の人口が減少傾向にある中で、新興国および発展途上国の人口が増加傾向にあることが判る。

地域別にみると、表1のとおり(別頁参照)、アフリカの人口増加が非常に大きい。2020年のアフリカの人口は、13億4,059万人である。今後、2050年のアフリカの人口は、28億3,465万人となる見込みである。そして、2100年のアフリカの人口は、99億340万人となる見込みである。2020年と比べて638.73%と大きく増加している。

　アジアの人口については、表1のとおり(別頁参照)、アフリカの人口よりも激増ではないものの、2020年のアジアの人口は、46億4,105万人である。今後、2050年のアジアの人口は、53億4,873万人となる見込みである。そして、2100年のアジアの人口は、58億5,966万人となる見込みである。2020年と比べて26.26%増加している。

　中南米、北米、オセアニアについては、表1のとおり(別頁参照)、将来的に人口が増加していくものと予想されている。

　これらと比較して、欧州の人口は、減少傾向にある。2020年の欧州の人口は、7億4,763万人である。今後、2050年の欧州の人口は、6億7,436万人となる見込みである。そして、2100年の欧州の人口は、5億2,057万人となる見込みである。2020年の欧州の人口と比べて、▲30.37%減少している。中長期的に欧州の人口が大きく減少していく中で、今後、欧州が生産人口を維持し、国力を保持していくためには、生産人口の多いアフリカや中東からの経済移民を受け入れざるを得ない[336]。そうした点では、将来、欧州の人口減少を補う形でアフリカや中東からの経済移民を悦んで受け入れる時代が訪れるかもしれない。勿論、欧州の人口減少の問題は、LGBTや同性婚を承認するような家族形成についての社会の考え方の変化も大きな要因となっている[337]。欧州を中心に再生可能エネルギーに特化した循環型社会システムを構築しようとする動きは、スマート社会の実現に大きく寄与する一方で、エネルギーの大量消費と労働力を必要とする従来型の重厚長大型産業等を推奨するような社会システムを否定している。当然ながら、こうした社会では、「将来的な食糧確保や資源保護のためには、人口減少も止むなし」という考え方が趨勢となり、生産人口および国力の維持が難しくなる。

　他方、2020年の中国の人口は、14億3,932万人である。今後、2030年から人口が減少に転じ、2050年の中国の人口は、13億2,227万人となる見込みである。この数字は、インドよりも下回る。そして、2100年の中国の人口は、8億4,225万人となる見込みであり、2020年と比べて▲41.48%減少している。中国は、経済力および軍事力でも世界の趨勢に影響を与えているものの、その弱点の一つとして「一人っ子」政策による人口減少が指摘されている[338]。

　実際、中国の生産人口は、減少しており、その一方で老齢人口が増加する傾向にある。その結果、中国では、高齢化によって社会全体の衰退が始まる「未富先老」の問題が懸念されている[339]。確かに人口減少は、中国にとって国力の低下にも繋がることから、2021年5月31日、中国共産党は、1組の夫婦が三人目の子供を出産することを認めている。

　しかしながら、学歴社会の中国では、幼少期から大学入学までの子供の教育費の支出額が大きい。都市部では、共稼ぎの夫婦でも子供一人を養育するのに精一杯であり、二人以上の子供を養育することは、難しい。それに加えて中国には、男性における結婚難の問題、労働力不足の問題、少子高齢化社会の到来に伴う社会保障費の負担増加の問題等が懸念されている。それに対して、インドの場合、2020年のインドの人口は、13億8,000万人である。今後、2050年のインドの人口は、16億7,148万人となる見込みである。そして、2100年のインドの人口は、16億9,189万人となる見込みであり、2020年と比べて22.60%増加している。インドの場合、他国と比べて人口増加の伸びが非常に大きい。

　その他、OECD加盟国である日本・韓国・ドイツの人口は、次のとおり、大きく減少傾向にある。例えば、日本の場合、2020年の日本の人口が1億2,647万人である。今後、2050年の日本の人口が9,995万人となる見込みであり、2040年の日本の人口と比べて▲9.14%減少している。そして、2100年の日本の人口は、5,733万人となる見込みであり、2020年に比べて▲54.67%減少している。確かに日本では、生産人口の減少が社会問題となっており、各産業において労働力不足や事業承継ができない等の問題が生じている。近年、日本では、こうした問題に対処するために、特定技能外国人制度や技能実習生制度を導入して、こうした問題に対処しようとしているものの[340]、根本的な移民制度ではないため、特定技能外国人制度や技能実習生制度だけでは、将来的な人口減少問題に対処し、人口増加を講じるための施策とは、ならないのである。次に韓国の場合、2020年の韓国の人口が5,126万人である。今後、2050年の韓国の人口が4,367万人となる見込みであり、2040年の韓国の人口と比べて▲9.66%減少している。そして、2100年の韓国の人口は、2,006万人となる見込みであり、2020年に比べて▲60.86%減少している。最後にドイツの場合、2020年のドイツの人口が8,378万人である。今後、2050年のドイツの人口が7,552万人となる見込みであり、2040年のドイツの人口と比べて▲4.89%減少している。そして、2100年のドイツの人口は、6,143万人となる見込みであり、2020年に比べて▲26.68%減少している。このように日本・韓国・ドイツ等では、将来的な人口減少により生産人口および国力の維持が難しくなる恐れがある。

　それに対して、英国の場合、日本・韓国・ドイツと比べて、緩やかに人口の均衡を保っている。2020年の英国の人口が6,788万人である。今後、2050年の英国の人口が7,121万人となる見込みであり、2040年の英国の人口と比べて0.45%増加している。そして、2100年の英国の人口は、6,898万人となる見込みであり、2020年に比べて1.61%と僅かに増加している。次に米国の場合、人口が顕著に増加している。2020年の米国の人口が3億3,100万人である。今後、2050年の米国の人口が3億6,517万人となる見込みであり、2040年の米国の人口と比べて1.67%増加している。そして、2100年の米国の人口は、3億8,058万人となる見込みであり、2020年に比べて14.98%増加している。つまり、先進諸国の中でも、米国は、自然増の人口推移により、将来的にも生産人口および国力を維持することができる。そのため、米国では、人口の減少に伴う労働力不足を補うために中南米等から押し寄せる経済移民の流入を受け入れる必要がなく、中南米等から押し寄せる経済移民の流入を阻止し、排除することができる[341]。米国にとって将来的に人口が顕著に増加していくことは、国益にも繋がるものであり、GDPにおいても中国に抜かれる可能性が低い要因の一つとなっている。

表1 地域別人口動向一覧表

地域		2020年	2025年	増減率	2030年	増減率	2040年	増減率	2050年	増減率	2060年	増減率	2070年	増減率	2080年	増減率	2090年	増減率	2100年	増減率	対2020年比増減率
世界全体		7,794,799	8,199,244	5.19%	8,592,292	4.79%	9,346,885	8.78%	10,100,631	8.06%	10,955,051	8.46%	12,008,339	9.62%	13,377,629	11.40%	15,199,244	13.62%	17,592,651	15.75%	125.70%
経済区分	経済高発展地域	1,273,304	1,278,429	0.40%	1,276,406	-0.16%	1,255,755	-1.62%	1,221,814	-2.70%	1,182,377	-3.23%	1,143,182	-3.32%	1,109,757	-2.92%	1,081,844	-2.52%	1,055,668	-2.42%	-17.09%
	経済低発展地域	6,521,494	6,920,816	6.12%	7,315,887	5.71%	8,091,130	10.60%	8,878,817	9.74%	9,772,675	10.07%	10,865,157	11.18%	12,267,872	12.91%	14,117,400	15.08%	16,536,983	17.14%	153.58%
	経済高所得諸国	1,263,093	1,280,429	1.37%	1,291,098	0.83%	1,292,658	0.12%	1,274,472	-1.41%	1,247,702	-2.10%	1,220,423	-2.19%	1,196,937	-1.92%	1,178,575	-1.53%	1,164,164	-1.22%	-7.83%
	経済中所得諸国	5,753,052	6,024,315	4.72%	6,275,719	4.17%	6,717,494	7.04%	7,093,213	5.59%	7,456,324	5.12%	7,860,169	5.42%	8,366,918	6.45%	9,035,242	7.99%	9,896,988	9.54%	72.03%
地域	アフリカ	1,340,598	1,520,773	13.44%	1,725,899	13.49%	2,217,036	28.46%	2,834,658	27.86%	3,625,417	27.90%	4,644,482	28.11%	5,961,456	28.36%	7,674,671	28.74%	9,903,404	29.04%	638.73%
	アジア	4,641,055	4,826,840	4.00%	4,985,089	3.28%	5,216,488	4.64%	5,348,731	2.54%	5,425,448	1.43%	5,481,157	1.03%	5,555,644	1.36%	5,681,632	2.27%	5,859,661	3.13%	26.26%
	欧州	747,636	743,560	-0.55%	734,740	-1.19%	707,875	-3.66%	674,360	-4.74%	636,694	-5.59%	599,765	-5.80%	569,478	-5.05%	544,590	-4.37%	520,576	-4.41%	-30.37%
	中南米	653,962	683,303	4.49%	709,789	3.88%	750,126	5.68%	774,886	3.30%	787,601	1.64%	791,012	0.43%	789,059	-0.25%	786,767	-0.29%	786,563	-0.03%	20.28%
	北米	368,870	379,380	2.85%	388,707	2.46%	402,083	3.44%	409,503	1.85%	415,887	1.56%	421,974	1.46%	425,510	0.84%	427,669	0.51%	430,098	0.57%	16.60%
	オセアニア	42,678	45,387	6.35%	48,068	5.91%	53,277	10.84%	58,493	9.79%	64,003	9.42%	69,950	9.34%	76,482	9.29%	83,914	9.72%	92,351	10.05%	116.39%
国別	インド	1,380,004	1,447,321	4.88%	1,510,082	4.34%	1,610,414	6.64%	1,671,481	3.79%	1,706,849	2.12%	1,717,170	0.61%	1,709,409	-0.45%	1,699,668	-0.57%	1,691,890	-0.46%	22.60%
	中国(※本土)	1,439,324	1,453,682	1.00%	1,451,661	-0.14%	1,407,804	-3.02%	1,322,270	-6.08%	1,214,163	-8.18%	1,105,297	-8.97%	1,007,153	-8.88%	921,758	-8.48%	842,259	-8.63%	-41.48%
	日本	126,476	123,616	-2.26%	119,660	-3.20%	110,010	-8.07%	99,950	-9.15%	89,714	-10.24%	79,415	-11.48%	70,879	-10.75%	63,788	-10.00%	57,335	-10.12%	-54.67%
	韓国	51,269	51,268	0.00%	50,583	-1.34%	48,347	-4.42%	43,678	-9.66%	37,927	-13.17%	32,421	-14.52%	27,536	-15.07%	23,387	-15.07%	20,068	-14.19%	-60.86%
	ベトナム	97,339	101,141	3.91%	104,174	3.00%	107,328	3.03%	108,230	0.84%	106,817	-1.31%	103,366	-3.23%	99,625	-3.62%	96,279	-3.36%	92,766	-3.65%	-4.70%
	英国	67,886	69,106	1.80%	69,984	1.27%	70,901	1.31%	71,219	0.45%	70,959	-0.37%	70,487	-0.67%	69,952	-0.76%	69,491	-0.66%	68,980	-0.74%	1.61%
	フランス	65,274	65,900	0.96%	66,276	0.57%	66,313	0.06%	65,409	-1.36%	64,051	-2.08%	62,828	-1.91%	61,787	-1.66%	60,686	-1.78%	59,499	-1.96%	-8.85%
	ドイツ	83,784	83,260	-0.63%	82,293	-1.16%	79,407	-3.51%	75,521	-4.89%	71,721	-5.03%	68,525	-4.46%	65,662	-4.18%	63,354	-3.52%	61,433	-3.03%	-26.68%
	カナダ	37,742	39,290	4.10%	40,677	3.53%	42,792	5.20%	44,222	3.34%	45,536	2.97%	46,794	2.76%	47,751	2.05%	48,590	1.76%	49,444	1.76%	31.01%
	米国	331,003	339,966	2.71%	347,908	2.34%	359,174	3.24%	365,172	1.67%	370,251	1.39%	375,086	1.31%	377,672	0.69%	379,000	0.35%	380,581	0.42%	14.98%

(注1) 単位は、千人となっている。また、増減率は、小数点第六位を四捨五入している。
(注2) 2020年～2100年の期間において、男女を含む人口を示している。この場合、一定の出生率と一定の死亡率と仮定して算定している。
(出所) United Nations, Department of Economic and Social Affairs, Population Division(2019)をもとに筆者作成。

第3節　中国経済力の拡大と先進国から新興国および発展途上国への経済力のシフト

1．新興国市場の巨大化

PricewaterhouseCoopers LLP(2017)によると、GDP の世界上位 32 か国が世界の GDP 総額の 85％を占めている中で、世界経済の 2016 年から 2050 年までの年間平均成長率(Compound Annual Growth Rate：CAGR)(以下、「年間平均成長率」という。)は、2.5％となっており、経済規模が 2042 年までに倍増すると予想されている。

　主な牽引役は、ブラジル・中国・インド・インドネシア・メキシコ・ロシア・トルコ等の新興国 7 か国(Emerging Seven：E7)(以下、「E7」という。)が中心となっている。今後 2016 年から 2050 年までの E7 の年間平均成長率は、約 3.5％と見込まれているのに対して、カナダ・フランス・ドイツ・イタリア・日本・英国・米国の先進 7 か(Group of Seven：G7)(以下、「G7」という。)の年間平均成長率は、1.6％程度に留まると予想されている[342]。

　また、世界の経済力は、先進国からアジアを中心とした新興国へ向けたシフトが引き続きみられる中で、E7 の世界 GDP におけるシェアは、2050 年までに約 50％程度まで上昇する一方で、G7 のシェアは、僅か約 20％強程度にまで低下する可能性があるといわれている[343]。

　他方、購買力平価(Purchasing Power Parity：PPP)(以下、「PPP」という。)に基づく GDP についてみてみると、表 2 のとおり、2016 年の実績値では、中国が 21 兆 2,690 億ドルとなっており、米国の 18 兆 5,620 億ドルを抜いて世界第 1 位となっており、日本の約 4 倍である。第 3 位がインドとなっており、8 兆 7,210 億ドルとなっている。2050 年になると、中国が 58 兆 4,990 億ドルとなる見込みであり、2030 年と比べて 53.91％増加しており、2016 年と比べて 175.04％増加している。2050 年の世界順位は、表 2 のとおり、第 1 位：中国、第 2 位：米国、第 3 位：インド、第 4 位：インドネシア、第 5 位：ブラジル、第 6 位：ロシア、第 7 位：メキシコ、第 8 位：日本となっている。

表2　PPPに基づくGDP予測一覧表

順位	2016年		2020年			2030年			2050年			
	国名	(※PPPベース)GDP(10億ドル)	国名	(※PPPベース)GDP(10億ドル)	対前回比増減率	国名	(※PPPベース)GDP(10億ドル)	対前回比増減率	国名	(※PPPベース)GDP(10億ドル)	対前回比増減率	対2016年比増減率
1	中国	21,269	中国	24,142	13.51%	中国	38,008	57.44%	中国	58,499	53.91%	175.04%
2	米国	18,562	米国	20,932	12.77%	米国	23,475	12.15%	米国	44,128	87.98%	137.73%
3	インド	8,721	インド	8,907	2.13%	インド	19,511	119.05%	インド	34,102	74.78%	291.03%
4	日本	4,932	日本	5,313	7.73%	日本	5,606	5.52%	インドネシア	10,502	93.62%	246.83%
5	ドイツ	3,979	ドイツ	4,496	12.99%	インドネシア	5,424	64.26%	ブラジル	7,540	69.86%	140.51%
6	ロシア	3,745	ロシア	4,096	9.37%	ロシア	4,736	15.63%	ロシア	7,131	50.57%	90.41%
7	ブラジル	3,135	インドネシア	3,302	9.05%	ドイツ	4,707	4.69%	メキシコ	6,863	87.46%	－
8	インドネシア	3,028	ブラジル	3,153	0.57%	ブラジル	4,439	40.79%	日本	6,779	20.92%	37.45%
9	英国	2,788	フランス	2,999	9.57%	メキシコ	3,661	－	ドイツ	6,138	30.40%	54.26%
10	フランス	2,737	英国	2,959	6.13%	英国	3,638	22.95%	英国	5,369	47.58%	92.58%

（注1）購買力平価(Purchasing Power Parity：PPP)とは、ある国である価格で買える商品が他国ならいくらで買えるかを示す交換レートのことである。購買力平価＝基準時点の為替レート×A国の物価指数／B国の物価指数の計算式となる。例えば、ある商品が日本では、400円、米国では、4ドルで買えるとすると、1ドル＝100円が購買力平価ということになる。実際の為替レートは、為替市場での需給や貿易の際のコスト等、両国の購買力平価以外の様々な要素によって変わるものである。長期的にみれば購買力平価から一方的に乖離することは、ないという考え方に基づいている。そのため、短期的なレートの変動を排した長期的な2国間の為替レートの目安となる値として有効である。この場合、商品価格を基準にするため、生活の実感に近い値が求められると共に為替の換算を伴う経済規模や賃金水準の国際比較等に使用されている。他方、増減率については、小数点第六位を四捨五入している。
（出所）PricewaterhouseCoopers LLP(2017)をもとに筆者作成。

　インドについては、2050 年になると、34 兆 1,020 億ドルとなり、2030 年と比べて 74.78％増加しており、2016 年と比べて 291.03％増加している。

　日本については、2016 年の実績値では、4 兆 9,320 億ドルと世界第 4 位であり、2030 年になると 5 兆 6,060 億ドルとなり、2020 年と比べて 5.52％程度しか増加していない。2050 年になると 6 兆 7,790 億ドルとなり、インドネシア・ブラジル・ロシア・メキシコに抜かれて世界第 8 位と大きく後退する。

　このように日本や EU の PPP に基づく GDP が低く成長していく一方で、中国の PPP に基づく GDP は、大きく伸び続けており、経済力の点で他国を圧倒していくものである。今後、30 年間、巨大な中国の経済力は、外交戦略・経済戦略・安全保障戦略・環境戦略等の点で諸外国に対して影響力の行使を続けていくものと考えられる。

実際、日本の経済力が衰退していく中で、経済力の点で中国に対抗できる可能性が高いのは、インドである。そのため、日本は、米国・オーストラリア(以下、「豪州」という。)・インド等と連携しながら外交戦略・経済戦略・安全保障戦略・環境戦略等の点において中国に対抗していくしかないのである。

２．欧米諸国における「日本病」の拡大

欧米諸国を中心に金融緩和を行っても成長率が伸びず、新型コロナウイルス感染症(COVID-19)の影響により、物価が上昇せずに停滞とデフレーション(以下、「デフレ」という。)が続く「日本病」が広まっている。この場合、「日本病」とは、人口減少による停滞とデフレが続く状態を意味している。日本では、1960年代には、経済成長率が10%を超す高度経済成長を遂げていたが、生産年齢人口が減少に転じた1990年代以降、経済成長率が1%台半ばに鈍化し、日本経済の低迷が続いている。欧州諸国も今後、人口が減り始めることで「日本病」のリスクが高まるといわれている[344]。これは、国境を越えて押し寄せる移民や高い合計特殊出生率を背景に人口を増やしてきた米国においても例外ではない。生産年齢人口の伸びが鈍化すると雇用や国内総生産(GDP)にも影響が生じる。

また、世界の成長センターを担い続けている東南アジアにおいても同じような状況となっている。かつて6.0と高い合計特殊出生率があったタイでも、今や日本と同じ1.51の合計特殊出生率となっており、低い人口置換水準である[345]。

他方、IMF(2020a)は、2020年の報告書にて「シュリンコノミクス(人口減少の経済学)」を公表している[346]。「高齢化と人口減少からの圧力にどう対応するか」をテーマとするいわば「縮小の経済学」において経済の長期停滞が続き人口が減り続ける日本を「日本病」として取り上げ、「日本病」が続く日本で、金融政策の効果が鈍くなると指摘している。この場合、金利を引き下げても企業の期待成長率が低迷したままでは、設備投資が増えない。公共投資を積み増しても設備投資に使われなければ政府債務が膨らむだけである。つまり、景気刺激策を続けても人口減少の影響の穴埋めができていないことになる。よって、「日本病」の克服のためには、人口減少の課題を克服すると共に従来の経済政策を見直して、新たな需要を喚起するような成長分野への投資が欠かせないことになる。

第４節　人口減少と国力との関係

１．国力量方程式

国の人口は、国力の維持と密接に関わっている。例えば、Cline(1975)によると、人口減少により国力の方程式が一変すると指摘すると共に「国力量方程式」として、Pp=(C+E+M)×(S+W)(※国力=([基本指標：人口＋領土]＋経済力＋軍事力)×(戦略目的＋国家意思))を提唱している[347]。

ここでは、Cline(1975)の「国力量方程式」を基に2019年〜2020年の期間を対象に米国および中国他6か国について、表３および表４のとおり(別頁参照)、算定している。そして、(人口・領土)＋経済力＋軍事力といった普遍的要素については、最近の統計等の資料からポイントに置き換えてみると共にこれらの合計値に戦略目的評価(※係数=25点満点)および国家意思評価(※係数=25点満点)を合算した数値を乗じることで各国の「国力」を算定している。

この場合、戦略目的評価(※係数=25点満点)としては、対外政策・経済政策・エネルギー政策・環境政策・安全保障政策等の点から各国毎に評価している。

また、国家意思評価(※係数=25点満点)としては、政策意思決定の迅速性、国際機関における発言力、政局の安定性、指導者のリーダーシップ力、国民からの支持等の点から各国毎に評価している。

なお、米国および中国他6か国における戦略目的評価(※係数=25点満点)および国家意思評価(※係数=25点満点)についての説明は、次のとおりとなる。

米国の戦略目的評価(※係数=25点満点)としては、第45代米国大統領(2017年〜2021年)ドナルド・ジョン・トランプ(以下、「トランプ」という。)政権時の評価となるが、「米国第一主義」による対外政策の低下、化石燃料を主体としたエネルギー政策、パリ議定書からの離脱による地球温暖化対策(以下、「温暖化対策」という。)の後退、同盟国に対して軍事費負担等を求める等の国外における米国の軍事力行使の減少等を鑑み、「11点」評価としている。米国の国家意思評価(※係数=25点満点)としては、国内における国民間の分断による政局の不安定、トランプ政権内部における側近の交代が頻発する等のリーダーシップの欠如、新型コロナウイルス感染症(COVID-19)に対する初動対策の失敗、国民からの支持の低下等を鑑み、「16点」評価としている。その結果、合計5,852億ポイントとなっている。

表3　クラインの「国力量方程式」に基づく国力算定一覧表

国名	人口 (2019年) (千人=1ポイント)	(領土) 国土面積 (2019年) (km²=1ポイント)	(経済力) GDP(PPPベース) (2020年) (千ドル=1ポイント)	(軍事力) 軍事費 (2019年) (千ドル=1ポイント)	戦略 目的 評価 (係数=25点満点)	国家 意思 評価 (係数=25点満点)	(合計) 億ポイント
米国	329,065	9,833,517	20,932,000,000	731,751,400	11	16	5,852
中国	1,433,784	9,600,000	24,142,000,000	261,081,940	20	23	10,498
日本	126,167	377,975	5,313,000,000	47,609,020	13	10	1,233
インド	1,366,418	3,287,263	8,907,000,000	71,125,000	13	13	2,336
ロシア	145,872	17,098,246	4,096,000,000	65,102,570	18	20	1,588
フランス	65,130	551,500	2,999,000,000	50,118,929	13	11	732
ドイツ	83,517	357,582	4,496,000,000	49,276,758	19	12	1,409
英国	67,530	242,495	2,959,000,000	48,650,383	16	13	872

（注1）　2019年～2020年の期間を対象にクラインの「国力量方程式」であるPp=（C+E+M）×（S+W）(国力=（[基本指標：人口＋領土]＋経済力＋軍事力）×（戦略目的＋国家意思）をもとに算定している。
（注2）　人口(2019年)千人(=1ポイント)、(領土)国土面積(2019年)km²(=1ポイント)、(経済力)GDP(PPPベース)(2020年)(千ドル)(=1ポイント)、(軍事力)軍事費(2019年)(千ドル)(=1ポイント)として算定している。
（注3）　戦略目的評価(係数=25点満点)としては、対外政策・経済政策・エネルギー政策・環境政策・安全保障政策等について全体的な面から各国毎に評価している。また、国家意思評価(係数=25点満点)としては、政策意思決定の迅速性、国際機関における発言力、政局の安定性、指導者のリーダーシップ力、国民からの支持度等について全体的な面から各国毎に評価した。なお、戦略目的評価(係数=25点満点)および国家意思評価(係数=25点満点)の算定内訳については、別表にして示している。
（出所）　Cline(1975)、SIPRI(2020)、PricewaterhouseCoopers LLP(2017)、United Nations, Department of Economic and Social Affairs, Population Division (2019)、United Nations, Demographic Yearbook System (2019) 等をもとに筆者作成。

表4　戦略目的評価(※係数=25点満点)および国家意思評価(※係数=25点満点)算定一覧表

国名	戦略目的評価(※係数=25点満点)						国家意思評価(※係数=25点満点)					
	計	対外 政策	経済 政策	エネルギー 政策	環境 政策	安全保障 政策	計	政策 意思 決定の 迅速性	国際 機関 における 発言力	政局の 安定性	指導者の リーダー シップ力	国民 からの 支持
米国	11	4	2	2	1	2	16	4	5	2	2	3
中国	20	4	4	4	3	5	23	5	4	5	5	4
日本	13	2	3	2	4	2	10	2	2	2	2	2
インド	13	3	3	3	1	3	13	2	2	3	3	3
ロシア	18	4	2	4	3	5	20	5	3	4	5	3
フランス	13	3	2	2	4	2	11	2	3	2	2	2
ドイツ	19	4	4	4	5	2	12	3	2	2	2	3
英国	16	4	3	3	3	3	13	2	3	2	3	3

（注1）　2019年～2020年の期間を対象に各項目において、5点満点(※0点～5点)とした。よって、戦略目的評価(※係数=25点満点)および国家意思評価(※係数=25点満点)共に5つの項目があるため、各々において5項目×(※5点満点)=25点満点とした。
（出所）　各種資料をもとに筆者作成。

　中国の戦略目的評価(※係数=25点満点)としては、習近平政権時の評価となるが、「一帯一路」構想にある「陸のシルクロード」や「海のシルクロード」による経済開発の強化、再生可能エネルギーの開発も混じえたエネルギー政策の促進、温暖化対策への貢献度、領土拡張主義を全面に押し出す野心と軍事力の増強を図る安全保障政策等を鑑み、「20」点評価としている。中国の国家意思評価(※係数=25点満点)としては、習近平による「反対意見」をいわせない強権政治の実施、「習近平思想」を中心とした統治能力の強化、「改革開放」により生じた貧富の差を是正するための「共同富裕」への転換、「中国共産党100周年」を迎えて子供から老人まで国民全員を対象とする「赤い遺伝子政策」の強化等を鑑み、「23点」評価としている。その結果、合計1兆498億ポイントとなっている。中国の場合、民主主義と自由主義、民主的な選挙制度、国家権力を制限する「法の支配」、司法・立法・行政の権力分立により勢力均衡を図るための「三権分立」制度、基本的人権の尊重等を軽視若しくは否定する権威主義国家としての政策を展開しながら、国内外において「巨大なパワー」を示しているものの、そのアキレスとなるのが「少子高齢化」といった国内における人口減少を起因とする様々な社会問題である。

日本の戦略目的評価(※係数=25 点満点)としては、菅義偉政権時の評価となるが、水素等の新エネルギー開発を推進する政策、「2050 年までに 80%削減することを目指す」とした「脱炭素社会実現」に向けた温暖化対策への貢献度、韓国との関係悪化による日米韓を中心とした安全保障面での後退等を鑑み、「13 点」評価としている。日本の国家意思評価(※係数=25 点満点)としては、日本再生戦略に向けた国家戦略プロジェクトを推進させながらも、新型コロナウイルス感染症(COVID-19)対策の失敗、東京夏季オリンピックの開催を巡る迷走、憲法改正に向けた動きの停滞、内閣支持率の低下等を鑑み、「10 点」評価としている。その結果、合計 1,233 億ポイントとなっている。

　インドの戦略目的評価(※係数=25 点満点)としては、ナレンドラ・ダモダルダス・モディ(以下、「モディ」という。)政権時の評価となるが、自主性を重視する全方位外交の推進、Make in India 等の経済成長戦略の強化、強固な政治的基盤を背景とした諸課題の解決と経済発展の促進、新型コロナウイルス感染症(COVID-19)の封じ込めの失敗による国民への蔓延拡大等を鑑み、「13 点」評価としている。インドの国家意思評価(※係数=25 点満点)としては、零細企業や農民への金融支援、生産連動型補助金等、国民各層向けに 4 度の経済対策パッケージの実施、改正労働法等の成立による外国資本を誘致しながら、製造業の振興と農民所得の向上により経済を強化する路線を維持してきたことに対する国民の高い支持率等を鑑み、「13 点」評価としている。その結果、合計 2,336 億ポイントとなっている。

　ロシアの戦略目的評価(※係数=25 点満点)としては、ウラジーミル・ウラジーミロヴィチ・プーチン(以下、「プーチン」という。)政権時の評価となるが、クリミア併合や民主活動家への人権抑圧等に対する日本を含む欧米諸国による経済制裁の継続、イランおよびシリア等、中東諸国への外交上の接近と対外政策の強化、中国および中央アジアとの協力関係の強化、天然ガスパイプライン・プロジェクトを中心とする石油および天然ガス輸出戦略の強化、北極沿岸地域の開発促進、地球温暖化対策(以下、「温暖化対策」という。)への貢献、新型コロナウイルス感染症(COVID-19)対策として国内ワクチンであるスプートニク V の開発、軍事力の強化等を鑑み、「18 点」評価としている。ロシアの国家意思評価(※係数=25 点満点)としては、国民投票により 78%の国民の賛成を得て憲法改正を成立させる等、「終身大統領」に道を付けたプーチン政権の長期化、プーチン政権に反対する反体制派を力尽くで抑え込む政治運営、プーチン政権の高い国民支持率等を鑑み、「20 点」評価としている。その結果、合計 1,588 億ポイントとなっている。

　フランスの戦略目的評価(※係数=25 点満点)としては、エマニュエル・ジャン＝ミシェル・フレデリック・マクロン(以下、「マクロン」という。)政権時の評価となるが、フランス経済の競争力強化に向けて労働市場の改革、アジア諸国とのEU−EPA を活用した貿易促進、Iot(Internet of Things)を活用した産業のデジタル化の推進、新型コロナウイルス感染症(COVID-19)蔓延によるロックダウンの実施による観光業への影響等を鑑み、「13 点」評価としている。フランスの国家意思評価(※係数=25 点満点)としては、マクロン政権における新型コロナウイルス感染症(COVID-19)対策に対する国民の不満や失業率の高さ等から国内での地方選挙での与党の大敗、マクロン政権への支持率の低下、軽油・ガソリン燃料費値上げや燃料税の引き上げに対する抗議活動によるフランス全土にてマクロン退陣を求める激しいデモ、暴動、略奪に拡大した「黄色いベスト運動」の発生等を鑑み、「11 点」評価としている。その結果、合計 732 億ポイントとなっている。

　ドイツの戦略目的評価(※係数=25 点満点)としては、アンゲラ・ドロテア・メルケル(以下、「メルケル」という。)政権時の評価となるが、欧州に押し寄せてきた多くの難民の受け入れ、徹底した再生可能エネルギーの導入推進政策による温暖化対策、脱原子力エネルギー政策に伴い国内での天然ガスの需要増加を受けてノルド・ストリーム・パイプライン等のロシアからの天然ガスパイプラインの新規建設を推し進めた結果としてロシアからの天然ガス輸入依存の増加、自動車産業を中心とした対中国輸出の増加、人口減少の影響による「労働投入寄与度」の減少、中小企業対策として輸出主導による経済成長政策等を鑑み、「19 点」評価としている。ドイツの国家意思評価(※係数=25 点満点)としては、新型コロナウイルス感染症(COVID-19)蔓延によるロックダウンの実施、難民流入問題に対する極右勢力の台頭、メルケル政権の弱体化、与党キリスト教民主・社会同盟(CDU/CSU)と連立相手である中道左派・社会民主党(SPD)の支持率の低下等を鑑み、「12 点」評価としている。その結果、合計 1,409 億ポイントとなっている。

　英国の戦略目的評価(※係数=25 点満点)としては、アレクサンダー・ボリス・ド・フェファル・ジョンソン(以下、「ジョンソン」という。)政権時の評価となるが、新型コロナウイルス感染症(COVID-19)対策として「ワクチン独り勝ち」ともいえる国内製薬産業の活況、名目粗付加価値(GVA)の産業別構成比率が低い状況、EU 離脱による国内における労働者不足、「ヒト」・「モノ」・「カネ」の移動の自由を前提とした非製造業の活力の低下、新興国企業の英国市場への積極的投資拡大、EU 離脱に伴う EU 貿易への影響等を鑑み、「16 点」評価としている。英国の国家意思評価(※係数=25 点満点)としては、新型コロナウイルス感染症(COVID-19)蔓延によるロックダウンの実施と移動制限、スコットランドでの独立運動の再燃化、EU 離脱問題を巡る国民間の分断による影響等を鑑み、「13 点」評価としている。その結果、合計 872 億ポイントとなっている。

Cline(1975)の「国力量方程式」を基に各国の「国力量」を算定すると、表3および表4のとおり(別頁参照)、中国が一番多く、1兆498億ポイントとなっており、二番目に多い米国の5,852億ポイントの約2倍となっている。三番目がインドの2,336億ポイントとなっている。四番目がロシアの1,546億ポイントとなっており、五番目のドイツの1,409億ポイントよりも少し多い程度である。日本は、ドイツに次いで1,233億ポイントとなっており、六番目となっている。英国は、872億ポイントとなっており、ロシアの約半分であり、8か国の中で七番目と低い数値になっている。これは、EU離脱を巡る混乱が英国の国力の減少に大きく作用としたともいえる。最下位がフランスの732億ポイントとなっている。こうしてみると、Cline(1975)の「国力量方程式」では、人口が多く、国土面積が広いと有利に働くことが判る。そこに経済力と軍事力が加わることで普遍的要素となる。中国の場合、人口が世界で一番多く、国土面積も広く、経済力および軍事力の点でも高い数値を示していることから、普遍的要素が断然大きいことが判る。そして、普遍的要素に戦略目的評価および国家意思評価を乗じることから、「国力量」が極めて高くなる。つまり、戦略目的評価および国家意思評価の高さが「国力量」の大きさを決める鍵になることが判る。

　実際、民主主義と自由主義、民主的な選挙制度、国家権力を制限する「法の支配」、司法・立法・行政の権力分立により勢力均衡を図るための「三権分立」制度、基本的人権の尊重等を軽視若しくは否定しながら、報道の自由および表現の自由も制限されている中で強行で迅速な政策決定がなされることが多い権威主義国家においては、戦略目的評価および国家意思評価共により高い評価を得られる傾向にあることが判る。例えば、旧ドイツ帝国(第三帝国)総統のアドロフ・ヒトラー(以下、「ヒトラー」という。)政権時においては、国民を鼓舞するためのプロパガンダ政策がよく行われていた。そして、旧ソビエト連邦においても国民を扇動する形で「社会主義を美化する」プロパガンダ映画等が作られ、オリンピック等の国際スポーツ大会にて自国の選手が金メダル等を獲得するために若い頃から選手へのエリート教育が施されていた。そして、時には、勝つために選手に対してドーピングまで投与されることもあった。これらは、オリンピック等の国際スポーツ大会での活躍が国際社会における自国の優位性を示すと共に国民の高揚感および愛国心を高め、国民から現政権への支持を取り付けるのに役立つと考えられていたからである。近年、中国等が積極的にオリンピック等の開催を受け入れて多額の資金を使いながらも選手を育成して金メダル等の獲得に執心するのは、こうした理由が背景にある。

　他方、権威主義国家においては、テレビやSNS上でのニュース等の報道は、政策および政治的指導者を美化し称賛することだけに終始しており[348]、政策および政治的指導者を批判するような集会の実施、出版物の販売、SNS上での政府への批判コメント等は、厳しく制限されている。これは、政策および政治的指導者を批判するような集会の実施、出版物の販売、SNS上での批判コメント等が戦略目的評価および国家意思評価においてマイナスに作用するからである。

　アジアおよびアフリカ諸国等において権威主義国家が多い理由としては、Cline(1975)の「国力量方程式」にて示したように戦略目的評価および国家意思評価の高さが「国力量」の大きさを決める鍵になることから、必然的に中国およびロシアのような権威主義国家を模範とする傾向にあること等が考えられる。つまり、日本を含む欧米諸国が民主主義と自由主義、民主的な選挙制度、国家権力を制限する「法の支配」、司法・立法・行政の権力分立により勢力均衡を図るための「三権分立」制度、基本的人権の尊重等の実施を唱えたとしても、それらは、戦略目的評価および国家意思評価を高め、「国力量」を増大させることには、繋がらないため、権威主義国家からは、敬遠されやすい。もし、アジアおよびアフリカ諸国等において日本を含む欧米諸国と同じ価値観を持つ政権が誕生し、民主主義と自由主義、民主的な選挙制度、国家権力を制限する「法の支配」、司法・立法・行政の権力分立により勢力均衡を図るための「三権分立」制度、基本的人権の尊重等を実施したとしても、戦略目的評価および国家意思評価を高め、「国力量」を増大させることには、繋がらないため、国内においては、対立する政治勢力から「国力を低下させた」として批判を受け易く、軍事クーデター等の武力による政権転覆を招き易い。よって、アジアおよびアフリカ諸国等においては、国内での政権維持を図るために戦略目的評価および国家意思評価を高めながら、「国力量」を増大させ易い権威主義国家であることが望ましいということになる。

　冷戦終結により旧ソビエト連邦が解体した後、中国が経済的に台頭する以前においては、日本を含む欧米諸国は、アジアおよびアフリカ諸国等に対して民主主義と自由主義、民主的な選挙制度、国家権力を制限する「法の支配」、司法・立法・行政の権力分立により勢力均衡を図るための「三権分立」制度、基本的人権の尊重等の実施を唱えていた。そして、日本を含む欧米諸国は、アジアおよびアフリカ諸国等に対して対外援助等の見返りとして、公正な選挙によって選出された大統領や国会議員等によって統治されている「自由主義的民主主義」の国家の実現を求めたのである。

しかしながら、中国およびロシアが経済面および軍事面において台頭した今日では、アジアおよびアフリカ諸国等が対外援助等を求めて日本を含む欧米諸国に媚びる必要は、なく、経済面および軍事面において同じ権威主義国家としての価値観を共有できる中国およびロシアの協力を得ながら「国力量」を増大させようとしている。例えば、2022年2月に始まったロシアによるウクライナ侵攻後、同年3月に国連総会の緊急特別会合にて「ロシアへの非難およびロシア軍の即時撤退などを求める決議案」が賛成多数で採択されたが、この採決についてアジアおよびアフリカ諸国等を中心に5か国が反対し、35か国が棄権している[349]。その理由としては、これらの国々は、中国およびロシアと同じく権威主義国家としての価値観を共有しているからである。

２．大国における人口減少問題

　冷戦後に旧ソビエト連邦が崩壊したのは、人口減少により、国力が低下したからだと考える国が多い。中国を含めてロシア等の大国が人口増加にこだわる理由がここにある。例えば、中国の場合、2021年5月に「第7次国勢調査」に基づき、2020年の中国の人口を14億1,000万人と公表しているが、易(2021)によると、中国の総人口は、2018年から減少し始めており、2020年は、12億8,000万人程度であると指摘している[350]。つまり、中国政府が1億3,000万人もの人口統計の水増しを行っていたことになる。

　また、易(2021)は、中国政府が実態に即して人口を公表すれば、長年、中国政府による人口統計の水増し工作の実態が明らかになり[351]、前代未聞の政治的な激震に直面すると指摘している。2017年7月、易富賢は、北京大学で開かれた学術会議において「中国における2016年の実際の人口は、12億9,000万人程度であり、国家統計局が発表したデータより9,000万人少ない」と述べている。それに対して、中国は、「易富賢が主張する『中国の人口が公式データより9,000万人少ない』は、大きな誤りである」と強く反論している[352]。確かに中国は、合計特殊出生率を高めたいと考えている。中国は、長期的な観点として、2.2程度の人口置換水準を維持するのが最も理想的と考えている一方で、中国が国内人口の急減を認めれば産児制限の失敗が明らかになることから、中国は、易富賢の著書を発禁処分としている。当時、外務省報道局長であった華春瑩は、「中国の人口は、増え続けており、欧米諸国の人口の合計数よりも多い」と易富賢が指摘した疑惑に対して真っ向から反論している[353]。中国が人口減少の問題に焦りを隠せないのは、「生産年齢人口が減り経済成長が低下すれば、社会の安定が崩れかねない」との危機感があるからだ。そのため、習近平自身も中国共産党中央財経委員会における国民に対するメッセージとして「世代を超えて国民が共に豊かになろう」と「共同富裕」を強調している[354]。これは、老齢人口の増加に伴う医療サービスおよび社会保障サービスに係る費用の負担が若年層に押し掛かれば、若年層を中心に政府への不満が高まりかねないからである。

　他方、Clausewitz(1993)によると、「戦争では、全国民の力が勝敗の帰趨を決定する」として「人口の多さが戦争等の紛争において勝利に直結する」と考えられる等、以前として、世界の多くの国々が「人口問題が国力に直結する」と信じている。18世紀以降、産業革命により、人口が急増した英国は、世界各地に領土拡大をすることにより、多くの自国民を世界中に移民として送り出している。そして、20世紀に英国の人口増加が鈍ると、ドイツでは、オットー・エドゥアルト・レオポルト・フォン・ビスマルク(以下、「ビスマルク」という。)による富国強兵政策の下で人口が増加する。ビスマルクは、当時、人口が減少していたフランスを普仏戦争にて打ち負かして中欧諸国の覇権国になっている。普仏戦争は、欧州最強の軍事大国としての地位を利用してフランスが再び大国になってドイツを脅かす存在になることを排除するためにビスマルクによって引き起こされたものである。そして、ドイツは、オーストリアやオスマン・トルコ等の周辺国家との軍事同盟を推し進めていくことになる。結果して、そのことが第一次世界大戦の勃発に繋がることになる[355]。当時の戦争は、白兵戦が多く、戦術および兵器の優劣ではなく、勇敢に突進する兵隊の数が勝利を決めるとされていた。第一次世界大戦におけるドイツの敗戦後、ヒトラーが政権を掌握すると、著書「我が闘争」(Mein Kampf)において「将来、ドイツ国民の生存権拡大のためには、東方生存圏の確保が欠かせない」と主張する等[356]、ヒトラーは、「ドイツには、欧州東部への植民地の拡大および人口増加が必要である」と考えるようになり、東欧諸国および旧ソビエト連邦への侵攻を開始して、第二次世界大戦を引き起こすのである[357]。

　ロシアは、20世紀の初頭において中国東北部への侵出や国内の食糧難による飢餓、戦争の頻発による財政の悪化等により、国民の不満が頂点に達すると、1917年のロマノフ王朝の終焉およびロシア革命を迎えることになる。そして、ロシア革命後に実権を掌握したヨシフ・ヴィッサリオノヴィチ・スターリン(以下、「スターリン」という。)により、恐怖政治による多くの国民の粛清や第二次世界大戦による多くの国民の犠牲により、旧ソビエト連邦の人口は、大きく減少することになる。そして、冷戦を経て旧ソビエト連邦崩壊後に誕生した新生ロシアの人口は、2100年になると、約2,000万人減ると予想されている[358]。それに対して、プーチン政権は、「将来的な人口減は、国家存亡の危機である」と考え、出産した母親への手当の増額や2025年までに最大1,000万人の移民を招く目標を掲げている[359]。

実際、2022年2月にロシアが本格的にウクライナ侵攻を開始して以降、現在でも戦闘が続くウクライナ国内においては、ロシアが占領する東部地域を中心に多くのロシア系住民が工業都市ノボシャフチンスク等、ロシア国内に移住しており、60万人超のロシア系住民がロシア国籍を取得している[360]。ロシア政府が占領した地域の住民に対してロシア国籍の取得を迫り、児童や若年層をロシア国内にある特別施設に連れ去る等の戦争犯罪行為とされている行動の背景には、プーチン政権がロシア国内における人口減少問題の解決を図りたいとする思惑と共にロシア国内において同じスラブ系民族の人口構成比率を高く維持したいという意図の存在が考えられる。

しかしながら、新興国および発展途上国を中心に米国を含む世界の多くの国々では、経済成長に伴って「働く女性」が増え続けており、彼女たちは、結婚しても出産を望まない傾向にある。その結果、合計特殊出生率が低下する等、将来の生産労働人口の減少が懸念されている。つまり、今後、世界的に働き手世代の比率が減る「人口重荷期」に突入するともいわれており、現在、人口に頼る国家拡張戦略は、ターニングポイントを迎えようとしている[361]。こうした点では、軍事力においても兵員数や軍事物資等の多さを競い合うような「量の時代」は、終わりを告げ、ドローン技術やサイバー戦での技術力等における質の高さを競い合うような「質の時代」に移ろうとしている。

第5節　中国における「法治」と「党治」

1．中国における「依法治国」

小口(2020)によると、中国における法によって国を治めるという「依法治国」の根幹にあるのは、一党独裁を前提とする「法治」が存在するだけだと指摘している。確かに中国における私法(物権法や契約法等の民法)と公法(憲法や刑事法等)とでは、全く様相が異なっている。例えば、経済の円滑な遂行を保証する中国の契約法は、「現代の国際貿易のルールに則った先進的な私法である」と評されるのに対して、憲法や刑法等の公法は、民主主義と自由主義、民主的な選挙制度、国家権力を制限する「法の支配」、司法・立法・行政の権力分立により勢力均衡を図るための「三権分立」制度、基本的人権の尊重等を軽視若しくは否定している。例えば、中国憲法は、近代的な「自由主義的民主主義」の国家が持つ立憲主義に基づく憲法とは、全く類型を異にしており、「表現の自由」、「思想および良心の自由」、「精神の自由」、「身体の自由」等に対する保障が全く存在していないため、国民に対する容赦なき公権力の行使と拷問による自白強要が普遍化している。よって、「依法治国」とは、日本を含む欧米諸国において認められている「国民の自由と権利」を保障する「法の支配」とは、全く異なる概念であり、中国共産党を中心とする権威主義による政治の独善性を保つための概念である[362]。こうした概念により、中国の約14億人の国民は、支配されている。

中国における「民主主義」の概念は、民主主義と自由主義、民主的な選挙制度、国家権力を制限する「法の支配」、司法・立法・行政の権力分立により勢力均衡を図るための「三権分立」制度、基本的人権の尊重等を前提とした日本を含む欧米諸国における「自由主義的民主主義」の概念とは、異なり、「社会主義的民主主義」と呼ばれている。米中間において「民主」の概念についての議論が噛み合わないのは、「民主」の概念についての差違に一因がある。政党制度に関しても、中国では、憲法の前文において中国共産党の政治面での指導的地位が明確に示されている。この場合、中国共産党は、「党治」といわれる政治に対する支配的影響力を事実上有するが、中国共産党は、国家機関では、ないことから、法令に基づき国家権力を行使する必要がない。なお、中国共産党以外にも「民主党派」と呼ばれる8つの政党があるが、これらは、「中国共産党の指導を受け入れて中国共産党に協力する」という存在であり、中国共産党と対立するものでは、ない[363]。中国では、1949年から現在に至るまで、1つの臨時憲法(1949年の中華国民政治協商会議共同綱領)および4つの憲法(1954年憲法、1975年憲法、1978年憲法および1982年憲法)が制定されている。現行憲法は、1982年憲法であり、1988年、1993年および1999年の3回に渡り、一部の条項が改正されている。1999年憲法改正においては、「社会主義法治国家」という概念が強調されている。これは、「人治」から「法治」への流れを憲法上確認するものである。

しかしながら、この「法治」は、国家が「国家権力が定めた法に従って国民を統治する」という概念であり、先述のとおり、国家権力を制限する「法」の存在を認める「法の支配」の概念とは、全く別のものとなっている。

また、法の制定主体である国家権力は、中国共産党により指導される存在となっている。従って、この「法治」と「党治」(中国共産党による支配)は、矛盾することなく両立する概念となる。そして、中国においては、司法・立法・行政の権力分立制度が「依法治国」の制度に矛盾するものとして否定されているため、「三権分立」という概念そのものが存在せず、司法・立法・行政の権力相互間の抑制均衡が図れることもない。つまり、中国の司法制度は、古代中国王朝より続く中央集権国家による官僚行政の下で裁判が行われていた頃と本質的に変わらないものであり、今日でも全ての裁判官が判決を下す際、政府および行政の意向を汲む傾向にある。

実際、こうした「依法治国」の制度の下では、「人権派」といわれる優秀な弁護士が国内の裁判において国家権力に立ち向かい反政府的な訴訟を原告側にたって弁護しようと努力しても、正当な理由もなしに弁護士資格を剥奪され、時には、刑務所に収監される等して、粛々と排除されるだけである。

第6節　むすび

　中国のPPPに基づくGDPは、今後も大きく伸び続けていくものであり、他国を圧倒する巨大な中国の経済力は、今後も外交戦略・経済戦略・安全保障戦略・環境戦略等の点において世界各地を舞台に影響力の行使を続けていくものと考えられる。そして、市場経済においては、市場の原動力となる「生産人口」ともいわれる若年層の人口増加が不可欠となっている。かつて「改革開放」により高い経済成長を遂げた中国は、市場の原動力となる若年層の人口増加が顕著であったものの、世界最大の人口を誇る中国は、「一人っ子」政策の影響もあり、人口が減少に転じており、将来的には、労働力不足が懸念されている。こうした状況下で、中国は、「一帯一路」構想にある「陸のシルクロード」や「海のシルクロード」による経済開発を駆使することで将来的に「人口ボーナス」による人口増加が予測されている新興国および発展途上国への投資を増やし続けている（写真1・写真2・写真3・写真4参照）。

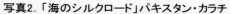
写真1.「海のシルクロード」ミャンマー・チャウピュー

（出所）筆者撮影。

写真2.「海のシルクロード」パキスタン・カラチ

（出所）筆者撮影。

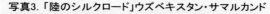
写真3.「陸のシルクロード」ウズベキスタン・サマルカンド

（出所）筆者撮影。

写真4.「陸のシルクロード」トルコ・イスタンブール

（出所）筆者撮影。

　その理由としては、中国が新たな市場の構築と共に将来の労働力の確保を念頭に置いているからである。そこには、トランプ政権においてみられた「米国第一主義」による国内の自国民を優先とする保護貿易政策ではなく、中国を含めた世界を一体とするグローバル市場の構築により、国境を越えて自由な「ヒト」・「モノ」・「カネ」の流通を図ることで、今よりも大きな「中国勢力圏」および「中国経済圏」を生み出そうとしている。つまり、これは、世界が中国に飲み込まれることを意味しており、中国は、まさに現代の「進撃の巨人」として「地ならし」により世界を制覇しようとして突き進んでいるといっても過言ではない。その際、警戒すべき点は、人類が長い間、多くの犠牲と時間をかけて克ち取った民主主義と自由主義、民主的な選挙制度、国家権力を制限する「法の支配」、司法・立法・行政の権力分立により勢力均衡を図るための「三権分立」制度、基本的人権の尊重等が軽視若しくは否定され、こうした概念自体が存在しないとされることである。よって、そのような事態に至ることのないように、民主主義と自由主義、民主的な選挙制度、国家権力を制限する「法の支配」、司法・立法・行政の権力分立により勢力均衡を図るための「三権分立」制度、基本的人権の尊重等を重視している日本を含む欧米諸国および世界の国々は、中国に対して、警戒すると共に対策を講じなければならないのである。

終章　人新生における失われた世界の未来

第1節　アジア太平洋地域における「価値観の相違」

　アメリカ合衆国(以下、「米国」という。)の教育学者である Robert Lee Fulghum は、著書である *"All I Really Need to Know I Learned in Kindergarten: Uncommon Thoughts on Common Things"* の中で「人生の知恵は、大学院という山の頂点にあるのではなく、幼稚園にある砂場に埋まっている。私は、人生に必要な知恵を全て幼稚園の砂場にて学んだ」と述べている。この言葉は、中華人民共和国(以下、「中国」という。)の中国共産党中央委員会総書記(2012年〜)・国家主席(2013年〜)習近平(以下、「習近平」という。)政権において「中国共産党結成100周年」を迎え、国内では、言論統制や企業統制も進める等、強権的な政治体制を強めると共に「一帯一路」構想にある「陸のシルクロード」や「海のシルクロード」による経済開発を促進させて自国の意向に賛同する国を増やし続け、領土拡張のために軍事力の増強を進めた状況も、米国の第45代大統領(2017年〜2021年)ドナルド・ジョン・トランプ(以下、「トランプ」という。)政権において人種・経済・宗教等の点で国民の間で構造的な分断と混乱が生じた状況も、案外、私たちの身近にある砂場の中に、その解決策が埋められていることを教えてくれているようである。

　かつて、中国において辛亥革命を成し遂げ「中国建国の父」ともいわれている孫文は、「民族主義」、「民権主義」、「民生主義」の3つから成り立つ「三民主義」を提唱すると共にこの「三民主義」を「中国の国際的地位や国内的地位の平等化を可能とする『救国主義』でもある」と主張している[364]。

　一つ目の「民族主義」とは、漢族と少数民族の平等を意味する「五族共和」の精神を示したものである。二つ目の「民権主義」とは、「司法」「立法」「行政」の三権分立に、官吏の採用システムたる「考試」と官吏の監察システムたる「監察」の二権を加えたものである。この「民権主義」の意義には、政府の権限を国民が「選挙権」、「罷免権」、「創制権」、「複決権」の4つの民権で国民が政治を適切に管理することも含まれている。三つ目の「民生主義」とは、経済的な不平等を改善し、国家主導で近代化と社会福祉を充実させることを意味している。今日においては、「こうした『三民主義』の精神が習近平政権によって統治されている現代の中国において果たして反映されているのだろうか?」と疑問に感じるものである。

　作家の Joel Chandler Harris は、*"Watch out when you're getting all you want. Fattening hogs aren't in luck."* 「欲するものが全て手に入りつつある時は、警戒せよ。肥えていく豚は、幸運なのではない」という言葉を残している。こうした点において「改革開放」の後に経済大国となった中国国民は、その多くが経済的な豊かさを享受している中で、「三民主義」の精神が浸透することもなく、人類が多くの犠牲と長い時間をかけて培った民主主義と自由主義、民主的な選挙制度、国家権力を制限する「法の支配」、司法・立法・行政の権力分立により勢力均衡を図るための「三権分立」制度、基本的人権の尊重等の価値観に触れることもなく、強権的な権威主義の政治体制の下で経済的には、豊かになりつつも国家の隷属として生きていることを認識するべきである。

　現在、パワー・バランスの変化は、国際政治経済の重心が大西洋から太平洋への移動を促し、アジア太平洋地域は、世界の国際政治経済の重心となりつつある。それ故にアジア太平洋地域は、世界で最もダイナミックかつ世界で最も注目される重要な地域となっている。同時に、これらの地域では、領土問題やナショナリズム等が溢れており、偶発的な軍事衝突が起こりうる緊張も数多くみられる。そして、アジア太平洋地域の将来の行方は、世界的な関心の対象となっている。経済的な側面からみると、「世界第1位の経済大国といわれる米国がその地位を世界第2位の経済大国である中国に譲ることになる」ともいわれている。こうした中で、世界第3位の経済大国である日本は、外交戦略・経済戦略・安全保障戦略・環境戦略等の点で難しい立ち位置に置かれている。

　地球上で新型コロナウイルス感染症(COVID-19)が収束しない中、貿易問題や安全保障問題等について反中姿勢を強めたトランプは、2020年大統領選挙に敗れたことで米中両国の間で激しい駆け引きの舞台から去り、それを引き継いだのが第46代米国大統領(2021年〜)ジョセフ・ロビネット・バイデン・ジュニア(以下、「バイデン」という。)ということになる。バイデンによる外交戦略・経済戦略・安全保障戦略・環境戦略等の分野における政策は、かつての第44代米国大統領(2009年〜2017年)バラク・フセイン・オバマ2世(以下、「オバマ」という。)政権の政策に近く、中国にとっては、「米国の脅威が低下している」と感じたのである。米国内では、社会格差および人種差別等による国民間の分断が広がる中で貧富の差が広がり、教育の機会均等にも影響を与えている。低所得者層にとって大学進学は、「遠い世界の夢物語」となり、実質的に大学進学を諦めざるを得ない人も増えている。それは、将来における「人生で得られる多くの機会」といった選択肢まで失うことを意味している。

この場合、将来における「人生で得られる多くの機会」といった選択肢を失うということは、Sandel(2010)が指摘しているとおり、学位取得によるキャリアを重視する米国社会において彼らおよびその子孫が幾世代にも渡り「貧困の連鎖」を続けることを意味している。よって、この問題の対処案としては、米国の優秀な低所得者層を留学という形で積極的に日本が受け入れ、学費免除や無償奨学金の交付等により日本において学士号・修士号・博士号の学位取得を促すべきである。そうすることで、多くの親日家の米国人を輩出すると共に日米同盟を中心とした外交戦略・経済戦略・安全保障戦略・環境戦略等の分野における日米両国の発展にも大きく寄与することになる。

　長年、民主主義と自由主義、民主的な選挙制度、国家権力を制限する「法の支配」、司法・立法・行政の権力分立により勢力均衡を図るための「三権分立」制度、基本的人権の尊重等を重視して、世界秩序の維持に貢献してきた米国の役割をトランプ政権以降、米国が大きく見直しているのに対して、中国は、経済力と軍事力の両輪を強く回転させながら、世界秩序の維持のために積極的に自らの役割を果たそうとしている。そして、中国は、米国に代わり、世界秩序の維持のためのルールを自ら策定しようしている。中国のこうした動きは、日本、東アジア諸国、欧米諸国、オセアニア諸国にとって大きな脅威となっているものの、EUを中心とする欧州諸国は、中国との間で直接的な武力衝突の可能性が低いと共に中国との経済的な結びつきが強いことから、中国の脅威に対して正面から対峙することは、ない。例えば、フランスやドイツ等が「文化大革命による社会の混乱」・「将来の中国を担う人材として嘱望された大学生等の多くの若い命が失われた第二次天安門事件」(以下、「『第二次天安門事件』」という。)・「中国初のノーベル賞を受賞した劉暁波による零八憲章」・「香港における民主派への弾圧」・「台湾の独立問題」・「チベット人やウイグル人等に対する国内における少数民族問題」等の禁句テーマ(以下、「中国禁句テーマ」という。)について、大事な貿易相手国である中国を直接批判して経済制裁を科すようなことは、しない。勿論、米国のバイデン政権も外交戦略・経済戦略・安全保障戦略・環境戦略等の分野において中国との直接的な衝突を望んでいる訳では、ない。それは、日本においても同じことがいえる。

　かつて、1938年9月に、旧チェコスロバキアのズデーテン地方の帰属問題を解決するためにドイツのミュンヘンにおいて開催された「ミュンヘン会談」では、「古典ドイツ語(イデッシュ語)を話すドイツ系住民が多数を占めていたズデーテン地方をドイツに帰属すべきだ」と主張した旧ドイツ帝国(第三帝国)総統のアドロフ・ヒトラー(以下、「ヒトラー」という。)に対して、英国およびフランスが「これ以上の領土要求を行わない」との約束を条件に、ヒトラーの要求を全面的に認めている。1938年9月29日付で署名された、この「ミュンヘン協定」は、後に「第二次世界大戦を誘発した宥和政策の典型」とされている。その結果、欧州全土が戦場となり、多くの人々の命が失われることになる[365]。こうした国際政治史の一幕を鑑みると、中国と日本・東アジア諸国・欧米諸国・オセアニア諸国との間にある「価値観の相違」がやがて、大きな軋轢となり両者間の大規模な衝突となることを危惧するものである。

　日本を含む欧米諸国にとって「改革開放」以前の中国は、莫大な人口を抱える将来有望な市場として潜在的な魅力があったものの、当時の中国は、旧ソビエト連邦を中心とする共産主義陣営の一員であったことから、日本を含む欧米諸国は、中国との経済交流をできずにいた。そのため、日本を含む欧米諸国は、旧ソビエト連邦や東欧諸国と同じように、「改革開放」を進める中国に対して経済援助や技術援助を行い、経済的自由主義を導入していけば、国民生活が豊かになり共産主義による中国の政治システムは、自ずと瓦解すると考えていた。確かに1989年に中国共産党中央委員会総書記(1982年～1987年)胡耀邦(以下、「胡耀邦」という。)の死去後に「第二次天安門事件」を引き起こした学生たちの多くは、旧ソビエト連邦や東欧諸国にて起きている改革を目の当たりにする中で、自らの力により中国の政治システムを改革できると信じていたものの、彼らは、ペレストロイカにより国内が混乱に陥った旧ソビエト連邦や中国政府と直接的な対決を望まない日本を含む欧米諸国からの支援をあまり受けることもなく、最終的には、当時、中国の最高指導者であり中国共産党中央軍事委員会主席(1981年～1989年)鄧小平(以下、「鄧小平」という。)の指示により、「動乱」に対する武力鎮圧という形で踏み潰されてしまう。勿論、鄧小平自身も自らが抜擢した中国共産党中央委員会総書記(1987年～1989年)(国務院総理)(1980年～1987年)趙紫陽(以下、「趙紫陽」という。)を失脚させ、国の将来を担う学生たちを武力鎮圧により葬りたいと心の底から願っていた訳では、ない。鄧小平自身、過去の「文化大革命」による中国社会の混乱やペレストロイカを進めた旧ソビエト連邦の衰退、そして、ビロード革命を進める東欧諸国の政治的な不安定等を目の当たりにして、「第二次天安門事件」がそのまま続けば、中国全土が混乱の渦に巻き込まれ、やがては、中国国内が内乱状態に陥ることを恐れたのである。結局、「第二次天安門事件」は、鄧小平によって「動乱」と結論付けられたことから、その後の中国は、経済面において「改革開放」を推し進め、「世界の工場」として高い経済成長を続けると共に政治面において民主主義と自由主義、民主的な選挙制度、国家権力を制限する「法の支配」、司法・立法・行政の権力分立により勢力均衡を図るための「三権分立」制度、基本的人権の尊重等を軽視若しくは否定しながら、中国共産党を中心とする権威主義国家として今日まで存在し続けている。

第2節　グローバル化と貧困

　国際連合(以下、「国連」という。)が報告した"United Nations, the Department of Economic and Social Affairs 2017"によると、1999 年以来 10 億人近くが極度の貧困状態から脱しているものの、2013 年の時点で、1 日 1.9 ドル未満で家族と暮らしている貧困層の人々は、世界人口の 10 人に 1 人ともいえる 7 億 6,700 万人を数えている。特にインドでは、1 億 7,000 万人もの人々が貧困層に属しており、世界の貧困層の 4 分の 1 を占めているといわれている[366]。

　2015 年 9 月の国連サミットで採択され「持続可能な開発のための 2030 アジェンダ」として記載された 2016 年から 2030 年までの国際目標である「持続可能な開発目標」(Sustainable Development Goals：SDGs)(以下、「SDGs」という。)が国内外の教育機関・政府・企業等において広く注目されている。SDGs は、持続可能な世界を実現するための 17 のゴールおよび 169 のターゲットから構成されており、「地球上の誰一人として取り残さない」(No one will be left behind.)を誓っている。

　他方、高度な工業化を達成して、技術水準および生活水準が高く、経済発展が大きく進んだ先進国と対峙する形で、現在でも新興国および発展途上国を中心に貧困問題、内戦による難民問題等は、如実に広がっており、「アラブの春」以降の北アフリカ・中東・中央アジア・南アジア等、こうした地域の政情不安は、今でも続いている。特に難民問題は、世界に大きな影響を与えている。北アフリカ・中東・中央アジア・南アジア等、こうした地域からの難民が目指すのは、社会保障制度が充実しており、基本的人権の尊重への配慮もあり、経済的に豊かで寛容に満ちた EU 諸国であり、北のロシアや東の中国、そして、西の米国を目指そうとは、しない(※中南米諸国からの経済移民を除く。)。

　米国は、かつて多くの難民を受け入れてきた国であったが、トランプ政権の誕生により、米国の国境がほとんど封鎖され、難民の受け入れが激減している。それは、トランプ政権にとって難民の受け入れが米国の国益に反すると判断されたからである。

　建国以来、孤立外交による「モンロー主義」を標榜していた米国だが、20 世紀に入ると 2 回の世界大戦やキューバ革命、ベトナム戦争等の局面で常に介入を選択することになる。つまり、米国は、「世界の警察官」として民主主義と自由主義、民主的な選挙制度、国家権力を制限する「法の支配」、司法・立法・行政の権力分立により勢力均衡を図るための「三権分立」制度、基本的人権の尊重等を重視して、資本主義等を護るために外交戦略を展開してきたのである。これらは、当時、社会主義国家であった旧ソビエト連邦を中心とする旧社会主義陣営にとっては、相対する価値観であることから、米国は、民主主義と自由主義、民主的な選挙制度、国家権力を制限する「法の支配」、司法・立法・行政の権力分立により勢力均衡を図るための「三権分立」制度、基本的人権の尊重等を重視して、資本主義等の価値を広めることで旧ソビエト連邦を中心とする旧社会主義陣営が自ずと瓦解し崩壊するものと考えていたのである。

　その後、米国は、1993 年にアフリカのソマリアにおいて生じた「モガディシュの戦い」の内戦の鎮圧に「世界の警察官」として向かったものの、米国軍の特殊部隊デルタフォースが市街戦において相手が明確な冷戦期の戦争よりも、誰が敵で誰が味方かも判らない部族間同士の地域紛争に苦戦する形で壊滅的な敗北を喫している。この敗北によって得た米国の不安は、2001 年に発生した同時多発テロ事件後のアフガニスタンやイラクでの戦いにおいても米国軍に経験させることになる。そして、それ以降、アフガニスタンおよびイラクにおける戦闘で手一杯になった米国は、国際紛争への介入に消極的になる。つまり、2021 年 8 月に米国軍は、アフガニスタンを撤退することになるが、そのデジャブ(déjà vu)は、ベトナム戦争での撤退時の経験では、なく、ソマリア撤退時の経験から生じたものである。

　「もはや米国は、『世界の警察官』ではない」と宣言し、「新たな戦争を起こさない」と公約して当選したオバマによる米国の外交姿勢および安全保障上の方針転換にいち早く反応したのがロシアおよび中国であった。確かにオバマは、2014 年にロシアがクリミアを併合した時でもウクライナに対して米国の軍事展開を見送っている。

　また、中国が南沙諸島海域に侵出し、2016 年 7 月 12 日、オランダのハーグにある常設仲裁裁判所において九段線に囲まれた南沙諸島海域について「中国が主張してきた歴史的権利について、国際法上の法的根拠がなく、国際法に違反する」と判決が下されたにも拘らず、南沙諸島海域における米国の軍事展開を見送っている。

　オバマ政権後に誕生したトランプ政権は、米中の対立が深まる中、「話し合い外交」を弱腰と考えていたが、現在のバイデン政権は、「話し合い外交」により習近平政権との対話を進めようとしている。こうした中で、中国は、「一帯一路」構想にある「陸のシルクロード」や「海のシルクロード」による経済開発を駆使しながら海外における重要性の高い港湾拠点の整備ならびに石油および天然ガス、レアメタル等の確保のためにインド洋やアジア太平洋の諸国、アフリカ諸国等を中心に対外援助による多額の資金貸与を続けている。その結果、その返済が国家財政を圧迫させ、財政破綻に追い込まれる国もみられるようになっている。

第3節　「改革開放」と中国の産業立国化

　中国は、建国以来、中国共産党中央委員会主席(1945年～1976年)・国家主席(1954年～1959年)毛沢東(以下、「毛沢東」という。)の思想もあり、農村開発に重点を置いた施策を遂行するものの、1950年代の「人民公社政策」や「大躍進政策」は、失敗する[367]。そうした失敗により実権を失っていた毛沢東は、1965年から実権派に対する奪権を目指し、「文化大革命」を計画する。それと同時に、旧思想や旧習慣の打破を主張する紅衛兵が台頭するようになり、「紅衛兵運動」が国内全域に拡大することになる。そして、「紅衛兵運動」は、各派閥に分裂し1966年から1968年にかけて実権派打倒に猛威を振るい、毛沢東自身でも統制ができなくなると、「上山下郷運動」が行われるようになる。この「上山下郷運動」は、都市部の青年層に対して地方の農村部にて肉体労働を行うことを通じて思想改造をしながら、農村支援および社会主義国家建設に協力させることを目的として進められ、中国国内にて約1,600万人もの国民が中学校卒業後、農村や辺境に追放され、徴農される等の下放政策に従事することになる。習近平自身も1969年1月から7年間、陝西省延安市延川県に下放されている。そして、1974年1月に中国共産党に入党している。毛沢東による「大躍進政策」や「文化大革命」による「上山下郷運動」等は、結果して中国の経済力の低下を招き、中国は、「国」として長い間、低迷期を迎えることになる。

　その後、毛沢東が逝去して、鄧小平が実権を握ると「改革開放」が進められ、日本からの国際協力援助等により産業技術の習得に努めることで、工業化が進んだ中国は、やがて「世界の工場」として君臨するようになる。

　司馬(2015)は、「技術があってモノができていけば誰にもアタマを下げる必要は、ない」と述べている[368]。この言葉の意味は、「改革開放」以降、中国が産業立国として成長し、国力が増強されていく中で国民意識も変化する過程を説明するのに適している。現代の工業製品は、自動車でも電気製品でも多数の部品が集まって完成されているが、工業製品の製造過程において分業生産が行われると技術が深くなる。そして、そのための道具や装置が精密になり、分業を行っている人間は、農村社会における農民ではなくなり、それ以前の人間とは、異なるようになる。この場合、工業製品は、自分が担当して製造する部品であるモノができなければ何も完成しない訳であり、工業製品の存在そのものが無になる。つまり、「改革開放」以降の中国は、工業化を推し進め、「モノ作り」を中心とした産業技術立国化に成功することで、農民は、旧来の農村村落における階層に組み込まれることなく、工場に勤務し、部品であるモノを製造して、それらを組み立てながら工業製品として販売することにより、「給与」という形で生活の糧を得るようになったのである。その結果、農民は、誰にも頭を下げる必要がなくなり、農民を含めた中国国民自身の権利意識が呼び起こされたのである。そして、中国国民は、中国政府内における官僚の腐敗等の問題についての是正を訴えるようになり、中国政府への批判も公然と行うようになったのである。

　1989年4月15日、「改革開放」路線と自由化路線を打ち出し、「4つの近代化」を進めてきた胡耀邦が逝去すると、その追悼集会に参加していた学生および市民が合掌する形で大規模な反政府運動に発展する。所謂「第二次天安門事件」の発生である。残念ながら、「第二次天安門事件」は、中国政府によって武力鎮圧される。そして、その結果、中国は、民主主義と自由主義、民主的な選挙制度、国家権力を制限する「法の支配」、司法・立法・行政の権力分立により勢力均衡を図るための「三権分立」制度、基本的人権の尊重等を軽視若しくは否定しながら、中国共産党を中心とする権威主義国家としての道を選択することになる。つまり、建国以来、農村共同体を中心として形成されてきた中国は、工業化を推し進め、「モノ作り」を中心とした産業技術立国化に成功すると、株式市場や金融市場を開設して経済力を高め、同時に軍事力も強化することで、米国と比肩する超大国として世界史上に登場することになる。

　実際、現代の中国が目指しているのは、イデオロギーとしての社会主義国家の実現ではなく、毛沢東による中国建国以来、鄧小平から習近平へと続く「人の支配」による権威主義国家の実現である。そして、それは、中国において秦の始皇帝より数千年に渡り続いてきた中国特有の政治文化であり、魯迅が強く批判する中国社会に根深く巣くう「馬馬虎虎」ともいえる[369]。

第4節　米国と中国における国内での経済的格差

　現在、米国と中国は、経済および軍事の両面において世界における二大大国となっている。こうした中で、両国共に国内において「富裕層」と「貧困層」による経済的格差が社会問題となっている。中国は、習近平が提唱した「共同富裕」の構想により経済的格差の是正を目指している。この「共同富裕」は、「社会主義国家：中国」に符合し、成長の陰で広がった経済格差の是正には、大義名分を見い出せる一方、「富める実力者」、「稼げる大企業」を締め付けることから、「市場経済国家：中国」が停滞するリスクを孕んでいる。それでも、習近平が考える「共同富裕」とは、「国民全体の富裕」のことであり、「国民の物質的な富裕」および「精神的な富裕」のことである。

これは、かつて毛沢東が建国時に「全ての国民が幸福な生活を送れる国家」を理想とした点を鑑み、習近平にとって毛沢東を超えるために必要な社会的課題となっている。そして、習近平は、『共同富裕』は、画一的な平均主義では、なく、段階を踏んで促進するものだ」と考えている。具体的には、「国民を中心に据える発展思想を堅持し、質の高い発展の中で『共同富裕』を促進すべきだ」としている。そして、効率性と公平性の関係を正しく処理し、「第一次分配」、「再分配」、「第三次分配」といった基礎的制度が構築されようとしている。この場合、効率性を重視して市場主導で行われる「第一次分配」、公平性を重視して政府主導で行われる「再分配」、それらに続く道徳性や公益性を重視しながら社会主導で行われる「第三次分配」に至るというのが習近平の考えである。習近平のそうした考えを反映するために、中国は、「中国共産党創立 100 周年」を記念して、「赤い遺伝子」の継承を進めている。国共内戦時に中国共産党の拠点であった場所が「赤い史跡」と位置付けられ、中国共産党への「信仰」の「洗礼」を授ける狙いから、中国共産党の一般党員が「赤い史跡」を訪れることは、義務となっている。最近では、有名 IT 企業までもが「赤い遺伝子」の継承に協力しようとする姿勢を示しており、「赤い遺伝子」を体験するための施設の建設運営に乗り出すところもある。その理由としては、中国政府の反感を買い、不条理な理由で多額の罰金を科せられるよりは、中国共産党に関係する施設に出資して「赤い遺伝子」政策に協力する姿勢を示した方が企業にとって経営上のリスクが少なく、政治的に無難であり、発展性のあるビジネスだと考えられているからである。そして、中国は、対外的には、豊富な資金力を背景に「一帯一路」構想にある「陸のシルクロード」や「海のシルクロード」による経済開発を促進させて自国の意向に賛同する国を増やし続けると共に国内においては、中国共産党を中心とする体制の強化に努めている。

　他方、近年、米国は、超大国としての存在感が大きく揺らいでいる。圧倒的だった外交・経済・安全保障等に関わる力が相対的に弱まり、内向き志向を強めている。国内では、人種や所得格差等による社会の分断が進んでいる中で、米国は、中国との覇権争いに向けて、「自由主義的民主主義」を標榜する国家として再建を果たすことにより、国としての豊かさを取り戻すことを目指している。そして、同時多発テロ事件後、侵攻していたアフガニスタンから米国軍が撤退した理由は、軍事面で中国に対抗する狙いから、米国軍の態勢の見直しを図るためでもあったと考えられている。確かに無人機の進歩等によって、軍事戦略上、戦線に米国軍を常時展開する必要性がなくなったことから、海外に駐留する米国軍の人数は、2008 年の 37 万人から 2020 年には、17 万人まで減少しており[370]、冷戦期を含むこの 60 年あまりで最低水準にある。つまり、米国は、「世界の警察官」としての役割を終えつつある。そして、米国は、国力の源泉である経済分野でも中国に対して優位性を保てなくなっている。21 世紀を迎えた 2001 年時点での米国の国内総生産(Gross Domestic Product：GDP)(以下、「GDP」という。)は、世界全体の約 31%を占め、旧ソビエト連邦崩壊後の唯一の超大国として米国は、君臨していたことから、ベルリンの壁崩壊後の東欧諸国等は、米国や西欧諸国の自由や経済的な豊かさに憧れを抱き、米国や西欧諸国に少しでも近づくために民主主義と自由主義、民主的な選挙制度、国家権力を制限する「法の支配」、司法・立法・行政の権力分立により勢力均衡を図るための「三権分立」制度、基本的人権の尊重等を重視しながら、政治経済システムおよび社会システム等の変革を進めたのである。

　しかし、近年、東欧諸国の中には、それらを見直す動きがみられる。今や米国自身も国内に分断を抱えており、米国の GDP の世界シェアをみても、2020 年には、約 24%まで低下する等[371]、米国は、世界における求心力を大きく低下させている。今後、バイデン政権が経済再生等の点で米国の指導力を示せなければ、世界の多くの国々において再びポピュリストの指導者が現れかねない。トランプが唱えた「米国第一主義」構想の背景には、米国における経済格差の拡大が社会の安定を揺さぶり、国民の多くが不満や憤りを感じていたからだともいわれている[372]。米国国勢調査局(United States Census Bureau：USC)(以下、「USC」という。) の調べでは、上位 20%の人々の所得額の合計は、米国全体の半分以上を占めており、リーマン・ショックの時期を除き増え続けている。経済的な格差の拡大は、中間層から脱落した白人労働者層や学生ローンに苦しむ若者の反発を生むことになり、米国社会の一体性を傷つけ、2016 年米国大統領選挙においてトランプ政権の誕生に一役買ったともいわれている。トランプ政権下において新型コロナウイルス感染症(COVID-19)の感染拡大を理由に H-1B (専門職ビザ)の発給を一時停止した 2020 年には、就労ビザ(査証)の取得件数が 12 万 4,983 件と前年比で 33%減っている[373]。バイデン政権は、こうした制限措置を解除したが、一部の米国民は、それにより自分たちの雇用が奪われかねないと懸念している。米国内では、ムスリムが暴力を扇動しやすいと考える人の割合は、過半数を超えており、この 20 年間で 2 倍に膨らんでいる[374]。確かに同時多発テロ事件に実行犯として関与したムスリムへの偏見は、米国社会に根深く浸透しており、米国の強みである「寛容性」が失われつつある。米国連邦捜査局(Federal Bureau of Investigation：FBI)(以下、「FBI」という。) によると、人種や宗教等への差別を理由としたヘイトクライムの件数は、同時多発テロ事件が発生した 2001 年以降に急増している。そして、一旦下火になったものの、近年、再び増加傾向にあり、アジア系を対象としたヘイトクライムが増えている。こうした状況下においてトランプは、2024 年米国大統領選挙に勝利し、再び政権への返り咲きを目指している。

その一方で、中国およびロシアは、米国の外交姿勢が消極的となり、さらに安全保障体制が弱体化する可能性が高いバイデン政権の4年間を見逃さない。引き続き、中国およびロシアは、バイデン政権に対して外交戦略・経済戦略・安全保障戦略・環境戦略等の点で揺さぶりをかけながら自国に有利な形での世界秩序の構築を進めようと試みることになる。確かに中国による台湾海峡の軍事的緊張や香港民主化運動の弾圧、ロシアによるウクライナ侵攻等についても、バイデン政権時に起きたものである。今後、こうした状況については、深く憂慮すると共に国際情勢の変化等についても注視していく必要がある。

第5節　米国のアフガニスタン撤退と中国の進出

アフガニスタンの反政府武装組織であるタリバンは、2021年9月15日、首都カブールを制圧し、大統領府も掌握した。米国は、2001年の同時多発テロ事件を契機にイラクおよびアフガニスタンに侵攻し、一旦は、タリバンを打倒したものの、同時多発テロ事件から20年を経た後、結局、タリバン政権の復活を許したことになる。米国は、アフガニスタンに対して20年間で1兆ドル以上を費やし、米国軍の兵士10万人以上を展開させたものの、アフガニスタンだけでも米国軍の兵士2,300人が犠牲になり、2万人以上が負傷している。米国のブラウン大学の調査によると[375]、アフガニスタン国軍と警察の損失は、6,400人を上回ると指摘している。2010〜2011年、米国の戦費は、年1,000億ドル近くに達し、2001年〜2019年のアフガニスタン戦費は、総額で7,780億ドルとされている。そこに復興プロジェクトとして米国国務省は、アフガニスタンに対して440億ドルを支出している[376]。

しかしながら、アフガニスタン国軍と警察では、脱走や汚職、腐敗が絶えず、現地司令官が存在しない兵士の給与を請求する「幽霊兵士」が存在する等の不正が横行していたのである。そのため、公称30万人のアフガニスタン治安部隊も実際には、何人いるか判らないともいわれていたのである。そうした中で、結局、米国主導によるアフガニスタンの民主化は、失敗する。その原因は、米国がアフガニスタン国内における貧困や腐敗の問題を解決できなかったからである。

それに対して、タリバンの戦闘員の数は、推定6万人程度といわれており、シリア紛争等にて仕事を失った「傭兵」等も加わり、他の民兵組織や支持者を加えるとその数は、20万人を超えていたといわれている[377]。そして、タリバンは、戦闘に欠かせない指揮命令系統の機能を維持しながら、戦闘能力の点においてアフガニスタン国軍や警察を上回っていたのである。

米国および北大西洋条約機構(North Atlantic Treaty Organization：NATO)(以下、「NATO」という。)によるアフガニスタン侵攻後、2004年に制定されたアフガニスタン憲法(以下、「2004年憲法」という。)は、イランやパキスタンの干渉を阻止するために多民族国家であるアフガニスタンの本質を無視し、中央集権化を進めることを主な目的としていた。そのことが、後のタリバン政権の復活を許したとも考えられている。アフガニスタンでは、2004年憲法により、地方の州知事、警察官、公務員、教師までもが中央の大統領府から任命されていたのである。当然ながら、そうした人選方法は、地域事情を無視する形となり、地方からの不満が生じやすかったといえる。アフガニスタンの人口構成は、全体としてパシュトゥーン人38.5%、ハザラ人24.5%、タジク人21.3%、ウズベク人6%、その他9.7%等となっており[378]、各地域によって民族構成の比率が異なることから、最初から、各民族を主体とする地方政府を機能させて「連邦制」を導入していれば、タリバン政権の復活を防げたと考えられている。タリバンは、最大多数のパシュトゥーン人を主体に構成されている。パシュトゥーン人は、アフガニスタン国境沿いのパキスタン国内にも多く居住していることから、アフガニスタンのタリバン政権は、パキスタンとの外交関係を重視している。

他方、米国が作った「空白」を埋めるかのように登場したのが中国である。中国は、図1のとおり(別頁参照)、パキスタンとの間で中国・パキスタン経済回廊(China-Pakistan Economic Corridor：CPEC)(以下、「CPEC」という。)を計画している[379]。勿論、アフガニスタンのタリバン政権もCPECへの参加に意欲を見せている。CPECは、中国とパキスタンを鉄道や道路で結び、同国南西部のグワダル港を軸に発電所等も整備する計画であり、総額500億ドル規模の大型投資が期待されている。鉄道や道路をアフガニスタンに延伸すれば、同国において産出が見込まれるレアメタル等の非鉄金属やレアアース等の希土類の鉱物資源開発および産出を可能にするものであり[380]、アフガニスタンに経済的な利益を齎すことになる。

実際、アフガニスタンは、図1のとおり(別頁参照)、内陸国であるものの、パキスタンのカラチ港やグワダル港等を利用してアフガニスタンの鉱物資源を世界中に輸出することが可能であり、外貨の獲得と経済成長が期待できる。このようにアフガニスタンのCPECへの参加は、中国にとっても自国の経済成長に欠かせない貴重な鉱物資源を独占且つ大量に確保できることを意味している。

長年、タリバンを支えてきたパキスタンとしてもアフガニスタンへの影響力を強めることは、外交上対立するインドを牽制することもできる。こうしてみると、豊富な鉱物資源が埋蔵しており、「宝の国」ともいえるアフガニスタンに対して米国は、多額の財政支出と人命を犠牲にしながらも、結局、何も得ることなく立ち去ったということになる。

今後、アフガニスタンは、タリバン政権を中心に中国お

図1　中国・パキスタン経済回廊(China–Pakistan Economic Corridor：CPEC)ルート

(出所)　China–Pakistan Economic Corridor, http://cpec.gov.pk/introduction/(September 17, 2021)をもとに筆者作成。

よびパキスタン等との連携を深めながら[381]、自国の資源開発ならびに新たな地政学および地経学上の優位性を活かそうとしている。そして、それを傍で虎視眈々と注視しているのがロシアである。

2021年9月17日、上海協力機構(Shanghai Cooperation Organization：SCO)(以下、「SCO」という。)の第21回首脳会議がタジキスタンの首都ドゥシャンベで開催された。この時、オブザーバー国として参加していたイランのSCOへの加盟(※2023年7月に開催されたSCO第23回首脳会議にて正式加盟が承認されている。)が認められている[382]。新しく選出されたイラン大統領のイブラーヒーム・ライーシー(以下、「ライーシー」という。)は、この会議の場において「イランの外交政策は、常に国際機関への積極的な参加と多国間主義に基づいている。短期間で地域に貢献できる点で優れた国際機関となったSCOが今後も誇り高い道を歩み続けることを願っている」と述べている[383]。ライーシーは、SCO首脳会議と併行して開催された集団安全保障条約機構(Collective Security Treaty Organization：CSTO)(以下、「CSTO」という。)のサミットでも演説し[384]、「アフガニスタンの歴史は、アフガニスタンの人々が彼らの運命を決定するために外国の介入を受け入れないという教訓を示唆している。アフガニスタンの近隣国は、アフガニスタンの歴史的な転換点で非常に重要な責任を負う」と述べている。米国との外交上の対立や経済制裁により、イランの国内経済が困窮化している中で、イランのSCOへの加盟(※2023年7月に開催されたSCO第23回首脳会議にて正式加盟が承認されている。)は、今後、イラン経済の停滞からの脱却と外交の復権に向けて極めて重要な意味を持つことになる[385]。

「一帯一路」構想にある「陸のシルクロード」や「海のシルクロード」による経済開発を進める中国や日本を含む欧米諸国に外交上の揺さぶりをかけ続けているロシアにとってSCOは、図2のとおり(別頁参照)、外交戦略・経済戦略・安全保障戦略・環境戦略等の分野においてユーラシア全体に大きな影響を与えることができる多国間協力組織であり[386]、日本を含む欧米諸国が持つ民主主義と自由主義、民主的な選挙制度、国家権力を制限する「法の支配」、司法・立法・行政の権力分立により勢力均衡を図るための「三権分立」制度、基本的人権の尊重等といった日本を含む欧米諸国の価値観に捉われずに参加国が自らの優位性を引き出しながら軍事および政治経済等の点で交流を深めることが可能な国際連携組織でもある。例えば、ロシアによるウクライナ侵攻においてイランは、カスピ海での海上輸送により、秘密裡に武器弾薬からドローンに至るまでロシアに対して供与し続けている。

また、SCOでは、外交および安全保障の点で対立している国々も「呉越同舟」の状態で同じ参加国として存在している点が大きな特徴である。例えば、国境問題により外交および安全保障の点で対立している中国・インド・パキスタン等もSCOの同じ加盟国であり、ナゴルノ・カラバフ紛争にて武力衝突したアゼルバイジャンおよびアルメニア等もSCOの対話パートナーとしての参加国である。

実際、アフガニスタンのタリバン政権は、イスラム原理主義を主体とする「鎖国国家」を望んでおらず[387]、国内経済の安定と外交上の孤立を避けるために中国およびロシアに接近しながら、SCOの正式加盟に関心を寄せている[388]。そのためには、タリバン政権の主体となるパシュトゥーン人以外のタジク人にも配慮しなければならない。なぜなら、タジク人は、アフガニスタンに隣接し、SCOの原加盟国でもあるタジキスタンの主要民族だからである[389]。つまり、タリバン政権としては、国内のパシュトゥーン人以外の民族に対しても弾圧ではなく、融和を求めなければならないことになる。このようにSCOは、日本を含む欧米諸国とは、異なる価値観を内在させて参加国を増やしながら、ユーラシアにおける外交戦略・経済戦略・安全保障戦略・環境戦略等の点で重要な役割を果たしていくことになる。

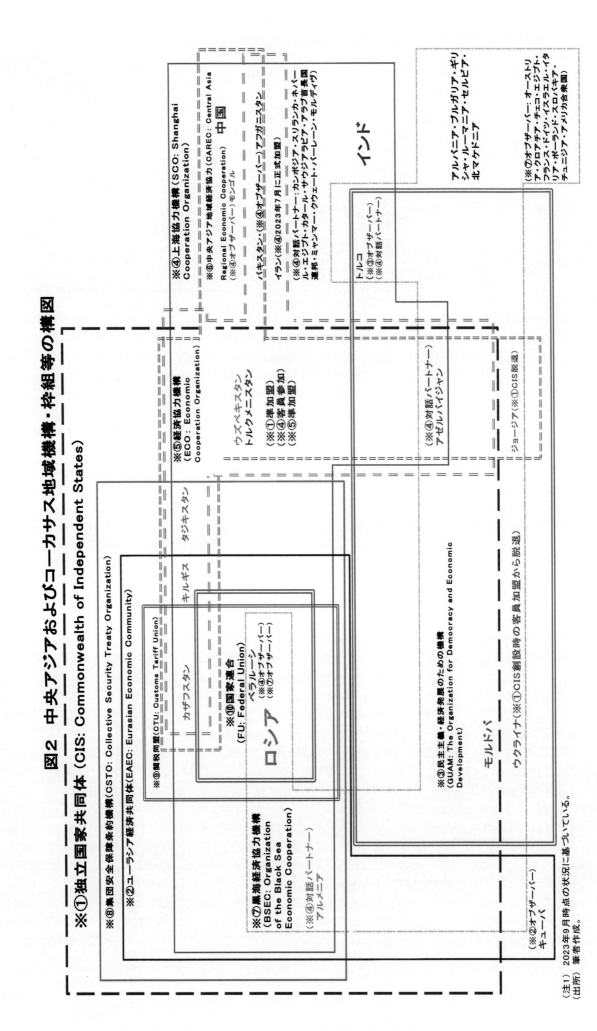

図2 中央アジアおよびコーカサス地域機構・枠組等の構図 (CIS: Commonwealth of Independent States)

※①独立国家共同体 (CIS: Commonwealth of Independent States)

※⑧集団安全保障機構(CSTO: Collective Security Treaty Organization)

※②ユーラシア経済共同体(EAEC: Eurasian Economic Community)

※⑨関税同盟(CTU: Customs Tariff Union)

※⑩国家連合 (FU: Federal Union)

ベラルーシ
（※④オブザーバー）
（※②オブザーバー）

ロシア

カザフスタン

キルギス

タジキスタン

※⑦黒海経済協力機構
(BSEC: Organization of the Black Sea Economic Cooperation)

（※④対話パートナー）
アルメニア

※⑤経済協力機構
(ECO: Economic Cooperation Organization)

ウズベキスタン
トルクメニスタン
（※①準加盟）
（※④客員参加）
（※⑤準加盟）

（※④対話パートナー）
アゼルバイジャン

※④上海協力機構 (SCO: Shanghai Cooperation Organization)

※⑥中央アジア地域経済協力(CAREC: Central Asia Regional Economic Cooperation)
（※④オブザーバー）モンゴル

中国

パキスタン・（※④オブザーバー）アフガニスタン

イラン（※④2023年7月に正式加盟）

（※④対話パートナー：カンボジア・スリランカ・ネパール・エジプト・カタール・サウジアラビア・アラブ首長国連邦・ミャンマー・クウェート・バーレーン・モルディヴ）

インド

トルコ
（※③オブザーバー）
（※④対話パートナー）

※③民主主義・経済発展のための機構
(GUAM: The Organization for Democracy and Economic Development)

モルドバ

ウクライナ（※①CIS創設時の客員加盟から脱退）

ジョージア（※①CIS脱退）

（※②オブザーバー）
キューバ

アルバニア・ブルガリア・ギリシャ・ルーマニア・セルビア・北マケドニア

（※②オブザーバー：オーストリア・クロアチア・チェコ・エジプト・フランス・ドイツ・イスラエル・イタリア・ポーランド・スロバキア・チュニジア・アメリカ合衆国）

（注1）2023年9月時点の状況に基づいている。
（出所）筆者作成。

第6節　欧米諸国および中国におけるロシア産天然ガスに対する輸入戦略の違い

　近年、世界の天然ガス貿易量は、全体的に大きく増えている。ロシアによるクリミア併合およびウクライナ東部紛争以前(以下、「クリミア併合以前」という。)の2011年の世界の天然ガス貿易量をみてみると、表1のとおり(別頁参照)、全体で1兆254億㎥であったものが、ロシアによるクリミア併合およびウクライナ東部紛争以後でロシアによるウクライナへの全面侵攻直前(以下、「クリミア併合以後」という。)の2020年には、表2のとおり(別頁参照)、全体で1兆2,437億㎥となっており、世界的に天然ガスの貿易量が増加している。2014年3月18日、ロシア、クリミア、セヴァストポリの3者が調印した条約に基づきロシアによるクリミア併合が実行されたことから[390]、日本を含む欧米諸国は、ロシアに対する経済制裁を科したものの[391]、欧州諸国のロシア産天然ガスへの依存度は、高いままであった。例えば、ドイツの国別輸入構成率をみると、表1および表2のとおり(別頁参照)、ロシア産天然ガスへの依存度がクリミア併合以前の2011年では、36.62%(308億㎥)であったが、クリミア併合以後の2020年では、55.20%(563億㎥)となっており、ロシアへの経済制裁下でも大きく増加している。これは、ドイツの場合、アンゲラ・ドロテア・メルケル(以下、「メルケル」という。)政権時にノルド・ストリーム・パイプラインを中心にロシア産天然ガスの輸入を拡大してきたことにより[392]、クリミア併合以後もロシア産天然ガスへの依存度を高めていたということになる。

　また、欧州諸国全体の国別輸入構成率をみると、ロシア産天然ガスへの依存度は、クリミア併合以前の2011年では、30.55%(1,407億㎥)であったものが、クリミア併合以後の2020年では、33.79%(1,849億㎥)となっており、欧州諸国は、クリミア併合以後も全体的にロシア産天然ガスの輸入依存度を高めている。

　それに対して、米国は、クリミア併合以前の2011年、クリミア併合以後の2020年共にロシア産天然ガスを輸入していない。米国の場合、カナダとの間に天然ガスパイプラインが敷設されており、互いに天然ガスの輸出入を行っている。そして、余剰分の米国産天然ガスについては、LNGにて海外に輸出されている。

　中国の天然ガス輸入量については、クリミア併合以前の2011年時点では、309億㎥程度であり、日本の天然ガス輸入量である1,071億㎥の約3分の1程度にすぎない貿易量であったものの、国内のエネルギー政策の転換もあり、中国のエネルギー需給構成が石炭から天然ガスにエネルギーシフトした結果、クリミア併合以後の2020年になると天然ガス輸入量が1,401億㎥となり、日本の天然ガス輸入量である1,020億㎥の約1.4倍となる等、大きく天然ガス輸入量を増加させている。

　実際、中国のロシア産天然ガスへの依存度をみてみると、クリミア併合以前の2011年は、0.97%(3億㎥)であり、クリミア併合以後の2020年は、7.71%(108億㎥)となっている。つまり、中国は、欧州諸国と比べてロシア産天然ガスの輸入依存度が特段、高くないことが判る。中国向けのロシア産天然ガスは、主に東シベリアからの天然ガスパイプラインにより輸入されているが、中国は、「一帯一路」構想にある「陸のシルクロード」や「海のシルクロード」による経済開発を駆使しながら、ロシアの他、トルクメニスタンおよびミャンマー等からもパイプラインにより天然ガスを輸入している。そして、中国は、東南アジア・中東・アフリカ・オーストラリア(以下、「豪州」という。)等からもLNGにより天然ガスを輸入している。確かに中国は、ロシアとの外交関係が蜜月であり、ロシアによるクリミア併合およびウクライナ侵攻についても外交的に中立の立場をとる等、日本および欧米諸国のようにロシアに対して経済制裁を科しては、いないものの、ロシアに配慮してロシア産天然ガスの輸入量を増加させることでロシア産天然ガスへの依存度を高めるようなこともしない。その理由としては、ロシアが中国向けのロシア産天然ガスの輸出量を増加させたいと考える一方で、中国は、天然ガスを含むエネルギー資源における安全保障の確保と取引価格についてのバーゲニングパワーを維持したいと考えているからである。そのため、中国は、天然ガスの調達先をポートフォリオのように分散化させており、戦略性を持ちながら天然ガスの輸入を行っている点が欧州諸国および日本との違いである。

　他方、ロシアは、クリミア併合およびウクライナ侵攻に伴う日本を含む欧米諸国からの経済制裁による国内経済への影響等を受けながらも、表1および表2のとおり(別頁参照)、欧州諸国に対してロシア産天然ガスを輸出している。ロシアは、石油および天然ガス輸出に特化した産業形態を持ち、国営企業が石油および天然ガス輸出による利益を独占している。そして、その利益を国民に再分配する形での国家体制を構築していることから、石油および天然ガス輸出に特化した産業形態を持つ中東諸国等と同様にロシアは、レンティア国家としての特徴を示している。安部(2019a・2019b)によると、一般的にレンティア国家という用語は、中東諸国・アゼルバイジャン・カザフスタン・トルクメニスタン・ロシア等のように外貨獲得のために石油および天然ガス等の鉱工業生産物の輸出に大きく依存している諸国(以下、「鉱工業生産物輸出依存型諸国」という。)のように石油および天然ガス等の化石燃料輸出に重点をおいた政治経済体制を説明する用語として使用されると共に中東諸国等の非民主的な政治体制を説明するためにも使用されている[393]。レンティア国家収入における非税収入(以下、「レント収入」という。)は、非稼得性の収入であり、石油および天然ガスを除く国内の生産部門が脆弱であるにも拘らず多額の国家収入を得ることができる。そのため、鉱工業生産物輸出依存型諸国は、消費財等(食料品・機械・輸送機械・繊維他)について輸入に大きく依存した貿易体制を構築する傾向にある。

　当然、ロシアとしても、石油および天然ガス等の鉱物資源輸出によるレント収入といった非稼得性の収入に国家財政を依存するレンティア国家として継続していく方向にあることから、2022年2月に始まったウクライナ侵攻以降、日本を含む欧米諸国との対立の中で中国やアフリカ諸国等、ロシアと協調する国々を増やしていかなければならないのである。

表 1　ロシアによるクリミア併合およびウクライナ東部紛争以前の世界天然ガス貿易一覧表（2011年）

輸入国	合計		ロシア		米国		カナダ		英国		オランダ		ノルウェー		トルクメニスタン		カタール		UAE		イエメン		イラン		オーストラリア		インドネシア		マレーシア		その他	
	貿易量(億m³)	国別輸入構成率(%)	貿易量(億m³)	国別輸入構成率(%)	貿易量(億m³)	国別輸入構成率(%)	貿易量(億m³)	国別輸入構成率(%)	貿易量(億m³)	国別輸入構成率(%)	貿易量(億m³)	国別輸入構成率(%)	貿易量(億m³)	国別輸入構成率(%)	貿易量(億m³)	国別輸入構成率(%)	貿易量(億m³)	国別輸入構成率(%)	貿易量(億m³)	国別輸入構成率(%)	貿易量(億m³)	国別輸入構成率(%)	貿易量(億m³)	国別輸入構成率(%)	貿易量(億m³)	国別輸入構成率(%)	貿易量(億m³)	国別輸入構成率(%)	貿易量(億m³)	国別輸入構成率(%)	貿易量(億m³)	国別輸入構成率(%)
米国	982	100.00%		0.00%		0.00%	880	89.61%		0.00%		0.00%	4	0.41%		0.00%	26	2.65%		0.00%	17	1.73%		0.00%		0.00%		0.00%		0.00%	55	5.60%
日本	1,071	100.00%	98	9.15%	5	0.47%		0.00%		0.00%		0.00%	2	0.19%		0.00%	158	14.75%	77	7.19%	3	0.28%		0.00%	190	17.74%	126	11.76%	203	18.95%	209	19.51%
中国	309	100.00%	3	0.97%	2	0.65%		0.00%		0.00%		0.00%		0.00%	143	46.28%	32	10.36%		0.00%	11	3.56%		0.00%	50	16.18%	27	8.74%	21	6.80%	20	6.47%
インド	172	100.00%		0.00%	4	2.33%		0.00%		0.00%		0.00%	1	0.58%		0.00%	130	75.58%	2	1.16%	2	1.16%		0.00%	2	1.16%		0.00%	2	1.16%	29	16.86%
韓国	493	100.00%	39	7.91%	2	0.41%		0.00%		0.00%		0.00%	4	0.81%		0.00%	111	22.52%		0.00%	37	7.51%		0.00%	11	2.23%	108	21.91%	56	11.36%	125	25.35%
タイ	11	100.00%	2	18.18%		0.00%		0.00%		0.00%		0.00%		0.00%		0.00%	3	27.27%		0.00%		0.00%		0.00%		0.00%	1	9.09%		0.00%	5	45.45%
オーストリア	96	100.00%	49	51.04%		0.00%		0.00%		0.00%		0.00%	25	26.04%		0.00%		0.00%		0.00%		0.00%		0.00%		0.00%		0.00%		0.00%	22	22.92%
ベルギー	296	100.00%	74	25.00%		0.00%		0.00%	53	17.91%	43	14.53%	59	19.93%		0.00%	61	20.61%		0.00%	3	1.01%		0.00%		0.00%		0.00%		0.00%	3	1.01%
チェコ	121	100.00%	69	57.02%		0.00%		0.00%		0.00%		0.00%	39	32.23%		0.00%		0.00%		0.00%		0.00%		0.00%		0.00%		0.00%		0.00%	13	10.74%
フィンランド	38	100.00%	38	100.00%		0.00%		0.00%		0.00%		0.00%		0.00%		0.00%		0.00%		0.00%		0.00%		0.00%		0.00%		0.00%		0.00%	0	0.00%
フランス	469	100.00%	86	18.34%		0.00%		0.00%	10	2.13%	79	16.84%	152	32.41%		0.00%	32	6.82%		0.00%	2	0.43%		0.00%		0.00%		0.00%		0.00%	108	23.03%
ドイツ	841	100.00%	308	36.62%		0.00%		0.00%		0.00%	237	28.18%	284	33.77%		0.00%		0.00%		0.00%		0.00%		0.00%		0.00%		0.00%		0.00%	12	1.43%
ギリシア	33	100.00%	26	78.79%		0.00%		0.00%		0.00%		0.00%		0.00%		0.00%		0.00%		0.00%		0.00%		0.00%		0.00%		0.00%		0.00%	7	21.21%
ハンガリー	67	100.00%	57	85.07%		0.00%		0.00%		0.00%		0.00%		0.00%		0.00%		0.00%		0.00%		0.00%		0.00%		0.00%		0.00%		0.00%	10	14.93%
アイルランド	54	100.00%		0.00%		0.00%		0.00%	54	100.00%		0.00%		0.00%		0.00%		0.00%		0.00%		0.00%		0.00%		0.00%		0.00%		0.00%	0	0.00%
イタリア	696	100.00%	154	22.13%		0.00%		0.00%	30	4.31%	77	11.06%	61	8.76%		0.00%	61	8.76%		0.00%		0.00%		0.00%		0.00%		0.00%		0.00%	313	44.97%
オランダ	137	100.00%	40	29.20%		0.00%		0.00%	16	11.68%		0.00%	74	54.01%		0.00%		0.00%		0.00%		0.00%		0.00%		0.00%		0.00%		0.00%	7	5.11%
ポーランド	109	100.00%	93	85.32%		0.00%		0.00%		0.00%		0.00%		0.00%		0.00%		0.00%		0.00%		0.00%		0.00%		0.00%		0.00%		0.00%	16	14.68%
スロバキア	53	100.00%	53	100.00%		0.00%		0.00%		0.00%		0.00%		0.00%		0.00%		0.00%		0.00%		0.00%		0.00%		0.00%		0.00%		0.00%	0	0.00%
スペイン	367	100.00%		0.00%	2	0.54%		0.00%		0.00%		0.00%	38	10.35%		0.00%	48	13.08%		0.00%		0.00%		0.00%		0.00%		0.00%		0.00%	279	76.02%
トルコ	420	100.00%	235	55.95%		0.00%		0.00%		0.00%		0.00%		0.00%		0.00%	6	1.43%		0.00%		0.00%	84	20.00%		0.00%		0.00%		0.00%	95	22.62%
英国	535	100.00%		0.00%	1	0.19%		0.00%		0.00%	64	11.96%	222	41.50%		0.00%	219	40.93%		0.00%	7	1.31%		0.00%		0.00%		0.00%		0.00%	22	4.11%
その他欧州諸国	274	100.00%	125	45.62%		0.00%		0.00%		0.00%	6	2.19%	3	1.09%		0.00%	7	2.55%		0.00%		0.00%		0.00%		0.00%		0.00%		0.00%	133	48.54%
※欧州諸国向け（計）	4,606	100.00%	1,407	30.55%	3	0.07%	0	0.00%	163	3.54%	506	10.99%	957	20.78%	0	0.00%	434	9.42%	0	0.00%	12	0.26%	84	1.82%	0	0.00%	0	0.00%	0	0.00%	1040	22.58%
ベラルーシ	181	100.00%	181	100.00%		0.00%		0.00%		0.00%		0.00%		0.00%		0.00%		0.00%		0.00%		0.00%		0.00%		0.00%		0.00%		0.00%	0	0.00%
ロシア	300	100.00%		0.00%		0.00%		0.00%		0.00%		0.00%		0.00%	101	33.67%		0.00%		0.00%		0.00%		0.00%		0.00%		0.00%		0.00%	199	66.33%
ウクライナ	405	100.00%	405	100.00%		0.00%		0.00%		0.00%		0.00%		0.00%		0.00%		0.00%		0.00%		0.00%		0.00%		0.00%		0.00%		0.00%	0	0.00%
その他	1,724	100.00%	79	4.58%	411	23.84%		0.00%		0.00%		0.00%		0.00%	203	11.77%	324	18.79%	1	0.06%	7	0.41%	7	0.41%	6	0.35%	30	1.74%	51	2.96%	605	35.09%
※世界向け（計）	10,254	100.00%	2,214	21.59%	427	4.16%	880	8.58%	163	1.59%	506	4.93%	968	9.44%	447	4.36%	1218	11.88%	80	0.78%	89	0.87%	91	0.89%	259	2.53%	292	2.85%	333	3.25%	2,287	22.30%

（注1）　国別輸入構成率は、小数点第五位を四捨五入している。
（出所）　BP（2012）をもとに筆者作成。

表2 ロシアによるクリミア併合およびウクライナ東部紛争以後でロシアによるウクライナへの全面侵攻直前の世界天然ガス貿易一覧表（2020年）

輸入国 \ 輸出国	合計 貿易量(億m³)	合計 国別輸入構成率(%)	ロシア 貿易量	ロシア 構成率(%)	米国 貿易量	米国 構成率(%)	カナダ 貿易量	カナダ 構成率(%)	英国 貿易量	英国 構成率(%)	オランダ 貿易量	オランダ 構成率(%)	ノルウェー 貿易量	ノルウェー 構成率(%)	アゼルバイジャン 貿易量	アゼルバイジャン 構成率(%)	トルクメニスタン 貿易量	トルクメニスタン 構成率(%)	カタール 貿易量	カタール 構成率(%)	UAE 貿易量	UAE 構成率(%)	オーストラリア 貿易量	オーストラリア 構成率(%)	インドネシア 貿易量	インドネシア 構成率(%)	ミャンマー 貿易量	ミャンマー 構成率(%)	マレーシア 貿易量	マレーシア 構成率(%)	その他 貿易量	その他 構成率(%)
米国	695	100.00%		0.00%		0.00%	682	98.13%		0.00%		0.00%	1	0.14%		0.00%		0.00%		0.00%		0.00%		0.00%		0.00%		0.00%		0.00%	12	1.73%
カナダ	226	100.00%		0.00%	218	96.46%		0.00%		0.00%		0.00%		0.00%		0.00%		0.00%		0.00%		0.00%		0.00%		0.00%		0.00%		0.00%	8	3.54%
メキシコ	568	100.00%		0.00%	552	97.18%		0.00%		0.00%		0.00%		0.00%		0.00%		0.00%		0.00%		0.00%	1	0.18%	3	0.53%		0.00%		0.00%	12	2.11%
日本	1,020	100.00%	84	8.24%	64	6.27%		0.00%		0.00%		0.00%		0.00%		0.00%		0.00%	119	11.67%	14	1.37%	397	38.92%	30	2.94%		0.00%	148	14.51%	164	16.08%
中国	1,401	100.00%	108	7.71%	44	3.14%		0.00%		0.00%		0.00%		0.00%		0.00%	272	19.41%	112	7.99%	4	0.29%	406	28.98%	74	5.28%	39	2.78%	83	5.92%	259	18.49%
インド	358	100.00%	7	1.96%	33	9.22%		0.00%		0.00%		0.00%		0.00%		0.00%		0.00%	141	39.39%	48	13.41%	14	3.91%		0.00%		0.00%		0.00%	115	32.12%
韓国	553	100.00%	28	5.06%	80	14.47%		0.00%		0.00%		0.00%		0.00%		0.00%		0.00%	130	23.51%	3	0.54%	109	19.71%	37	6.69%		0.00%	67	12.12%	99	17.90%
タイ	144	100.00%		0.00%	7	4.86%		0.00%		0.00%		0.00%		0.00%		0.00%		0.00%	30	20.83%		0.00%	11	7.64%	3	2.08%	69	47.92%	13	9.03%	11	7.64%
台湾	247	100.00%	33	13.36%	15	6.07%		0.00%		0.00%		0.00%		0.00%		0.00%		0.00%	69	27.94%	3	1.21%	67	27.13%	16	6.48%		0.00%	10	4.05%	34	13.77%
ベルギー	227	100.00%	9	3.96%	13	5.73%		0.00%		0.00%	84	37.00%	75	33.04%		0.00%		0.00%	28	12.33%		0.00%		0.00%		0.00%		0.00%		0.00%	18	7.93%
フランス	454	100.00%	76	16.74%	26	5.73%		0.00%		0.00%	38	8.37%	184	40.53%		0.00%		0.00%	19	4.19%		0.00%		0.00%		0.00%		0.00%		0.00%	111	24.45%
ドイツ	1,020	100.00%	563	55.20%		0.00%		0.00%		0.00%	130	12.75%	312	30.59%		0.00%		0.00%		0.00%		0.00%		0.00%		0.00%		0.00%		0.00%	15	1.47%
イタリア	629	100.00%	197	31.32%	21	3.34%		0.00%		0.00%	16	2.54%	54	8.59%		0.00%		0.00%	68	10.81%		0.00%		0.00%		0.00%		0.00%		0.00%	273	43.40%
オランダ	384	100.00%	112	29.17%		0.00%		0.00%		0.00%		0.00%	200	52.08%		0.00%		0.00%		0.00%		0.00%		0.00%		0.00%		0.00%		0.00%	72	18.75%
スペイン	332	100.00%	34	10.24%	54	16.27%		0.00%		0.00%		0.00%	12	3.61%		0.00%		0.00%	31	9.34%		0.00%		0.00%		0.00%		0.00%		0.00%	201	60.54%
トルコ	466	100.00%	158	33.91%	28	6.01%		0.00%		0.00%		0.00%		0.00%	111	23.82%		0.00%		0.00%		0.00%		0.00%		0.00%		0.00%		0.00%	169	36.27%
英国	483	100.00%	76	15.73%	47	9.73%		0.00%		0.00%	10	2.07%	237	49.07%		0.00%		0.00%	90	18.63%		0.00%		0.00%		0.00%		0.00%		0.00%	23	4.76%
その他EU	1,363	100.00%	599	43.95%	67	4.92%		0.00%		0.00%		0.00%	3	0.22%	1	0.07%		0.00%	35	2.57%		0.00%		0.00%		0.00%		0.00%		0.00%	658	48.28%
その他欧州諸国	114	100.00%	25	21.93%		0.00%		0.00%		0.00%	3	2.63%		0.00%	22	19.30%		0.00%		0.00%		0.00%		0.00%		0.00%		0.00%		0.00%	64	56.14%
※欧州諸国(計)	5,472	100.00%	1,849	33.79%	256	4.68%	0	0.00%	0	0.00%	281	5.14%	1,077	19.68%	134	2.45%	0	0.00%	271	4.95%	0	0.00%	0	0.00%	0	0.00%	0	0.00%	0	0.00%	1604	29.31%
ベラルーシ	176	100.00%	176	100.00%		0.00%		0.00%		0.00%		0.00%		0.00%		0.00%		0.00%		0.00%		0.00%		0.00%		0.00%		0.00%		0.00%		0.00%
ロシア	110	100.00%		0.00%		0.00%		0.00%		0.00%		0.00%		0.00%		0.00%	38	34.55%		0.00%		0.00%		0.00%		0.00%		0.00%		0.00%	72	65.45%
ウクライナ	147	100.00%		0.00%		0.00%		0.00%		0.00%		0.00%		0.00%		0.00%		0.00%		0.00%		0.00%		0.00%		0.00%		0.00%		0.00%	147	100.00%
その他	1,320	100.00%	96	7.27%	106	8.03%		0.00%		0.00%		0.00%	34	2.58%	2	0.15%	6	0.45%	407	30.83%	4	0.30%	57	4.32%	5	0.38%		0.00%	7	0.53%	596	45.15%
※世界合計(合計)	12,437	100.00%	2,381	19.14%	1,375	11.06%	682	5.48%	0	0.00%	281	2.26%	1,112	8.94%	136	1.09%	316	2.54%	1,279	10.28%	76	0.61%	1,062	8.54%	168	1.35%	108	0.87%	328	2.64%	3133	25.19%

（注1）国別輸入構成率は、小数点第五位を四捨五入している。
（出所）BP（2021）をもとに筆者作成。

第7節　平和のための戦略

　1963年6月10日、米国の首都ワシントンD.C.の郊外にあるアメリカン大学の卒業式において当時、第35代米国大統領(1961年～1963年)ジョン・フィッツジェラルド・ケネディ(以下、「ケネディ」という。)が「平和のための戦略(The Strategy of Peace)」と題した演説を次のとおり行っている(写真1および写真2参照)[394]。「大学というのは、無知を憎む人々が知識を得ようと努力し、真理を知る人々が他者の目を開かせようと努力する場所である。地上では、無知が蔓延ることがあまりにも多く、真理が理解されることがあまりにも少ない。それでいて地上でもっとも重要なテーマとは、『世界平和』である。この場合の『世界平和』とは、米国の軍事力によって強制的に世界に対して齎される『パクス・アメリカーナ』のことでは、ない。それは、『墓場の平安』でも、『奴隷の安全』でもない。我々は、『真の平和』、すなわち、『地球上での生活を生きる価値のあるものに対しての平和』、『人と国が成長し、希望を持ち、子孫のためにより良い生活を作り上げることのできる平和』、『米国人のためだけでは、なく世界中の人々のための平和』、『今の時代だけでは、なく、あらゆる時代における平和』等について考えるべきである。人間の運命の問題において、人間の力の及ばない場所にあるもの等は、ない。人間は、その理性と精神によって、解決不可能に思われた問題を何度も解決してきた。今、私が話しているのは、一部の夢想家や狂信者が考えるような平和や善意に関する絶対的で広大無辺な概念では、ない。それよりももっと現実的で実現可能な平和に目を向けるべきである。それは、人間性の急激な改革では、なく、『人間社会の段階的な進歩に基づく平和』、『関係者全員の利益にかなう具体的な行動と有効な合意の積み重ねによる平和』である。残念ながら、こうした平和を簡単に実現する『鍵』等、どこにもない。1つや2つの国が採用するだけで効果を発揮するような『壮大な魔法の方程式』も存在しない。『真の平和』は、多くの国と人々の行動が積み重なって作り出されるものでなければならない。そして『静的なもの』では、なく、新しい世代の課題が浮かび上がるたびに変化して対応できる『動的なもの』でなければならない。なぜなら、平和とは、過程であり、問題を解決するための手段だからである。我々の持つ好悪の感情がどんなに不変のものに見えようとも、時の流れや出来事の大きなうねりは、しばしば、国家間や隣人同志の関係に驚くような変化を齎す。よって、平和は、実現できないものでは、なく、戦争は、避けられないものでは、ない。目標を今よりも明確に定め、もっと判りやすく、身近なものにすることで、我々は、全ての人々が目標を見つけ、そこに希望を見出し、自然とそこに向かって進み出すことができる。つまり、平和とは、根本的には、『荒廃の恐怖を感じることなく生活できる権利』、『自然の空気をそのまま呼吸する権利』、『将来の世代まで健全に存続する権利』といった人間の権利に関する問題である。我々は、我が国の利益を進んで擁護するものの、その一方で、世界の人間の利益も擁護したい。我々は、そのような任務を前にして無力では、なく、成功への希望を失うことは、ない。我々は、自信に溢れ、恐怖を感じることなく、『全滅のための戦略』では、なく、『平和のための戦略』に向かって進み続けなければならないのである」。

　このようにケネディは、米国の若者に対して、真の「世界平和」のためには、米国国民だけの利益を追求するだけでは、なく、他国の国民の利益を擁護すると共に絶え間ない地道な努力と時代の趨勢に柔軟に対応できる行動を身に付けながら、世界中の人々と協力し、自信をもって「世界平和」への戦略に向かって進んでいくことを訴えている[395]。当時は、米ソ冷戦の最中であり、「核戦争」による危機も生じていた。米ソ間における社会的価値観やイデオロギーにおいては、大きく異なる点が数多くあった。ケネディは、それを踏まえた上で「世界平和」に向けた弛まない努力と柔軟な姿勢による戦略的な対応を人類の将来を担う若者に対して問いかけ、それを求めたのである。それから61年後の2024年3月の世界では、冷戦が終結し、旧ソビエト連邦も既に消滅している。

　しかしながら、人類の滅亡を招く「核戦争」の危機は、低減したものの、旧ソビエト連邦を受け継いだロシアおよび中国等が武力を背景に民主主義と自由主義、民主的な選挙制度、国家権力を制限する「法の支配」、司法・立法・行政の権力分立により勢力均衡を図るための「三権分立」制度、基本的人権の尊重等を軽視若しくは否定する権威主義国家として台頭するようになっている。そして、それに連動するかのように新興国および発展途上国

写真1. アメリカン大学卒業式におけるケネディの演説風景
（出所）アメリカン大学附属図書館。

写真2. アメリカン大学における講堂前の広場
（出所）筆者撮影。

の中からも民主主義と自由主義、民主的な選挙制度、国家権力を制限する「法の支配」、司法・立法・行政の権力分立により勢力均衡を図るための「三権分立」制度、基本的人権の尊重等を軽視若しくは否定する一方で、軍事力を重視する権威主義国家が数多く誕生しており、国民を力により弾圧するケースが増えている。その結果、現代世界では、「核兵器」の脅威よりも、民主主義と自由主義、民主的な選挙制度、国家権力を制限する「法の支配」、司法・立法・行政の権力分立により勢力均衡を図るための「三権分立」制度、基本的人権の尊重等といった人類が多くの犠牲を払いながら培ってきた「英知」が破棄される危険に晒され、人類にとって大きな脅威となっている。そして、同時に人類は、国境を跨ぐ「難民の発生」という問題を抱えている。こうした点では、61年前にケネディが問いかけて求めた「『平和のための戦略』に向かって人類は、進み続けなければならない」といった言葉が現代の我々の心に強く響くものであり、重く感じられるのである。

あとがき

　近年、新型コロナウイルス感染症(COVID-19)の蔓延拡大が先進国のみならず新興国および発展途上国に対しても経済的に大きなダメージを与えている。こうした中で、「世界は美しくなんかない。そして、それ故に美しい」。*"The world is not beautiful. Therefore it is."* という、時雨沢(2000)が示した一節は、現代の世界における経済格差の状況を如実に示しており、今日のグローバル化が進む多分化社会における様々な問題点を簡潔に示している。つまり、先進国における文明の恩恵を受けている人々とは、裏腹に新興国および発展途上国において文明の恩恵を受けていない人々は、様々な社会的要因により、困窮していることが多い。特に新興国および発展途上国から先進国に対する農産物、水産物、繊維、鉱物資源、エネルギー資源等の輸出は、新興国および発展途上国の人々の苦慮の代償によって齎されることが多く、その結果、先進国の人々の生活が美しく保たれていることを意味している。この先進国と新興国および発展途上国という経済的な主従関係は、歴史的にみても時代の趨勢によって立場が変わるものである。今日、先進国として大国となったアメリカ合衆国(以下、「米国」という。)は、18世紀頃までは、現在の新興国および発展途上国と同じような状態であった。米国は、南北戦争後の奴隷制度の廃止後、民主主義と自由主義を掲げながら産業開発を推し進め、その労働力として世界各地から多くの移民を受け入れた。そして、建国以来受け継がれた米国のフロンティア精神は、移民に対して努力して成功すれば、富裕になれるチャンスを与えた。第一次世界大戦により欧州が戦場となり、多くの国が疲弊していく中で、逆に米国は、経済的に大きな躍進を遂げると共に第二次世界大戦を経て先進国および大国としての地位を固めていった。それに対して、中華人民共和国(以下、「中国」という。)は、米国と同様に「改革開放」が始まる前までは、現在の新興国および発展途上国と同じような状態であった。清朝末期に列強からの侵略を受け、辛亥革命後も近代化が遅れ、中国共産党による建国後も「大躍進政策」による経済政策の失敗および「文化大革命」による社会の混乱等から、経済的には、停滞する時期が続いていた。当時の中国は、経済的に貧しく国民が保有する自動車の数も限られており、かつては、北京の天安門広場前を数多くの自転車が行き交う情景がみられたが、「改革開放」による経済成長の結果、国民の所得も増え、今では、中国国内のエンジン付の車両保有台数が4億2,600万台となり、その内、自動車が3億2,800万台、新エネルギー車が1,620万台、その他が8,180万台となっている（※2023年6月末時点、公安部（※地方機関を含む。）の発表）。中国は、社会主義国が自由資本市場を導入するという世界でも類がない試みを行っており、それに加えて、「一帯一路」構想にある「陸のシルクロード」や「海のシルクロード」による経済開発を駆使しながら市場の拡大および軍事力の増強を図りながら、確実に大国としての地位を固めつつある。

　今日、二大大国となった米国および中国における内政面での両者の違いは、「三権分立」の存在である。米国の場合、「三権分立」による司法・立法・行政の三つの独立した機関が相互に抑制し合い、バランスを保つことにより、権力の濫用を防ぎ、国民の権利と自由を保障するチェック機能が働いている。そのため、外交問題・経済問題・安全保障問題等と共に環境問題・内政問題・社会福祉問題等の点で現政権に大きな失敗があった場合、「選挙」という形による国民からの「審判」若しくは「判決」という形による司法からの「審判」を受けることになる。それに対して、中国の場合、国家権力を制限する「法の支配」、司法・立法・行政の権力分立により勢力均衡を図るための「三権分立」制度が存在しないため、権力の濫用を防ぎ、国民の権利と自由を保障するチェック機能が全く機能していない。そのため、外交問題・経済問題・安全保障問題等と共に環境問題・内政問題・社会福祉問題等の点で現政権に大きな失敗があった場合でも、「選挙」という形により国民からの「審判」若しくは「判決」という形による司法からの「審判」を受けることがない。そして、一党独裁を続ける中国共産党の体面を守るために報道が絶えず規制されており、自由な報道により中国政府および中国共産党への批判が許されることもない。こうした状況下では、中国共産党の内部において中国国民との信頼関係の維持および継続的な高い経済成長が求められており、外交問題・経済問題・安全保障問題等と共に環境問題・内政問題・社会福祉問題等の点での後退が許されないことになる。確かに中国では、政治体制の体面を守るために虚偽の情報が出回ることが多い。これでは、制度上、中国の政治指導者は、「神格化されやすい」という危険性を孕むことになる。今日、米中両国における外交戦略・経済戦略・安全保障戦略・環境戦略等における対立というのは、「前進のみであり、後退できない」といった中国特有の政治体制から生じているものであり、今後、こうした点が米中両国にとって非常に大きな危険性を齎すことを認識しなければならない。

　最後に本著書の執筆にあたり、志し半ばでご逝去された一般社団法人日本安全保障・危機管理学会の安倍晋三・永世名誉会長(元・内閣総理大臣)、佐藤正久参議院議員、一般社団法人日本安全保障・危機管理学会の二見宣理事長、経済産業省の平井裕秀経済産業審議官、一般社団法人東北経済連合会の宮本保彦副会長(常勤・代表理事)、東北大学の塚原保夫名誉教授、東北大学の田林眕一名誉教授、東北大学の牛尾陽子監事、東北大学の千葉敏彦臨床教授、宮城教育大学の佐藤哲也副学長（教育学部長・教育学研究科長）、尚絅学院大学の佐々木公明学院長兼理事長、東洋学園大学の愛知太郎理事長、山形大学の遠藤賢太郎名誉教授、帝京大学の中村浩一郎常勤講師、立命館アジア太平洋大学の山形辰史教授、京都大学の高橋基樹教授、横浜国立大学の志賀裕朗教授、横浜国立大学の小林誉明准教授、朝日新聞の藤谷健・編集担当補佐、(※アゼルバイジャン)国立外国語大学の Yashar Ibrahimov 教授、トビリシ自由大学の Kote Tsereteli 准教授、神戸大学の中村覚教授、合田隆史氏(前・尚絅学院大学長)、工藤昭彦博士(元・東北大学大学院農学研究科長)、黒田卓氏(元・東北大学大学院国際文化研究科長)、北川誠一氏(元・東北大学大学院国際文化研究科教授)、長内了氏(故人・元・中央大学法学部長兼体育連盟應援部長)、石川敏行博士(元・中央大学法学部教授)、程塚良男氏(元・中央大学体育連盟應援部監督)、東北電力株式会社の高橋英人・販売カンパニー販売戦略部・部部長、山形座瀧波の南浩史 CEO、東北エアサービス株式会社の佐竹吉哉・常務取締役、斎藤恒夫氏(元・東北電力株式会社・取締役副社長)、森田正宏氏(教育者)、小川利雄氏(故人・教育者)、有澤健志氏(故人・法律家)、鎌形直人氏(銀行家)、菊地祥之氏(法律家)、安部三十郎氏(元・米沢市長)、千葉正敏氏(医師)、工藤嗣雅氏(林業家)、工藤風奏氏(芸術家)、小笠原真之氏(前・聖ドミニコ学院理事長)、聖ドミニコ学院の佐野督郎理事長、聖ドミニコ学院幼稚園の京けい子園長、聖ドミニコ学院小学校の藤巻義也教諭、そして、聖ドミニコ学院小学校の児童諸君他、多くの先生方および関係者から有意義なご指摘を頂いた。ここに深く感謝の意を表すと共に研究資料の整理等の協力を賜り、筆者を励まし、優しく諭しながら本著書の完成へと導いて下さった槻木の由美子女史に対しては、筆舌に尽くしがたい感謝の気持ちで一杯である。

主要参考文献一覧

（日本語文献）

Abulimiti, R、岩元泉、坂爪浩史、高梨子文恵、2005、「中国新疆ウイグル自治区における農村女性の地位と役割」『鹿児島大学農学部学術報告』、Vol.55、37-53 頁。

安部雅人、2005、「ベトナム北部地域における再生可能エネルギーによる地方電化政策に関する研究」『国際文化研究』、第 11 号、291-306 頁。

安部雅人、2006、「カスピ海周辺地域におけるエネルギー資源開発の戦略的構造－パイプライン・プロジェクトの事例を中心に－」『国際文化研究』、第 12 号、91-106 頁。

安部雅人、2016、「カスピ海周辺地域における石油および天然ガスの輸出戦略と持続可能性－アゼルバイジャンのパイプライン・プロジェクトを事例として－」『国際開発研究』、第 24 巻第 1 号、135-149 頁。

安部雅人、2019a、「ロシアにおけるエネルギー戦略の新外交機軸－欧州を巡るロシア産天然ガスの輸出戦略を中心に－(上)」『安全保障と危機管理』、Vol.47、48-59 頁。

安部雅人、2019b、「ロシアにおけるエネルギー戦略の新外交機軸－欧州を巡るロシア産天然ガスの輸出戦略を中心に－(下)」『安全保障と危機管理』、Vol.49、47-53 頁。

安部雅人、2020a、「新冷戦期のエネルギー資源戦略とグローバル・アクター－ミャンマーにおける中国のエネルギー資源戦略と経済対外援助を中心に－(1)」『安全保障と危機管理』、Vol.51、49-53 頁。

安部雅人、2020b、「日本の農村社会における地域社会サービス事業の実施および地域活性化の可能性－メキシコにおける地域社会サービス事業の観点から－(1)」『安全保障と危機管理』、Vol.53、38-41 頁。

安部雅人、2020c、「日本の農村社会における地域社会サービス事業の実施および地域活性化の可能性－メキシコにおける地域社会サービス事業の観点から－(2)」『安全保障と危機管理』、Vol.54、24-29 頁。

安部雅人、2021a、「日本の農村社会における地域社会サービス事業の実施および地域活性化の可能性－メキシコにおける地域社会サービス事業の観点から－(3)」『安全保障と危機管理』、Vol.55、46-49 頁。

安部雅人、2021b、『アジア太平洋地域における国際政治経済の重心の変容－中国の「一帯一路」構想と米国の「米国第一主義」構想を中心に－』、一般社団法人日本安全保障・危機管理学会、1-111 頁。

易富賢、2021、「人口と世界－中国、3 年前から減少－」『日本経済新聞』、2021 年 8 月 27 日、10 頁。

飯田洋介、2015、『ビスマルク－ドイツ帝国を築いた政治外交術－』、中央公論新社、1-254 頁。

井上洋文、2019、「中国：増える石炭消費量」『電気新聞』、2019 年 4 月 23 日、14 頁。

加藤美保子、2014、『アジア・太平洋のロシア－冷戦後国際秩序の模索と多国間主義－』、北海道大学出版会、1-164 頁。

ガルトゥング, ヨハン、高柳先男、塩屋保、酒井由美子訳、1991、『構造的暴力と平和』、中央大学出版部、1-232 頁。

北野尚宏、2019、「中国の対外援助政策」『政策オピニオン』、№116／2019. 5.10、1-10 頁。

木村凌二、2021、「中国型社会主義への懸念」『電気新聞』、2021 年 6 月 21 日、10 頁。

経済産業省、2018、『通産白書 2018』、経済産業省、1-262 頁。

小口彦太、2020、『中国法「依法治国」の公法と私法』、集英社、1-256 頁。

坂井光、2019、「中ロ結ぶパイプライン開通 中国含む消費国、値下げ包囲網」『日本経済新聞』、2019 年 12 月 7 日、13 頁。

坂本信博、2021、「新疆ウイグル出生率 2 年で半減　中国統計入手、不妊処置が急増」『西日本新聞』、2021 年 5 月 19 日、11 頁。

時雨沢恵一、2000、『キノの旅－the Beautiful World－』、KADOKAWA/アスキー・メディアワークス、1-238 頁。

司馬遼太郎、2015、「明石海峡と淡路みち/阿波紀行」『司馬遼太郎街道をゆく』、41 号、11/6 号、1-17 頁。

シャープ, ジーン、瀧口範子訳、2012、『独裁体制から民主主義へ－権力に対抗するための教科書－』、筑摩書房、1-168 頁。

鈴木岩行、張英莉、2016、「ミャンマーにおける企業の人材育成の現状：現地企業と日系・中国系・韓国系企業の比較を中心に」『東西南北』、第 2016 年号、114-128 頁。

セバレンジ, ジョセフ、アン・ムラネ、ラウラ、米川正子訳、2015、『ルワンダのジェノサイド生存者の証言－憎しみから赦しと和解へ－』、立教大学出版会、1-323 頁。

総務省統計局、2021、『世界の統計』、総務省、1-284 頁。

高木路子、2017、「ミャンマー大水深探鉱状況」『JOGMEC』、2017 年 7 月 21 日、1-9 頁。

高田博行、2014、『ヒトラー演説－熱狂の真実』、中央公論新社、1-286 頁。

武内進一、2009、『現代アフリカの紛争と国家－ポストコロニアル家産制国家とルワンダのジェノサイド』、明石書店、1-462 頁。

竹原美佳、2019、「中国における最近の天然ガスの状況と市場化の動き」『JOGMEC』、2019 年 10 月 2 日、1-21 頁。

多部田俊輔、2019、「中国石油大手が投資加速」『日本経済新聞』、2019 年 3 月 26 日、15 頁。

鶴田綾、2018、『ジェノサイド再考』、名古屋大学出版会、1-360 頁。

十市勉、2021、「エネルギー転換の地政学」『電気新聞』、2021 年 4 月 16 日、12 頁。

東西貿易通信社、2017、『2016 年版 中国の石油産業と石油化学工業』、東西貿易通信社、1-830 頁。

東洋経済新報、2017、『海外進出企業総覧(国別編)2017 年版』『週刊東洋経済』、2017 年 5 月臨時増刊号、1-2000 頁。

トドロフ, ツヴェタン、大谷尚文訳、2016、『民主主義の内なる敵』、みすず書房、1-256 頁。

日本学生支援機構留学生事業部留学情報課企画調査係、2021、『2020(令和2)年度外国人留学生在籍状況調査結果』、日本学生支援機構、1-22 頁。

根本敬、2015、『アウン・サン・スーチーのビルマ民主化と国民和解への道－』、岩波書店、1-244 頁。

ハッツフェルナンド, ジャン、服部欧右訳、2013、『隣人が殺人者に変わる時－ルワンダのジェノサイド生存者たちの証言－』、かもがわ出版、1-268 頁。

福田涼太郎、2020、「情報「だだ漏れ」では研究に支障『学術スパイ』対策に政府本腰」『産経新聞』、2020 年 10 月 14 日、1 頁。

二子石優、2021、「留学生 30 万人計画の達成とその実情を探る－留学生の入学経路と卒業後進路に関する一考察－」『留学交流』、2021 年 3 月号第 120 号、42-60 頁。

マクナブ, クリス、松尾恭子訳、2011、『図表と地図で知るヒトラー政権下のドイツ』、原書房、1-307 頁。

三隅勇気、2021、「脱炭素の論文数、中国 16 分野で首位」『日本経済新聞』、2021 年 6 月 11 日、15 頁。

毛里和子、2021、『現代中国－内政と外交－』、名古屋大学出版会、1-240 頁。

森川伸吾、1999、「中国の国家制度の憲法的な枠組み」『法律文化』、Vol.189、1-40 頁。

劉大偉、山口健介、2015、「中国～ミャンマー石油天然ガスパイプラインの建設に対する考察 －国内の政策過程と国際エネルギー調達をめぐって－」『アジ研ワールド・トレンド』、第 241 号、36 頁。

魯迅、駒田信二訳、1998、『阿Q正伝・藤野先生』、講談社、1-300 頁。

渡部恒雄、2022、「中間選挙結果バイデン外交にどう影響するか?」『SPF アメリカ現状モニター』、2022 年 12 月 26 日、1-6 頁。

渡辺由佳里、2020、『ベストセラーで読み解く現代アメリカ』、亜紀書房、1-386 頁。

(外国語文献)

Allison, Graham. 2018. *Destined for War: Can America and China escape Thucydides' Trap?* New York: Scribe Publications.

Anderson, Lisa. 1987. "The State in the Middle East and North Africa." *Comparative Politics.* Vol.20. No.1. pp.1—6.

Bari, Muhammad Abdul. 2018. *The Rohingya Crisis: A People Facing Extinction.* Derby: Kube Publishing.

Bolton, John. 2020. *The Room Where It Happened: A White House Memoir.* New York: Simon & Schuster.

BP. 2012. *The BP Statistical Review of World Energy 2012.* London: BP plc.

BP. 2021. *The BP Statistical Review of World Energy 2021.* London: BP plc.

Bremmer, Ian. 2015. *Superpower: Three Choices for America's Role in the World.* London: Portfolio Penguin.

Bremmer, Ian. 2018. *Us vs. Them: The Failure of Globalism.* London: Portfolio Penguin.

Chetty, Raj, Nathaniel Hendren, and Lawrence F. Katz. 2015. "The Effects of Exposure to Better Neighborhoods on Children: New Evidence from the Moving to Opportunity Experiment." *American Economic Review.* vol. 106, No. 4, April 2016(pp. 855—902). Pittsburgh: The American Economic Review.

Clausewitz,Carl Von. 1993. *On War.* London: Everyman.

Cline,Ray Steiner. 1975. *World Power Assessment.* London: Routledge.

Cohen, Michael. 2020. *Disloyal: A Memoir: The True Story of the Former Personal Attorney to President Donald J. Trump.* New York: Skyhorse.

Federal Bureau of Investigation. 2015. *Hate Crime Statistics 2015.*   Washington,D.C. : U.S. Department of Justice.

Federal Bureau of Investigation. 2016. *Hate Crime Statistics 2016.*   Washington,D.C. : U.S. Department of Justice.

Federal Bureau of Investigation. 2017. *Hate Crime Statistics 2017.*   Washington,D.C. : U.S. Department of Justice.

Federal Bureau of Investigation. 2018. *Hate Crime Statistics 2018.*   Washington,D.C. : U.S. Department of Justice.

Federal Bureau of Investigation. 2019. *Hate Crime Statistics 2019.*   Washington,D.C. : U.S. Department of Justice.

Fulghum, Robert. 2004. *All I Really Need to Know I Learned in Kindergarten: Uncommon Thoughts on Common Things.* New York: Ballantine Books.

Hogue, John. 2014. *A New Cold War: The Prophecies of Nostradamus, Stormberger and Edgar Cayce.* Washington,D.C.: Hogue Prophecy Publishing.

Jeung,Russell. Aggie Yellow Horse. Tara Popovic. and Richard Lim. 2021. *STOP AAPI HATE NATIONAL REPORT.* San Francisco: Stop AAPI Hate.

Kennedy,John Fitzgerald. 2021. *President Kennedy The Collected Speeches Extended Edition.* New York: Independently published.

Lee,Erika.2013. *At America's Gates: Chinese Immigration During the Exclusion Era, 1882—1943.* Chapel Hill: The University of North Carolina Press.

Ministry of Foreign Affairs, the People's Republic of China. 2022. *PERMANENT MISSION OF THE PEOPLE'S REPUBLIC OF CHINA TO THE UNITED NATIONS OFFICE AT GENEVA AND OTHER INTERNATIONAL ORGANIZATIONS IN SWITZERLAND.* Beijing: The People's Republic of China.

PricewaterhouseCoopers LLP. 2017. *The Long View How will the Global Economic Order Change by 2050?.* London: PricewaterhouseCoopers.

Rorty, Richard. 2005. *Take Care of Freedom and Truth Will Take Care of Itself: Interviews with Richard Rorty.* Redwood City: Stanford University Press.

Sakwa, Richard. 2014. *Putin Redux: Power and Contradiction in Contemporary Russia.* Oxon: Routledge.

Sandel, Michael J. 2010. *Justice: What's the Right Thing to Do?* New York: Penguin Random House.

Sandel, Michael J. 2020. *The Tyranny of Merit: What's Become of the Common Good?* London: Allen Lane.

Stockholm International Peace Research Institute. 2020. *SIPRI Yearbook 2020.* Solna: Stockholm International Peace Research Institute.

Stockholm International Peace Research Institute.2022.*SIPRI Arms Industry Database.*Solna: Stockholm International Peace Research Institute.

The International Energy Agency. 2020. *Global Energy Review 2020.* Paris: IEA.

The International Monetary Fund. 2020a. *Global Financial Stability Report.* Washington,D.C.: The International Monetary Fund.

The International Monetary Fund. 2020b. *World Economic Outlook Database.* Washington,D.C.: The International Monetary Fund.

The White House. 2020. *United States Strategic Approach to the People's Republic of China.* Washington, D.C.: The White House.

The World Bank. 2018. *The World Development Indicators 2018.* Washington,D.C.: The World Bank.

The World Bank. 2020. *The World Development Indicators 2020.* Washington,D.C.: The World Bank.

The World Resources Institute. 2020. *Climate Watch Historical GHG Emissions 2020.* Washington, D.C.: The World Resources Institute.

United Nations Conference on Trade and Development. 2018. *World Investment Report 2018.* Geneva: United Nations Conference on Trade and Development..

United Nations, the Department of Economic and Social Affairs, Population Division. 2019. *World Population Prospects: The 2019 Revision.* New York: United Nations.

United Nations, Demographic Yearbook System. 2019. *Demographic Yearbook 2019.* New York: United Nations.

United Nations, The Office of the High Commissioner for Human Rights. 2022. *OHCHR Assessment of Human Rights Concerns in the Xinjiang Uyghur Autonomous Region, People's Republic of China.* Geneva: United Nations.

United Nations, the Department of Economic and Social Affairs. 2017. *The Sustainable Development Goals Report 2017.* New York: United Nations.

University of International Business and Economics. 2017. *Global Value Chain Development Report 2017, Measuring and Analyzing the Impact of GVCs on Economic Development.* Beijing: The University of International Business and Economics.

Wilkerson, Isabel. 2020. *Caste: The Origins of Our Discontents.* New York: Penguin Random House.

Xia, Changfa, Xuesi Dong, He Li, Maomao Cao, Dianqin Sun, Siyi He, Fan Yang, Xinxin Yan, Shaoli Zhang, Ni Li, and Wanqing Chen. 2022. "Cancer statistics in China and United States, 2022: Profiles, Trends, and Determinants." *Chinese Medical Journal.* Vol.135. No. 5. pp 584-590.

Yergin, Daniel. 2020. *The New Map: Energy, Climate, and the Clash of Nations.* New York: Penguin Press.

Young, Michael. 1994. *The Rise of the Meritocracy.* London: Routledge.

■ 図表・写真等の整理番号については、各章毎に最初から割り振っている。

1　各種報道資料参照。2024年2月15日、内閣府の発表によると、日本の2023年(1年間)の名目国内総生産（Nominal Gross Domestic Product : Nominal GDP）が国際比較で用いられるドル換算では、4兆2,106億ドルとなり、ドイツの4兆4,561億ドルに抜かれて世界第3位から第4位に転落している。このまま、為替市場にて円安が続けば、2025年にも第5位のインドに抜かれるとの見方もある。

2　黒人男性のジョージ・ペリー・フロイド・ジュニアが警察官の不適切な拘束方法によって死亡させられといった事件が発生した。その結果、米国各地にて、ブラック・ライヴズ・マター(Black Lives Matter) の抗議運動が広まった。第3章にて、詳細に分析し考察している。

3　米国の©AMBLINが制作した映画"Gremlins 2: The New Batch"では、当時、ニューヨーク市の五番街に聳え立つトランプ・センターを所有する不動産王であったトランプのモデルとして「トランプ・タワー」ならぬ「クランプ・センター」のオーナーであるダニエル・クランプをジョン・グローヴァーが演じており、大量発生したグレムリンたちによって占拠され、パニックに陥った「クランプ・センター」の中で主人公と共に奮闘するシーンが描かれている。この映画においてトランプのモデルとなったダニエル・クランプは、創造性に富み、「意欲」、「知力」、「行動力」、「人間性」の資質に富む良き経営者として好意的に描かれている。

4　グロバー・クリーブランド大統領は、連続ではなく、第22代および第24代の大統領を務めている。

5　Real Clear Politics,https://www.realclearpolitics.com/epolls/2020/president/create_your_own_president_map.html(December 30,2020)参照。

6　2020年米国大統領選挙および2020年米国下院議会議員選挙の選挙結果等については、2020年11月～12月時点での結果を基に分析している。

7　Real Clear Politics,https://www.realclearpolitics.com/epolls/2020/president/create_your_own_president_map.html(October 30,2020)参照。

8　Reuters,https://graphics.reuters.com/USA-ELECTION/RESULTS-LIVE-US/dgkvljawovb/index.html (November 4,2020)参照。

9　Donald John Trump,https://twitter.com/realDonaldTrump(November 5,2020)参照。

10　Reuters,https://graphics.reuters.com/USA-ELECTION/RESULTS-LIVE-US/dgkvljawovb/index.html (November 5,2020)参照。

11　アリゾナは、近年移民等の流入の結果、ヒスパニック系の人口が増加している。その多くが反トランプとなり、バイデン支持の拡大に繋がった。

12　Reuters,https://graphics.reuters.com/USA-ELECTION/RESULTS-LIVE-US/dgkvljawovb/index.html (November 9,2020)参照。

13　Reuters,https://graphics.reuters.com/USA-ELECTION/RESULTS-LIVE-US/dgkvljawovb/index.html (November 9,2020)参照。

14　Reuters,https://graphics.reuters.com/USA-ELECTION/RESULTS-LIVE-US/dgkvljawovb/index.html (November 9,2020)参照。

15　Reuters,https://graphics.reuters.com/USA-ELECTION/RESULTS-LIVE-US/dgkvljawovb/index.html (November 9,2020)参照。

16　Reuters,https://graphics.reuters.com/USA-ELECTION/RESULTS-LIVE-US/dgkvljawovb/index.html (November 13,2020)参照。

17　Reuters,https://graphics.reuters.com/USA-ELECTION/RESULTS-LIVE-US/dgkvljawovb/index.html (November 13,2020)参照。

18　Reuters,https://graphics.reuters.com/USA-ELECTION/RESULTS-LIVE-US/dgkvljawovb/index.html (November 13,2020)参照。

19　Reuters,https://graphics.reuters.com/USA-ELECTION/RESULTS-LIVE-US/dgkvljawovb/index.html (November 13,2020)参照。

20　この時点では、トランプが「敗北宣言」をせずに法廷闘争を続けていた。そのまま、法廷闘争が長期化した場合、米国憲法修正20条により2021年1月20日正午にトランプの大統領の任期が終了することになっていた。また、それまでに米国下院議会が大統領を選べなければ、米国上院議会が選んだ次期副大統領が大統領を代行することになっていた。さらに、米国上院議会が次期副大統領を選べなければ、1947年に施行された大統領継承法により米国下院議会議長が大統領代行を務めることになっていた。

21　2021年1月6日にトランプの支持者らが「2020年米国大統領選挙において選挙不正があった」と訴えて、米国下院議会および米国上院議会が開かれていた議事堂を襲撃した。議事堂では、前年の大統領選挙に基づく各州の選挙人の投票結果を認定し、選挙に勝利したバイデンが次期大統領に就任することを正式に確定しようとしていた最中であったが、議事は、中断され、米国下院議会および米国上院議会の機能が一時的に喪失した。トランプ支持者によるこの行動は、「反乱・騒乱・テロリズム」とされている。この議会議事堂襲撃事件は、「1812年戦争」のワシントン焼き討ち事件(1814年) 以来とされている。

22　例えば、接戦のジョージアでは、手作業による再集計をしたが、結局、バイデンのジョージアでの勝利は、変わらなかった。また、トランプは、ミシガンでのバイデンの勝利認定に異議を申し立てる訴訟を撤回した。

23　2020年11月23日、米国の共和党関係者より聞き取り。

24　トランプは、2020年10月2日未明、自身とメラニア夫人が新型コロナウイルスの感染検査で陽性だったとTwitter(※現在のX) で表明した。そして、直ちに隔離に入った。その後、入院していたものの10月5日の夕方、首都ワシントンD.C.近郊のウォルター・リードにある米国軍医療センターから退院し、3日ぶりにホワイトハウスへ戻っている。そして、直ぐに2020年米国大統領選挙戦に戻った。

25　(Bolton 2020)および (Cohen 2020)参照。

26　(Bolton 2020)および (Cohen 2020)参照。1990年代の段階で22の事業のうち、利益が出ていたのは、わずか3つの事業であり、負債は、32億ドルに膨らんでいたといわれている。2004年からテレビショーの「アプレンティス」が始まり、番組放映権料や出演料、そして「トランプ・ブランド」の商標を売ることでトランプは、4億2,700万ドルを稼いだといわれている。しかしながら、「アプレンティス」は、トランプの移民差別発言に批判が高まり、2015年には、放送終了となっている。ブランド力の点でもトランプの言動で米国内が社会的分断に陥ったことから、かつてほどの利益を上げられていないといわれている。

27　(Bolton 2020)および (Cohen 2020)参照。

28　Reuters, https://jp.reuters.com/article/usa-trump-new-york-trial-idJPKBN2SQ1WW.html (December 9,2022)参照。トランプ前米大統領の一族が経営するトランプ・オーガニゼーションの脱税疑惑等を巡る裁判で、ニューヨーク州裁判所の陪審は、2022年12月6日、「同社が15年間にわたり税務当局を欺いていた」として有罪評決を下している。最大で160万ドルの罰金が科される可能性がある。

29　(Bolton 2020)および (Cohen 2020)参照。

30　Eurasia Group, https://www.eurasiagroup.net/people/ibremmer) (December 4,2020)参照。

31　The Wall Street Journal, https://www.wsj.com/(December 1,2020)参照。

32　Eurasia Group, https://www.eurasiagroup.net/people/ibremmer) (December 4,2020)参照。

33　Eurasia Group, https://www.eurasiagroup.net/people/ibremmer) (December 4,2020)参照。

34　(渡辺 2020) 参照。

35　(渡辺 2020) 参照。

36　米国社会では、黒人若しくはアフリカ系もインドのカースト制度と同様に、「人間であって、人間では、ない」という人工的な身分制度の最下層に抑え込まれてきた。別頁にて説明している。

37　(Chetty 2015) 参照。

38　(Chetty 2015) 参照。

39　(Sandel 2020) 参照。

40　(Sandel 2020) 参照。

41　(Sandel 2020) 参照。

42　(Sandel 2020) 参照。

43　Federal Reserve System, https://www.federalreserve.gov/ (November 5,2020)参照。

44　Associated Press News, https://apnews.com/(June 1,2021)参照。

45　Associated Press News, https://apnews.com/(June 1,2021)参照。

46　Associated Press News, https://apnews.com/(June 1,2021)参照。

47　Associated Press News, https://apnews.com/(June 1,2021)参照。

48　Associated Press News, https://apnews.com/(June 1,2021)参照。

49　Associated Press News, https://apnews.com/(June 1,2021)参照。

50　The Wall Street Journal, https://www.wsj.com/(May 1,2021)参照。

51　Reuters, https://jp.reuters.com/article/trump-2024bid-idJPKBN2S607S(November 27,2022)参照。通常より早いトランプの2024年米国大統領選挙への立候補の表明で共和党の他の有力候補の出馬機運を削ぎ、候補者指名争いを有利に運ぼうという狙いが透けてみえる。トランプの側近は、当日、トランプの2024年米国大統領選挙に出馬に

向けた書類を米国連邦選挙委員会(Federal Election Commission: FEC) に提出した。76 歳のトランプは、連続ではない 2 期目を目指すことになる。歴代大統領では、唯一、第 22 代米国大統領(1885 年〜1889 年)・第 24 代米国大統領(1893 年〜1897 年)ステファン・G・クリーブランドが連続でない 2 期目を 1897 年まで務めた。また、トランプは、米国上院議会の上院議員のうちの 3 分の 1、米国下院議会の下院議員全員が改選となり、国内各州の定めにより、同時に任期が満了する州知事選挙、各自治体の公職に関する選挙、欠員が生じている非改選上院議員の補欠選挙等が行われた中間選挙にトランプ自らが推薦した所謂「トランプ公認候補」を 180 人送り込んでいる。2022 年 11 月 18 日時点で、その内の 162 人が当選しており、候補者の約 90%が当選している。共和党内では、トランプに対して批判的な声もあるものの、選挙においてトランプ支持層の基盤は、盤石であり、他の候補者よりも極めて強いといえる。

52 The Wall Street Journal, https://www.wsj.com/(May 1,2021)参照。

53 Reuters, https://jp.reuters.com/article/usa-biden-idJPKBN2RZ2DA (November 27,2022)参照。バイデンは、中間選挙で与党・民主党が予想以上に善戦したことを受けて、「民主主義にとって良い日になった。自分自身、2 期目を目指して 2024 年米国大統領選挙に出馬する意思があり、2023 年初めまでに最終判断する」と語っている。

54 この法律は、投票箱の設置場所や投票時間を制限し、時間外の投票を認めた選挙管理者に罰金を科すこと等が柱となっている。多くがサービス業に従事し、日中投票に行く余裕がない黒人若しくはアフリカ系をはじめとする人種的マイノリティにとって、投票のハードルは、一段と上がることが予想される。共和党は、郵便投票等の禁止等、2020 年米国大統領選挙においてバイデンが勝利した要素を全て取り除こうとしている。

55 各種報道より聞き取り。チェイニーの解任は、米国下院議会議員の非公開会合の投票で決められている。共和党の米国下院議会指導部は、2022 年秋の中間選挙に向けて共和党支持層に根強い人気を誇るトランプの協力が不可欠と判断し、チェイニーの追放に踏み切った。チェイニーは、解任後、記者会見に応じた際、「私たちは、真実に基づいて前進しなければいけない」と述べ、「2020 年米国大統領選挙の選挙結果は、正しかった」と改めて主張した。「トランプをオーバルオフィス(大統領執務室)に 2 度と近づけないようにするため、あらゆることをする」と宣言し、2024 年米国大統領選挙の出馬を念頭に置くトランプに釘を刺した。それに対して、トランプは、声明で「リズ・チェイニーは、ひどい人物だ。どれだけ共和党に害を及ぼすかよく分かった」と非難した。チェイニーは、ブッシュ政権(第 43 代)で副大統領を務めたディック・チェイニーの長女であり、当時、米国下院議会議員 3 期目であった。当選回数は、少ないながらも政治家としての知名度から将来の有望株とみられていた。2021 年 1 月のトランプへの弾劾決議の採決において民主党と共に賛成に回り、共和党内において反トランプ派の急先鋒となっていたのである。

56 2021 年 5 月 14 日、共和党は、トランプを支持するステファニックを共和党会議議長に選出した。依然として共和党内で大きな影響力を持つトランプにとっては、大きな勝利となった。2021 年 5 月 16 日、ステファニックは、「トランプが現在も共和党の指導者であり、米国下院議会において共和党が過半数を奪還するためには、必要不可欠な人物だ」と発言している。また、重鎮の米国上院議会議員のリンゼー・グラム(サウスカロライナ州選出)は、「トランプがいないと共和党は、成長しない」と述べ、トランプとの協力関係を強調した。

57 米国中間選挙は、4 年ごとの米国大統領選挙と重複しない年に行われる。米国大統領職の一期(4 年)のうち半期(2 年)が経過した時点で行われるため、「中間選挙」と呼ばれる。西暦偶数年の「選挙の日」に一般投票が行われ、米国上院議会議員の内の 3 分の 1、米国下院議会議員の全員が改選となる。各州の定めにより、同時に任期が満了した州知事の選挙、各自治体の公職に関する選挙、欠員が生じている非改選の米国上院議会議員の補欠選挙等も行われる。

58 (渡部 2022)参照。米国下院議会は、共和党 222 議席、民主党 213 議席となり、共和党が過半数を獲得したとはいえ、9 議席という僅差となった。また、米国上院議会は、民主党(※その他政党も含む。)51 議席、共和党 49 議席となり、共和党の同意を得ずとも米国上院議会の委員長ポストを民主党が独占できるようになった。この結果、バイデンの自宅や個人事務所等から副大統領だった当時の機密文書が見つかった問題について、当初、共和党が検討していたバイデンに対する特別調査を含む審議の優先順位についての決定権を民主党が握ることになった。そのため、民主党としては、2022 年米国中間選挙における米国上院議会での選挙の結果が米国下院議会において過半数を占める共和党に対抗する上での大きな財産となった。

59 マッカーシーは、2023 年 10 月に米国政府の新年度予算案を巡る対応に反発した保守強硬派の共和党議員から解任動議を提出されて史上初めて議長を解任された。

60 Newsweek,https://m.newsweekjapan.jp/(November 5,2020)参照。多くの有権者もこうした主張を支持している。実際、経済問題への支持に関しては、トランプは、世論調査においてバイデンに大きなリードを許していなかった。

61 The Wall Street Journal, https://www.wsj.com/(December 1,2020)参照。

62 Trump, Donald J., https://twitter.com/realdonaldtrump//(October 24,2016)参照。

63 The Wall Street Journal, https://www.wsj.com/(December 1,2020)参照。

64 The Wall Street Journal, https://www.wsj.com/(December 1,2020)参照。

65 The Wall Street Journal, https://www.wsj.com/(December 1,2020)参照。

66 (IMF 2020) 参照。

67 Trump, Donald J., https://twitter.com/realdonaldtrump//(October 24,2016)参照。

68 (IMF 2020) 参照。

69 The Wall Street Journal, https://www.wsj.com/(December 1,2020)参照。トランプの減税政策が齎す長期的な経済成長率の押し上げ効果は、年 0.1 ポイントかそれ以下に留まるという見方が大半を占めていた。

70 The Wall Street Journal, https://www.wsj.com/(December 1,2020)参照。

71 The Wall Street Journal, https://www.wsj.com/(December 1,2020)参照。

72 International Monetary Fund, https://www.imf.org/external/index.htm (November 5,2020)参照。

73 The Wall Street Journal, https://www.wsj.com/(December 1,2020)参照。

74 The Wall Street Journal, https://www.wsj.com/(December 1,2020)参照。米国の製造業の雇用者数は、2019 年の 1 年間でほとんど伸びなかった。同時に関税の引き上げによって、国内の消費者物価が 0.5%押し上げられたという。これは、米国の実質家計所得を平均約 1,300 ドルも減少させるといった悪影響を齎した。

75 今回のパンデミックの収束後は、米国経済をできるだけ早く回復させることに政策努力を集中すべきであり、それが財政赤字の拡大を伴うとしても、低金利が続く限りは、構わないとしている。老朽化する米国のインフラの状態を考えると、低所得層より富裕層に有利な逆進性がある減税策より成長を促すインフラ投資にお金を投じる方が効果的かもしれないとしている。

76 The Wall Street Journal, https://www.wsj.com/(December 1,2020)参照。

77 CNN,https://edition.cnn.com/(April 12,2017)参照。

78 Reuters,https://graphics.reuters.com/USA-ELECTION/RESULTS-LIVE-US/dgkvljawovb/index.html (March 15,2021)参照。

79 Trump, Donald J., https://twitter.com/realdonaldtrump//(October 14,2020)参照。

80 The Wall Street Journal, https://www.wsj.com/(Novenber 30,2020)参照。

81 The Wall Street Journal, https://www.wsj.com/(Novenber 30,2020)参照。

82 NATO セキュリティ投資プログラムとは、加盟国または、パートナー国の領土で新しいインフラストラクチャー資産を構築すると共に既存のインフラストラクチャー要素を改善するために設計された長期プログラムである。全ての加盟国が共同で資金を提供する。このプログラムは、NATO の設立以来、義務と利益を効果的に分担するための加盟国の象徴であり、NATO の人口と領土の共同防衛に対する加盟国の恒久的な関与を実証するものである。

83 The North Atlantic Treaty Organization,https://www.nato.int/(November 5,2020)参照。

84 Trump, Donald J., https://twitter.com/realdonaldtrump//(October 24,2016)参照。

85 United States Department of State,https://www.state.gov/(November 5,2020)参照。

86 United States Department of State,https://www.state.gov/(November 5,2020)参照。

87 United States Department of State,https://www.state.gov/(November 5,2020)参照。

88 United States Department of State,https://www.state.gov/(November 5,2020)参照。

89 地域的な包括的経済連携協定は、ASEAN 加盟 10 カ国(ブルネイ、カンボジア、インドネシア、ラオス、マレーシア、ミャンマー、フィリピン、シンガポール、タイ、ベトナム)と、その FTA パートナー5 カ国(豪州・中国・日本・ニュージーランド・韓国)の間で、2020 年 11 月 15 日に第 4 回 RCEP 首脳会議の席上で署名された経済連携協定 (EPA) である。署名 15 か国は、世界の人口と GDP の 3 割を占めている。インドは、2011 年から、FTA パートナー国として RCEP 交渉に参加していたが、主に中国からの製品、豪州やニュージーランドからの農産物・乳製品のダンピングの懸念を理由に、交渉の最終時点の 2019 年 11 月に交渉から離脱した。

90 Institute for Peace Policies, https://ippjapan.org/ (November 9,2020)参照。2016 年 7 月、オランダのハーグにある常設仲裁裁判所において南シナ海問題について初めての司法判断が下された。南シナ海上に人工島の造成等を行い周辺国と様々な軋轢を生んでいる中国に対し、フィリピンが 2014 年に提訴をしていたものである。これまでの

中国の主張が全面的に否定された形の判決である。

91　(Allison 2018)参照。

92　(Allison 2018)参照。

93　(Allison 2018)参照。

94　(Allison 2018)参照。

95　(Allison 2018)参照。

96　(Allison 2018)参照。

97　(SIPRI 2020)参照。

98　(SIPRI 2020)参照。

99　従来、米国は、イスラエルの優位を保つためにアラブ諸国への最新兵器の輸出を抑えていた。

100　(SIPRI 2020)参照。

101　(SIPRI 2020)参照。

102　(SIPRI 2020)参照。

103　各企業の売上額を個別に比較すれば、同じ国でも「多い」、「少ない」といった開きがある。この場合、国別において1社あたりの平均売上額を算出した。

104　日系企業の合計売上額については、日系4社(※三菱重工㈱352億ドル・川崎重工㈱137億ドル・富士通㈱327億ドル・㈱IHI106億ドル)が入っている。三菱重工業㈱・川崎重工業㈱・富士通㈱・㈱IHIの4社で計921億9,000万ドル(全体の6.13%)となっており、米国系企業および中国系企業の合計売上額に比べると少ないものの、ロシア系企業よりは、多い。ロシアは、冷戦後の1990年代後半には、旧ソビエト連邦のピーク時の約20%程度まで武器輸出額を減少させている。

105　(SIPRI 2020)参照。ロシアは、ウクライナ戦争の長期化により、戦線での武器や弾薬が不足しており、イランや北朝鮮等から武器や弾薬を調達せざるを得ない状況下にある。

106　(SIPRI 2020)参照。

107　(SIPRI 2020)参照。中東のカタールは、2010年代の武器輸入額が2000年代と比べて15.6倍、サウジアラビアは、6.6倍に増えている。

108　日日間の軍事協力や宇宙・サイバー・電磁波領域での自衛隊の体制強化等を進めるために防衛省設置法改正案が2021年4月13日に、衆議院本会議で採決され可決されている。Acquisition and Cross Servicing Agreementは、「物品・役務相互提供協定」のことである。日本の自衛隊と他国との間で物資や役務を融通しあうための協定である。食料・燃料・弾薬・輸送・医療等を相互に提供できるようにする。安全保障・防衛協力を円滑に進め、連携の実効性を高める狙いがある。

109　The Wall Street Journal, https://www.wsj.com/(Novenber 30,2020)参照。

110　各種報道資料参照。2020年5月25日当日、偽ドル札の使用容疑により手錠をかけられたフロイドが「呼吸ができない、助けてくれ」と懇願したにも拘らず、地元警察官のデレク・ショーヴィンは、8分46秒の間フロイドの頸部を膝で強く押さえつけてフロイドを死亡させた。フロイドの生体反応がみられなくなった後の2分53秒の間、当該警察官は、膝でフロイドの頸部を押さえつけていた。その他3名の警察官の関与も確認されている。

111　米国籍を持つ黒人若しくはアフリカ系のコミュニティに端を発した黒人若しくはアフリカ系に対する暴力や構造的な人種差別の撤廃を訴える運動である。国際的な積極行動主義の運動である。ミネソタ州ミネアポリスにて発生したフロイド事件が発端となり、米国各地で抗議運動が起きた。

112　(Wilkerson 2020)参照。

113　(Wilkerson 2020)参照。

114　(Wilkerson 2020)参照。

115　(Wilkerson 2020)参照。

116　(Wilkerson 2020)参照。

117　(Wilkerson 2020)参照。

118　(Wilkerson 2020)参照。

119　(Wilkerson 2020)参照。

120　(Wilkerson 2020)参照。

121　(Wilkerson 2020)参照。

122　(Wilkerson 2020)参照。

123　(Wilkerson 2020)参照。

124　(Wilkerson 2020)参照。ウィルカーソンは、米国の奴隷が受けてきた残酷な扱いと、奴隷制度が終わっても続いてきた恐ろしい差別の内容について、現在も根深い人種差別として残っていることを理解するべきだとしている。

125　2016年米国大統領選挙においてトランプが公約として掲げた不法移民の取り締まりの強化と国境沿いの分離壁の建設である。トランプは、「国境の壁は、米国が建設して、メキシコに負担させる」と主張したものの、メキシコのエンリケ・ペーニャ・ニエト大統領は、その主張を拒絶した。資金調達方法が不明確な状況の中で2019年に壁の建設が着工している。トランプは、2020年までに米国とメキシコの国境に沿って全長724km(450マイル)の壁を築くという公約の実現を目指した。それに伴って、トランプは、2017年7月から不法移民取り締まりを強化する「ゼロ・トレランス」(不寛容)政策を実行している。これは、不法移民の親子を国境地帯で別々に隔離して収容するものであり、ニューメキシコからテキサスに渡るエルパソ地区において子供と親を分離するパイロットプランが始まった。

126　AFP,https://www.afpbb.com/articles/-/3259252/ (December 19,2019)参照。2019年12月11日、トランプは、ユダヤ教の祭日「ハヌカ(Hanukkah)」を祝福する式典において「私は、我が国の大事な友人であり、同盟国であるイスラエル国家をいつでも支持する」と述べ、ユダヤ教を宗教としてだけでなく、イスラエルを国籍として再定義するとした大統領令に署名している。この大統領令は、イスラエルに対するボイコット運動の取り締まりを可能とするものであった。また、この大統領令は、学術的な変更にみえるが、大学キャンパスで広がっているイスラエルに対する制裁を呼び掛ける運動を政府が取り締まることを可能にする重要な法的効力を持っていた。実際、米国の大学では、イスラエル政府によるパレスチナ人への対応に抗議する(Boycott, Divestment, and Sanctions：BDS)(ボイコット、投資引き揚げ、制裁)運動が拡大していたことから、この大統領令は、明らかにこの運動の鎮圧を目指すものであり、大学側に対してそのような運動を阻止させるか、然もなくば、大学への政府からの補助金を削減することを警告した。トランプは、「この大統領令は、反ユダヤ主義に対抗するものであり、反ユダヤ主義のヘイトクライムに関わっている機関に適用される」と説明した上で、大学へのメッセージとして「多額の連邦資金を毎年受け取りたいのなら、反ユダヤ運動を拒否しなければならない」とも述べた。

127　各種報道資料参照。クシュナーは、ニューヨークを拠点とする不動産業を営む実業家であり、トランプの娘イヴァンカの夫であり、トランプの娘婿となる。トランプの下で大統領上級顧問を務めた。不動産開発企業クシュナー・カンパニーズの創業者チャールズ・クシュナーの長男として1981年1月10日、ニュージャージー州エセックス郡リビングストンに生まれる。クシュナー家は、1949年に祖父母がベラルーシからポーランドを経て米国へ移民したユダヤ系の家系であり、ホロコーストからの生還者でもあった。クシュナーは、2016米国大統領選挙に立候補した岳父のトランプの選挙顧問を務めており、一貫してほぼ全ての選挙活動に関与していた。「トランプを大統領にした男」と評されており、政権移行チームの編成を任されている。刷新された政権移行チームの一員となり、世界各国の政府とトランプとの橋渡しを行う連絡役となっていた。米国大統領に当選後、世界の政府首脳に先駆けてトランプと会談した日本の安倍晋三首相(当時)の非公式会談でも同席する等、妻のイヴァンカと共にトランプ政権において、絶大な影響力を持っていた。かつて検事時代に父親を訴追したクリス・クリスティを副大統領候補から外してマイク・ペンスを選ばせたともいわれている。大統領上級顧問は、事実上、全ての政策や人事に関与できる職位であり、クシュナーは、トランプ政権下で外交、経済だけでなく、議会対策まで行っていたことから、一時期、「全ての秘書官」(Secretary of Everything)とも評されていた。2017年3月27日には、マイクロソフトやアップル等からの助言を取り入れて行政改革を推進する大統領直属の新設機関としてOffice of American Innovation(米国イノベーション事務所)の責任者にも登用されている。クシュナーは、「連邦政府は、偉大な米国企業のように運営されるべきである。よって、全ての連邦政府の省庁が改革の対象である」を述べている。一方で、クシュナーは、広範な権限を与えられており、イラクを公式訪問し、イスラエルと仇敵関係にあるシリアに対しては、強硬路線を貫き、トランプに対して、「アサド政権を罰するべきだ」という意見書を提出している。その結果、2017年4月7日、トランプは、米国空軍によるシリアへの空爆を決断している。2017年5月20日、トランプの初外遊先である中東歴訪の際には、ティラーソン、妻のイヴァンカからと共にクシュナーも同行している。クシュナーは、2017年5月始め、サウジアラビア代表団との会談に際し、戦車・戦闘機・戦闘艦・THAADミサイルを含む1,100億ドル(約11兆円)の武器取引の合意を取りまとめている。公式の調印は、トランプのサウジアラビア訪問時に行われた。また、クシュナーは、サウジアラビアのムハンマド・ビン・サルマーン皇太子と個人的に親密な関係を結んでおり、トランプによる中東歴訪の立役者であり、イスラエル首相のベンヤミン・ネタニヤフやパレスチナ自治政府議長のマフムード・アッバスとの会談もセッティングしたとされている。2018年5月14日、エルサレ

ムでの在イスラエル米国大使館の開設式に妻のイヴァンカと財務長官であったスティーブン・ムニューシンらと共に出席している。2018 年 5 月 23 日には、FBI の捜査完了により、2018 年 2 月に取り上げられた米国の最高機密を閲覧できる権限を取り戻している。2020 年 9 月 1 日、アブラハム合意による国交正常化が果たされたアラブ首長国連邦(UAE) を訪れたイスラエルの訪問団に同行して三者で公式会談を行っている。2020 年 12 月 23 日、トランプは、イスラエルとアラブ 4 カ国の国交正常化の仲介に貢献したとして財務長官のムニューシン、国家安全保障問題担当大統領補佐官のオブライエン、国務長官のポンペイオらと共にクシュナーに国家安全保障勲章を授与している。このトランプ政権の「四銃士」が次回の 2024 米国大統領選挙においてもトランプのために暗躍するものと考えられている。

128　AFP,https://www.afpbb.com/articles/-/3259252(October 29,2018)参照。2018 年 10 月 27 日、米国ペンシルベニア州ピッツバーグのシナゴーグ(ユダヤ教礼拝所) に、白人の男が乱入し、銃を乱射し、11 人が死亡する事件が発生した。拘束されたロバート・バウアーズは、ユダヤ系排斥の罵倒を繰り返していた。この容疑者が保有していたグロック製の拳銃 3 丁と半自動小銃 AR15 の 1 丁については、何れの銃も合法的に所持していた。容疑者は、ユダヤ系を大量に殺害したいという願望のほか、民族虐殺に関する発言を重ねたという。「生命の木」シナゴーグでは事件当時、3 つのグループが集まっていたという。容疑者は、ソーシャルメディアの Gab に頻繁に反ユダヤ系的内容を書き込んでいた。事件当日には、ユダヤ系の難民支援団体であるユダヤ移民支援協会(the Hebrew Immigrant Aid Society: HIAS) を激しく非難し、「自分の同胞が殺戮されるのをただ見ている訳にはいかない」、「突撃する」等と書いていた。この事件以前には、ユダヤ系社会だけでなくトランプと「米国をまた偉大に(Make America Great Again : MAGA)」スローガンを非難していた。トランプが「自分はナショナリスト(国家主義者だ)」と発言したことについて、「トランプは、グローバリストだ。ナショナリストじゃない」と反発していた。別の投稿では、「自分は(トランプに)投票していないし、MAGA 帽子も持たない」と書込み、極右の「QAnon 陰謀論」(トランプが有名な児童虐待者の捜査・逮捕を秘密裏に計画しているという根拠のない噂)についても支持を示していた。Gab は、2016 年 8 月、Twitter(※現在の X) の代わりになるソーシャルメディアとして始まったものであり、主流ソーシャルメディアにアカウントを削除される等使用が禁止された過激ユーザーがヘイトスピーチ等を自由に書き込む場になっている。創設者のアンドリュー・トーバは、Gab の創設を「Twitter(※現在の X) の左派系独占への対抗手段だ」と表明しているものの、「Gab は、特定の政治団体のための場ではない」とも主張している。また、Gab は、シナゴーグ銃撃事件を受けて、「我々はあらゆるテロと暴力行為をきっぱり否定し、非難する。常にそうしてきた」と表明している。トランプの反応としては、銃撃犯を「狂人」と呼び、「死刑の法律を強化すべきだ」と述べると共に「こういう連中は、究極の代償を払うべきだ。こういうのは、もう終わりにしなくてはならない」とも主張している。銃規制については、米国の銃規制法と今回の事件は、「ほとんど関係がない」と述べた上で、「建物の中に護衛がいたら、状況は違っていたかもしれない」、乱射事件には、武装強化で対抗すべきという従来の主張を繰り返している。一方、ピッツバーグ市のマーク・ペドゥート(市長) (民主党) は、反対意見として「米国内の銃乱射事件の共通項となっている銃を、憎しみや殺人という形で表現しようとする人間の手から取り上げる方法について検討する必要がある」と述べている。

129　各種報道資料参照。2016 年 6 月 12 日の未明に米国フロリダ州オーランドにあるゲイ・ナイトクラブにて銃乱射事件が発生した。アフガニスタン系の両親を持つフロリダ州在住の犯人が同ナイトクラブに押し入り、AR-15 の自動小銃を乱射した後、店内に立てこもり、その後、射殺された。これにより容疑者を含む 50 人が死亡し、53 人が負傷した。ISIL に忠誠を誓う発言や 2013 年のボストンマラソン爆弾テロ事件への関与を仄めかす発言をしており、ISIL 系のサイトも「IS の戦士が実行した」と事実上の犯行声明を出している。トランプは、この事件を受けて、2016 年米国大統領選挙の期間中、事件の犯人の両親がアフガニスタン出身だったことを挙げて「犯人のムスリム系の家族を米国に入れたから乱射事件が起きた」とムスリム全体を敵視するような発言をすると共に米国内のモスクを監視下に置く提案もしている。当時、米国大統領であったオバマは、「イスラム教を崇拝する米国人を特別監視下に置き、信仰を理由にして差別的に扱う方法は、米国の民主的な理想を反映していない。全てのムスリムを一色に描き、イスラム社会と戦争をしているのであれば、我々は、テロリストのための活動をすることになる」と反論した。

130　トランプ政権誕生後の 2017 年のヘイトクライムの傾向としては、前年の 2016 米国大統領選挙の余波を受けるかのように、米国の移民の多くを占めるヒスパニック系を含む中南米から米国に移住した人達に対する偏見による犯罪が増加していることが判る。

131　Nikkei Asia, https://asia.nikkei.com/Politics/Full-transcript-President-Biden-s-first-speech-to-Congress(April 30,2021)参照。バイデンは、2021 年 4 月 28 日に開催された米国上下両院合同会議の演説において「危機克服〜米国再構築」を訴えている。その中で、バイデンは、国民に良質な教育を受ける権利を与えるとしている。例えば、米国家族計画は、質の高い、手ごろな価格のチャイルドケア(育児サービス) を提供し、最長 12 週間、有給の家族・医療休暇を提供し、多くの家族に直接資金を提供する等である。また、2021 年 3 月、一家の子供全員を対象とした税額控除を拡大している。6,500 万人超の子供を支援し、子供の貧困を半減させることができるとしている。その財源として、富裕層を対象とした課税である。その背景として新型コロナウイルス感染症(COVID-19) は、米国経済の事態をさらに悪化させ、2,000 万人の米国人が職を失った。それは、働く中所得者層の米国人である。同時に、約 650 人の億万長者の純資産は、1 兆ドル以上増加している。これらの価値は、現在、4 兆ドル以上に膨らんでいる。「富裕層が豊かになれば、低所得層にも効果が波及する」というトリクルダウン理論は、残念ながら、これまで機能していない。本来ならば、底辺を引き上げ、中所得者層を起点に経済を成長させる必要がある。また、バイデンは、「米国で今、最も致命的なテロの脅威は、白人至上主義者によるものだ。我々は、米国の魂を癒やすために、団結しなければならない。そのためには、法執行機関と国民の間の信頼を再構築することが必要である。刑事司法制度における制度的な人種差別を根絶することは、米国下院議会を通過したジョージ・フロイドの名を冠した警察改革を制定することが必要である」と述べている。現在、銃の暴力は、米国に蔓延る疫病である。1990 年代、全ての銃購入に身元確認を義務付け、攻撃用銃器と 100 発の銃弾を装填でき数秒で発射できる大容量弾倉を禁止する法案が可決されたものの、2000 年代の初期にその法律は失効し、米国民は、それ以来、毎日のように流血の惨事を目の当たりにしている。そのため、バイデンは、「この銃の暴力という疫病から米国民を守るためにできる限り全てのことをする」と述べている。他方、バイデンは、「移民問題に対して、移民は、常に米国にとって不可欠な存在であり、そのため、移民を巡る消耗的な闘いをやめるべきである」と述べた上で、米国下院議会および米国上院議会に対して包括的な移民制度法案を提出した。そして、「堅固な国境が必要であり、かつ不法移民の市民権獲得への道が必要と信じるならば、包括的な移民制度法案を可決して欲しい」と訴えた。

132　2020 年 9 月に開催された国連総会においてトランプは、新型コロナウイルス感染症(COVID-19) を「中国ウイルス」と呼称して中国に対する批判を連発した。

133　(Lee 2013) 参照。

134　例えば、日系米国人により構成されていた第 442 連隊は、欧州戦線の激戦地に投入され、枢軸国相手に勇戦敢闘した。その激闘ぶりは、高く評価され、連隊に従軍した約 14,000 人の死傷率も高かった。そして、4,000 人以上がパープルハート章を獲得した。米国史上、最も多くの勲章を受けた部隊としても知られている。

135　戦時中に約 8 万人の米国国籍の所持者が強制収容された。その多くが日系米国人だった。ドイツ系米国人やイタリア系米国人は、強制収容されていない。

136　真珠湾攻撃翌年の 1942 年 2 月、ルーズベルトは、大統領令 9066 号に署名している。日系の約 12 万人が「敵性外国人」のレッテルを貼られ、収容所での過酷な生活を強いられた。レーガン政権の 1988 年になって漸く公式な謝罪と補償が行われた。

137　2013 年 5 月、上海にて開催された米国移住説明会にて聞き取り。

138　各種報道資料参照。米国内に居住するアジア系の成人の約 80%は、米国以外の出身である。また、米国におけるアジア系内の貧富の差は、人種別に分けてみると最も大きい。この格差は、拡大傾向にある。アジア系の所得額で最上位層 10%と最下位層 10%を比べた場合、最上位層は、最下層と比べて最大で 11 倍稼いでいる。アジア系の最上位層の平均収入額(年収)は、133,500 ドルを超えているのに対して、アジア系の最下位層の平均収入額(年収)は、1,250 ドル以下となっている。この経済格差の程度は、黒人若しくはアフリカ系を抜いて最大の水準となっている。アジア系の住民間の所得格差は、最大で 6 倍となっている。最近の米国社会の傾向をみると、収入格差は、全般的に進み、高所得層の稼ぎが膨らむ一方、中所得者層と低所得者層の手取りが低水準の伸びを示し続けている。この傾向は、アジア系でも変わらず、アジア系の最上位層の収入は、1970 年〜2016 年の間にほぼ倍増しているのに対して、アジア系の最下位層の場合は、1970 年〜2016 年の間に 11%しか増加していない。アジア系におけるこうした格差は、白人、黒人若しくはアフリカ系、ヒスパニック各層と比べてもより広がっている。例えば、インド系の場合、72%が学士号を取得しているのに対して、ブータン系の場合、9%しか学士号を取得していない。そして、インド系の場合、平均収入額(年収)の中間値は、約 100,000 ドルであるのに対して、ミャンマー系の場合、平均収入額(年収)の中間値は、約 36,000 ドルとなっており、アジア系の中でも格差があることが判る。

139　The U.S. Census Bureau,https://www.census.gov/library/stories/2019/09/us-median-household-income-up-in-2018-from-2017.html?utm_campaign=20190926msacos1ccstors&utm_medium=email&utm_source=govdelivery(January 29,2021)参照。

140　The U.S. Census Bureau,https://www.census.gov/library/stories/2019/09/us-median-household-income-up-in-2018-from-2017.html?utm_campaign=20190926msacos1ccstors&utm_medium=email&utm_source=govdelivery(January 29,2021)参照。

141　アジア系に対する人種差別や外国人排斥の動きは、新型コロナウイルス感染症(COVID-19) のパンデミックにより助長されている。

142　(Jeung 2021)参照。Stop AAPI Hate レポートセンターの NGO 組織自体が、中国系の団体から様々な援助を受けていることから、中国人を含むアジア系からのヘイトクライムの報告が多いようである。ヘイトクライムレポートは、50 州全てとワシントン D.C.を含んでいる。

143　(Jeung 2021)参照。

144　(Jeung 2021)参照。

145　(Jeung 2021)参照。

146　(Jeung 2021)参照。回答総数が 3,338 人となっている。

147　(Jeung 2021)参照。回答総数が 2,716 人となっている。

148　(Jeung 2021)参照。

149　(Jeung 2021)参照。

150　National Center for Education Statistics,https://nces.ed.gov/surveys/hsls09/(2018 年 7 月 12 日)参照。

151　National Center for Education Statistics,https://nces.ed.gov/surveys/hsls09/(2018 年 7 月 12 日)参照。

152　National Center for Education Statistics,https://nces.ed.gov/surveys/hsls09/(2018 年 7 月 12 日)参照。

153　National Center for Education Statistics,https://nces.ed.gov/surveys/hsls09/(2018 年 7 月 12 日)参照。

154　National Center for Education Statistics,https://nces.ed.gov/surveys/hsls09/(2018 年 7 月 12 日)参照。

155　National Center for Education Statistics,https://nces.ed.gov/surveys/hsls09/(2018 年 7 月 12 日)参照。

156　Reuters,https://graphics.reuters.com/USA-ELECTION/RESULTS-LIVE-US/dgkvljawovb/index.html (May 19,2021)参照。BLM 抗議行動が発生した 2020 年のニューヨークで起きた銃撃事件は、約 1,500 件となっており、2019 年の数値の倍となっている。その内、殺人事件は、約 460 件で前年に比べて 50%近く増えている。シカゴ、ロサンゼルス、ワシントン D.C.等でも同様に銃撃と殺人は、2019 年に比べて、それぞれ 50%以上増加している。

157　公民権運動とは、主に 1950 年代から 1960 年代にかけて、米国の黒人若しくはアフリカ系が公民権の適用と人種差別の解消を求めて行った大衆運動である。また、コロンバイン高校銃乱射事件とは、米国コロラド州ジェファーソン郡コロンバインのジェファーソン郡立コロンバイン高等学校で 1999 年 4 月 20 日に発生した事件である。同校の生徒、エリック・ハリスとディラン・クレボルドが銃を乱射し、12 名の生徒と 1 名の教師を射殺した後、両名は、自殺した。重軽傷者は、24 名であった。当時、米国の学校における銃乱射事件としては、犠牲者数において 1966 年に起きたテキサスタワー乱射事件に次いで大規模なものであった。

158　バイデンと米国副大統領のカマラ・ハリスと面会したフロイドの弟であるフィロニス・フロイドは、「白頭鷲という鳥を保護する連邦法を制定できるなら、有色人種を守る連邦法も制定できるはずだ」と述べている。また、フロイドのもう 1 人の弟であるテレンス・フロイドは、「とても生産的な会話ができて感謝していると共に大統領と面会できて光栄に思う」と述べている。一方で、フロイドの妹であるブリジット・フロイドは、大統領と面会せず、ミネソタ州ミネアポリスでの集会で黙祷を捧げ、「バイデンが法案に署名するタイミングでワシントン D.C.に行くつもりだったが、バイデンは、法案に署名しない。約束を破った」と述べている。

159　バイデンは、2021 年 5 月 25 日までの法案成立を望んだが、当時の米国議会においては、民主党および共和党の両党による法案審議が続いていた。

160　バイデンは、インフラ整備や経済対策については、直接働きかけたが、警察改革については、米国上院議会および米国下院議会に任せていた。一方で、米国上院議会の共和党は、米国上院議会の民主党が 2021 年 3 月に可決した警察官個人を訴えて、罪にすることができる警察改革法案に反対していた。また、バイデンは、BLM の抗議行動の支援者等から、警察に軍の装備を提供しないように求められていたことから、2020 年米国大統領選挙では、「戦争で用いる武器を警察に提供するのは止めるべきだ」と主張していた。しかし、バイデンは、そうした趣旨の大統領令を出して、警察に軍の装備を提供しないようにする行動を執らなかった。

161　共同通信,https://www.kyodonews.jp/(January 28,2021)参照。

162　共同通信,https://www.kyodonews.jp/(January 21,2021)参照。

163　環球時報,http://www.huanqiu.com/(October 27,2017)参照。

164　環球時報,http://www.huanqiu.com/(October 27,2017)参照。

165　環球時報,http://www.huanqiu.com/(November 27,2017)参照。

166　具体的な中国の天然ガス利用促進政策とは、次のとおりである。①大気汚染防止とは、大気汚染防止行動計画、北部地域のクリーン暖房化計画、青空防衛線行動計画等である。②低炭素化社会の実現とは、13 次五カ年計画、エネルギー生産・消費革命戦略等である。③天然ガスの輸入・貯蔵・輸送に係るインフラ整備とは、中長期天然ガスパイプライン計画、天然ガス貯蔵設備建設の加速およびピーク需要に向けた天然ガス貯蔵システムに関する技術開発等である。④天然ガス市場の創出とは、上海天然ガス取引所の開設、重慶天然ガス取引所の開設、国営による天然ガスパイプライン会社の設立計画等である。

167　IEEJ,https://eneken.ieej.or.jp/(January 19,2018)参照。中国の主要ガス田は、中国西部に集中し、需要地は、中国東部沿岸地域に集中している。そこで、新疆ウイグル自治区のタリム油田等で採掘された天然ガスをタリム盆地から中国東部沿岸地域までパイプラインを建設して上海等の大都市に採掘したガスを送出している。パイプラインの総延長は、約 4,000Km、総工費は、約 1,400 億元(2 兆 1,000 億円)といわれている。

168　(安部 2016)参照。

169　IEEJ,https://eneken.ieej.or.jp/(May 19,2019)参照。

170　(劉・山口 2015)参照。

171　(劉・山口 2015)参照。

172　(劉・山口 2015)参照。

173　The Myanmar Times,https://www.mmtimes.com/(January 21,2006)参照。2006 年 1 月、首相のソー・ウィンが中国を訪問した際、両国は、天然ガスの貿易覚書に署名した。この中で、ミャンマーから中国の雲南省昆明市まで、天然ガスパイプラインを建設することが明確に書き込まれている。同年 4 月、中国の国家発展改革委員会は、ミャンマーのシットウェーから昆明市までの石油プロジェクト計画を正式に批准した。2006 年 10 月 29 日、両国は、石油天然ガスパイプラインの建設に最終的な合意を得た。さらに、2007 年 1 月に PetroChina と Myanmar Oil and Gas Enterprise(MOGE) が、石油・天然ガスパイプライン敷設のフィージビリティ・スタディ(FS)の作業実施に合意した。

174　PetroChina は、中国の国有企業であり、原油・天然ガスの生産と供給、および石油化学工業製品の生産・販売において中国最大の規模を誇る企業である。新セブンシスターズの一つでもある。

175　IEEJ,https://eneken.ieej.or.jp/(May 19,2010)参照。2009 年から 2010 年にかけては、中国共産党中央政治局常務委員の 9 人のうち、李長春、習近平、温家宝の三人がミャンマーを訪問した。2009 年 3 月 26 日、李長春は、ティン・アウン・ミン・ウー(和平・発展委員会、第一秘書)と、「中国〜ミャンマー石油と天然ガスパイプラインの建設に関する政府協議」に共同署名し、PetroChina がパイプラインの建設に責任を負うことが決まった。同年 6 月 16 日、両国は、「中国〜ミャンマー石油パイプラインの開発、運営および管理に関する覚書」に署名した。同年 12 月 20 日には、当時副主席だった習近平がミャンマーを訪問してタン将軍と面会した。2010 年 6 月 3 日、ミャンマーを訪問していた中国の首相である温家宝とミャンマーの大統領であるテイン・セインは、天然ガスパイプラインや水力発電、鉄道、国境貿易等の 15 分野での協力協定に調印し、パイプラインの着工式に参加した。その後、PetroChina と MOGE は、パイプラインの建設と運営に関して、株式のシェア等も含め、一連の取り決めに合同で署名している。

176　IEEJ, https://eneken.ieej.or.jp/ (January 19,2018)参照。

177　IEEJ, https://eneken.ieej.or.jp/(April 27,2017)参照。2017 年 4 月 10 日には、中国を訪問したミャンマーのティン・チョー(大統領)が中国の習近平と会談し、中国の進める「一帯一路」構想への支持を表明すると共にミャンマーから中国に中東・アフリカ産の石油を輸送するパイプライン(中緬石油管道)の操業開始に合意し、CNPC と、駐中国ミャンマー大使による輸送協定調印に立ち会った。石油パイプラインと並行して建設された天然ガスパイプライン(中緬天然気管道)は、既に 2013 年 7 月から操業を開始している。当時、中国の製油所の石油処理量は、2016 年に比べて 50 万 b/d 増の 1,140 万 b/d に達していた。これは、PetroChina の雲南省にある Anning 製油所(20 万 b/d)の稼働や国営 CNOOC の Huizhou 製油所の拡張(20 万 b/d)等が要因といわれている。

178　環球時報, http://www.huanqiu.com/(January 27,2019)参照。

179　環球時報, http://www.huanqiu.com/(March 17,2019)参照。

180　環球時報, http://www.huanqiu.com/(January 27,2019)参照。

181　(井上 2019) 参照。

182　IEEJ, https://eneken.ieej.or.jp/ (April 19,2019)参照。

183　IEEJ, https://eneken.ieej.or.jp/ (April 19,2019)参照。

184　IEEJ, https://eneken.ieej.or.jp/ (April 19,2019)参照。

185　IEEJ, https://eneken.ieej.or.jp/ (April 19,2019)参照。

186　IEEJ, https://eneken.ieej.or.jp/ (August 21,2019)参照。PetroChina の王宜林董事長は、「資金投入を強化し、石油の安定的な増産や天然ガスの素早い増産を実現する」と述べている。2019 年 3 月 21 日に香港で開いた記者会見では、「投資のうち 8 割近くを石油や天然ガスの油田開発に投じる」と力説していた。習近平政権が大気汚染対策のために発電燃料等を石炭から天然ガスにエネルギーシフトさせていることから、PetroChina は、内陸部にて天然ガスの探査や開発を進めている。PetroChina は、

石油価格の低迷で2012年12月期をピークに投資額を減らしていたものの、その後、投資額を増やしており、2019年には、6期ぶりに3,000億元の大台を回復している。

187 IEEJ, https://eneken.ieej.or.jp/ (August 21,2019)参照。南パルスガス田がイランに属しており、北パルスガス田がカタールに属している。当初、CNPCとイランの国営石油会社であるペトロパルス、フランスのトタルの3者で共同開発する予定でであった。2017年7月に総額48億ドルの開発協定が締結されたが、2018年5月に米国が対イラン制裁を再開したことを受けて、トタルが撤退し、CNPCが引き継いだものの、2019年10月に、CNPCは、南パルス天然ガス田のフェーズ11開発プロジェクトから撤退している。

188 (多部田 2019)参照。

189 (多部田 2019)参照。

190 IEEJ, https://eneken.ieej.or.jp/ (August 21,2019)参照。2018年の中国の石油の海外依存率は、初めて7割を超え、天然ガスも海外依存率45%と5割が視野に入った。

191 (多部田 2019)参照。

192 (多部田 2019)参照。中国の石油大手(PetroChinaの侯啓軍総裁)からは、「米中は、補完的で関係強化が進むと信じている」等、友好的な発言が相次いでいる。ただし、米国は、中国の技術力や軍事力に警戒が強まり、中国側でも米国との対立が長期化するとの見方が強まっている。米国は、中国企業への制裁も辞さず、2018年には、通信機器大手の中興通訊(ZTE)に対する米国企業からの半導体の供給停止を行い、一時的な経営危機へと追い込んでいる。

193 (多部田 2019)参照。中国の権益獲得は、日本にも影響する。日本が40年以上も関係を深めてきたアブダビの油田では、PetroChinaが2018年に日本の国際石油開発帝石㈱(INPEX)を上回る権益を得ている。石油および天然ガス開発では、日中の企業が協調する場合も多いが、両国企業が権益獲得に鎬を削ったり、権益の価格がつり上がったりする場面が多い傾向にある。

194 (多部田 2019)参照。国内経済の減速と米中対立という逆風の中で、投資拡大とあわせてリスク管理の強化も求められている。

195 Newsweek,https://m.newsweekjapan.jp/(August 5,2020)参照。

196 Newsweek,https://m.newsweekjapan.jp/(August 5,2020)参照。

197 基本的には、「EUタクソノミー」とは、パリ協定とSDGsを確実に達成するためのサステナブル活動および金融政策のことである。同時に世界初の「気候中立大陸」を実現するための手段であり、実務的には投融資に適格な「グリーンな産業・業種」を仕分けする分類体系となっている。その結果として投資家の資産運用と企業の設備投資を脱炭素化に集中させる金融戦略として機能する。さらに、技術的な適格基準を明確に数値化することで、仕組みとして「グリーンウォッシュ」を排除する方策でもある。時間的経緯については、「EUタクソノミー」は、2015年のパリ協定合意を契機に設置された諮問委員会(HLEG)が2018年3月に公表した10項目からなる「アクションプラン」に基づき継続して議論されている。現在のところ、3つのプランだけが法制化されているが、今後も粛々と実行に移されていく予定である。

198 (IEA 2020)参照。

199 (IEA 2020)参照。

200 優れた省エネルギーや電池の技術で環境先進国といわれてきた日本だが、中国や欧州の飛躍でその地位が大きく揺らいでいる。世界が「温暖化ガス排出ゼロ」を掲げる中、日本の将来は、「新たな技術革新を起こせるか?」にかかっている。

201 United Nations, https://www.un.org/en/(October 5,2020)参照。

202 (IEA 2020)参照。

203 環球時報, http://www.huanqiu.com/(October 28,2020)参照。

204 (IEA 2020)参照。

205 2015年12月にパリの国際会議で採択された「パリ協定」は、1年足らずでスピード発効した。当時のオバマが習近平と協力をして、いち早く批准し、日本を欧州諸国の早期参加を促した。しかしながら、オバマの後任のトランプは、2017年6月にパリ協定からの離脱を表明した。

206 (IEA 2020)参照。

207 (IEA 2020)参照。

208 (IEA 2020)参照。

209 日本経済新聞(2021)参照。中国が米国に比べて論文数の点で多いのが再生可能エネルギーの貯蔵手段として期待されている電池技術に関するものである。例えば、リチウムイオン電池は、米国の約3倍の論文数を発表している。そして、コストが安く、次世代の蓄電池として期待されているナトリウムイオン電池やカリウムイオン電池は、米国の約6倍の論文数を発表している。また、太陽電池は、米国の約2倍の論文数を発表している。さらに、ペロブスカイト太陽電池は、米国の約3倍の論文数を発表している。ペロブスカイト太陽電池は、材料を塗って熱を加えるだけで作れるため、今後、世界的な普及が期待されている。中国は、エネルギー変換効率等の性能向上でも韓国等と世界トップを競う等、燃料電池やEV等の論文数も多い。EVについては、中国がEVの世界最大の市場を持つことから、実用化でも先行している。他方、米国が中国と比べて論文数が多く首位となっているものは、地熱発電と省エネ半導体の分野だけである。しかし、中国との差は、僅かである。日本は、人工光合成、燃料電池車、アンモニア燃料の論文数で第3位に入り、省エネ半導体とペロブスカイト太陽電池の論文数で第4位に入る等、一部の分野では健闘している。しかしながら、日本は、風力発電(第15位)や水力発電(第22位)、地熱発電(第12位)等、再生可能エネルギーによる発電分野が特に弱く、研究量全体からみても他国に太刀打ちできない状況にある。日本は1990年代には自然科学系の論文数で一時、米国に次ぐ第2位だったが、産業競争力に繋がっていない。これは、大学の成果を企業に橋渡しする産学連携の仕組みが整っていなかったからである。それでも、経済産業省が脱炭素関連技術の知財競争力を分析した資料によると、日本は、特許の点では、一部で先行している。日本は、水素・自動車・蓄電池等の分野の論文数で世界首位である。これは、国内の自動車メーカー等が高い競争力を持っていることが要因だとされている。ただし、中国もこの分野の論文数で第2位になる等、着実に中国の存在感が増している。

210 科学技術・学術政策研究所 (NISTEP), https://www.nistep.go.jp/(June 5,2021)参照。中国政府が自国の研究機関や大学等に投じる科学技術予算は、2018年に28兆円となり、2位の米国の15.3兆円(参考2019年)を大きく上回った。産業育成に繋がる研究開発に力を注いでいる。

211 (IEA 2020)参照。

212 (Yerginn 2020)参照。

213 (Yerginn 2020)参照。

214 (Yerginn 2020)参照。

215 (Yerginn 2020)参照。

216 (Yerginn 2020)参照。

217 (Yerginn 2020)参照。

218 (Yerginn 2020)参照。

219 (十市 2021) 参照。世界の製造能力でみた中国の比率は、太陽光パネルで70%以上、風力タービンで約50%、リチウムイオン電池セルで77%を占めている。また、米国・フランスに次ぐ原子力大国である。さらに、低炭素技術に欠かせないニッケルやコバルト、リチウム等、稀少資源の供給網の構築でも世界に先行している。

220 2012年より中国共産党中央委員会総書記、第17期・第18期・第19期中国共産党中央政治局常務委員、第6代党中央軍事委員会主席、2013年より国家主席、国家軍事委員会主席を務めており、中央国家安全委員会、中央網絡安全和信息化委員会、中央軍委連合作戦指揮中心、中央全面深化改革委員会、中央全面依法治国委員会、中央審計委員会、中央軍民融合発展委員会の主席と主任を兼務している。中国共産党での序列は、第1位である。

221 トランプが財務省次官から後任総裁として指名したのである。

222 (The World Bank 2020)参照。

223 (北野 2019)参照。

224 (北野 2019)参照。

225 (北野 2019)参照。2018年12月の国家発展改革委員会の公表によると「一帯一路」サミットフォーラムにおけるコミットメントの多くが実行された。

226 (北野 2019)参照。

227 (北野 2019)参照。

228 (北野 2019)参照。

229 (北野 2019)参照。

230 (北野 2019)参照。

231　(北野　2019)参照。

232　(北野　2019)参照。

233　(北野　2019)参照。

234　(北野　2019)参照。

235　(北野　2019)参照。

236　(北野　2019)参照。

237　2021年4月26日、香港特別行政区行政長官兼国家安全維持委員会主席の林鄭月娥より聞き取り。国家安全維持法により、民主派勢力は、一掃されたが、治安の安定という点では、香港ビジネスの復活に功を奏したようである。現在、香港の法秩序は、安定しており、ビジネス環境は、改善している。香港と日本のビジネス関係は、新型コロナウイルス感染症(COVID-19)の蔓延や2019逃亡犯条例改正案に対する反対デモによる動乱以前から長年良好な状態にあり、日本にとって香港は、中国ビジネスのゲートウェイとして重要な位置を占めている。新型コロナウイルス感染症(COVID-19)以前は、香港から日本に年間約100万人が訪問しており、親日家が多い。林鄭月娥自身、何度も訪日しており、東京オリンピックについても「自ら出席したい」と発言していた。RCEPの締結により、日本と香港、そして、日本と中国とのビジネスは、さらに発展しようとしている中で、現在でも2,400社の日本企業が香港に進出しており、これは、香港では一番多い数である。その内、約50社程度が香港を地域拠点として中国内向けのビジネスを展開している。近年では、香港を中心に知財やIT等を含ませたデジタル・イノベーションセンターとしての役割や香港にある5つの大学を中心に医療・新エネルギー等を含む基礎研究についての高い成果も期待されている。そのため、中国政府は、20億香港ドルを投じてグローバル・プロフェッサー・プログラムを発動させ、多くの優秀な人材を世界から集めようとしている。日本の東北大学も医療系のスタートアップ企業を立ち上げ、香港に進出している。また、香港と隣接する深圳には、12,000社ものスタートアップ企業があり(※中国全体の約52%)、香港と連携しながら製造拠点として役割を果たしている。習近平政権も香港湾地域の経済開発を重点的に進めようとしている。実際、香港は、長年培った国際金融都市としての高いブランドがあり、それは、シンガポールや上海等の金融都市とも異なる。米中間の経済対立により、中国から米国の金融市場への投資が減り、香港の金融市場への投資が増えている。中国は、「中国共産党による一党独裁」という専制政治の社会システムが、経済開発や新エネルギー等の研究等を集中的に推し進めているが、そうした行為は、まるで人類が歴史上、長い間、多くの犠牲を払いながら追い求めてきた民主主義と自由主義、民主的な選挙制度、国家権力を制限する「法の支配」、司法・立法・行政の権力分立により勢力均衡を図るための「三権分立」制度、基本的人権の尊重等といった理念を蔑ろにしているようである。そして、それらを無視しても、人類は、経済的利益を享受しながら発展することができることを、香港を舞台にして証明しようとしている。

238　2020年11月14日、FAO関係者より聞き取り。

239　2020年12月2日、ICAO関係者より聞き取り。中国籍の人間がトップに就いた後、台湾の総会参加を認めていない。台湾は、国際連合から脱退しているが、「感染症対策や航空の安全は、全ての国と地域が情報を共有することで効果を上げることができることから、議論の場から排除すべきではない」という意見も出たものの、中国の対応は、一切なかったのである。

240　The Wall Street Journal, https://www.wsj.com/(Novenber 30,2020)参照。

241　The Wall Street Journal, https://www.wsj.com/(Novenber 30,2020)参照。

242　中国共産党の第20回全国代表大会が2022年10月16日に北京市で開幕し、習近平が中国共産党中央委員会総書記・国家主席として中国共産党中央委員会を代表して報告を行った。現職の党幹部のほか、前任の中国共産党中央委員会総書記(2002年～2012年)・国家主席(2003年～2013年) 胡錦濤、温家宝(前)国務院総理等も含めて2,340人が参加した。会期は、同年10月22日までであった。習近平は、報告の中で、第18回全国代表大会からの10年間の重大な出来事として(1) 中国共産党が設立100周年を迎えたこと、(2) 中国の特色ある社会主義が新たな時代に入ったこと、(3) 貧困を克服し、全面的に小康社会(やや、ゆとりのある社会) を建設するという「第1の100年の奮闘目標」を達成したこと等を挙げた。その中で「中国式現代化」は、人類が現代化を実現するために、新たな選択肢を提供したと評価した。今後については、2035年までには、社会主義現代化を実現し、2035年から21世紀中ごろまでに富強、民主、文明、和諧、美麗な「社会主義現代化強国」を建設するとしており、今後5年間が「社会主義現代化強国」の全面的建設に向けたスタートの鍵になる時期だとした。経済については、質の高い発展は、社会主義現代化国家の全面的な建設のための第一の任務であるとした。その上で、社会主義市場経済への改革の方向を堅持し、高いレベルの対外開放を堅持し、国内大循環を主として国内・国際の双循環の相互促進による新たな発展局面の構築を進めるとしている。実体経済を発展の重点とし、製造、品質、航空・宇宙、交通、ネットワーク、デジタル分野の強国化とデジタル中国の構築を加速するとした。「対外開放」に関しては、制度、規則、管理、標準等、制度面での開放を安定的に進めるとした。また「一帯一路」の質の高い発展を進め、多元的で安定した国際経済の構造と経済・貿易関係を維持するとした。国民の生活に関しては、中間層の拡大に加え、収入分配の秩序や財産を蓄えるシステムの規範を定めるとした。台湾については、平和的統一を目指すものの、選択肢として武力使用は、放棄しないとする一方、その対象は、外部勢力による干渉とごく少数の「台湾独立」勢力およびその活動に限り、大多数の台湾住民では、ないというこれまでの主張を繰り返した。

243　習近平の側近は、学歴等のキャリアがそれほど高くないものの、全て習近平の「イエスマン」で固められている。実際、習近平が上海市党委員会書記や浙江省党委員会書記を務めていた時期の部下の多くが昇進している。例えば、「上海閥」に属するのが丁薛祥や鐘紹軍等である。この「上海閥」は、習近平の勢力の重要な一部となっている。また、「浙江閥」に属するのが唐一軍や鍾山等である。

244　Newsweek,https://m.newsweekjapan.jp/(November 28,2020)参照。

245　Newsweek,https://m.newsweekjapan.jp/(November 28,2020)参照。

246　Institute for Peace Policies, https://ippjapan.org/ (November 9,2020)参照。2016年7月、オランダのハーグにある常設仲裁裁判所において南シナ海問題について初めての司法判断が下された。南シナ海上に人工島の造設等を行い周辺国と様々な軋轢を生んでいる中国に対し、フィリピンが2014年に提訴をしていたものである。これまでの中国の主張が全面的に否定された形の判決であった。

247　2020年10月、海上保安庁関係者より聞き取り。

248　Quadは、中国に対抗するための非公式な外交上の戦略的同盟である。日本の安倍晋三首相(当時)によって提唱され、その後、米国の副大統領リチャード・ブルース・チェイニーの支援を得て、豪首相のジョン・ウィンストン・ハワードとインド首相のマンモハン・シンが参加して設立されたものである。豪州は、一時期、離脱したものの、ジュリア・アイリーン・ギラードが豪首相に就任すると、Quadに再び復帰している。その結果、テモール海とロンボク海峡を臨むダーウィン近郊において米国海兵隊が駐留するようになっている。

249　2020年11月、ジョージア政府関係者より聞き取り。中国支援による鉄道建設事業を巡り、建設工事現場近くでの落盤や落石が頻繁に生じたことから、近隣住民の生活を脅かすようになり、地元住民が中国籍の工事関係者を取り囲み衝突となった。

250　中国においては、戸口登記条例第4条第4項に、「戸口登記簿および戸口簿に登記された事項は、公民の身分を証明する効力を有する」と規定されている。従来、中国国民の身分を証明する手段としては、戸口簿が第一義的に使われており、中国国民の国内出張の際には、空港やホテルで単位工作証と紹介状(公務出張許可証) を提示し自己の身分を明らかにしていた。しかし、1978年から改革開放政策が開始され、モノとヒトの移動が活発になり、各分野の交流が拡大し身分証明が要求される対象および頻度も拡大したことから、そこで法的効力をもつ個人単位の身分証明証を国で統一して給紙し、公民の正当かつ合法な活動を守ることが強く求められるようになった。その結果、1995年に「居民身分証条例」が、翌1996年に「居民身分証条例実施細則」が定められ、国内に居住する満16歳以上の中国公民を公布対象として「居民身分証」が配布されるようになった。記載項目としては、氏名・性別・民族・生年月日・住所ならびに「居民身分証番号」があり、発行日・有効期限・番号・顔写真と共に担当部局である公安部(※地方機関を含む。) が本人の居住地の戸口登記機関の印章を捺しカード型にラミネート加工した後、一人に1枚が交付されるようになっている。居民身分証番号編成工作の組織・実施主体は、公安部(※地方機関を含む。) であり、番号の編成にあたっては、公民の常住戸口所在地を基準として編成されている。実施細則は、1999年10月に2度目の改正が行われ、「居民身分証」の番号は、公民身分番号を使用することになっている。「戸口登記機関は、公民の出生登記を行うとき、公民に公民身分番号を編成する」と定められたことから、これにより中国の身分証制度は、労働社会保障管理情報システムにも連動している。「居民身分証番号」から「公民身分番号」へ変更されたことに伴い、桁数が15桁から18桁に変更されてもいる。公民身分番号は、公民が生まれた日に直ちに決定され、全ての中国公民は、終生不変の個人番号を有する。満16歳以上となり初めて、具体的な有形の居民身分証という形で交付される。2003年には、居民身分証条例が改正され、「居民身分証法」が成立し、非接触式のICカード技術を用いた新しい「第二世代身分証」(第二代身分証) が公布されるようになった。2011年には、居民身分証法の改正より、指紋情報の登録もされるようになっている。まさに、中国における国民総管理社会の実現である。

251　天山山脈の麓に位置し、標高は、1,200m。地勢は、平坦で、土地は、肥沃であり、モモ、ブドウ、イチジク、アンズ等の果実を産出する。中央アジアやインド、中国本土から延びる交通路が交わり、古くから交通の要衝であった。また、1999年12月、南疆鉄道のコルラ-カシュガル間が開通し、ウルムチほか中国各都からの鉄道アクセスの基盤が整った。タシュクルガン、クンジュラブ峠を経るカラコルム・ハイウェイ(中パ公路) では、パキスタン北部フンザ、ギルギットと結ばれており、ヤルカンド、カルギリクを経る新蔵公路では、西チベット、アリ、プランと結ばれている。

252 例えば、ウイグル人が人口の80%を占める民族色豊かな町のカシュガルは、現在でもカラコルム・ハイウェイでパキスタン北部と新蔵公路で西チベットと結ばれる交通の要衝である。また、カシュガルは、他のウルムチやトルハン等と比べてもウイグル人の比率が高く、街並みもイスラム化している。ウイグル人は、「一人っ子政策」の漢族とは異なり、男子が生まれる3人まで子供を持つことが許されていた。貧しい多くの住民が郊外の村落に居住している。移動手段としては、自動車を持たずにロバを使った農耕用荷馬車を利用している者も多い。天山山脈の雪解け水を利用した小麦やブドウ栽培等のオアシス農業を主な生活手段としている。そのため、食文化も米ではなく、ナンやトマトをベースにした焼きうどんのような「ラグマン」等を主食としている。近年では、ウイグル人の子供を中心に標準中国語化教育が徹底されており、ウイグル語の文化が廃れようとしている。

253 旧ユーゴスラビア社会主義連邦共和国(以下、「旧ユーゴスラビア」という。)においては、ヨシップ・ブロズ・チトー(以下、「チトー」という。)により、「民族融和」政策が進められていたが、チトーの死後、1990年近くになると、旧ソビエト連邦国内においては、当時の旧ソビエト連邦共産党書記長ミハイル・セルゲーエヴィチ・ゴルバチョフの指導によるペレストロイカが進み、ベルリンの壁崩壊やルーマニアにおけるニコラエ・チャウシェスクの処刑(ルーマニア革命)に代表される東欧民主化により、東側世界に民主化が相次ぎ崩壊した。旧ユーゴスラビアにおいてもユーゴスラビア共産党による一党独裁を廃止して自由選挙を行うことを決定し、旧ユーゴスラビアを構成する各国では、チトー時代の体制からの脱却が進んだ。また、各国では、スロボダン・ミロシェヴィッチ(セルビア)やフラニョ・トゥジマン(クロアチア)に代表されるような民族主義者が政権を握った。旧ユーゴスラビアの中心であるセルビア共和国では、大セルビア主義を掲げた大統領スロボダン・ミロシェヴィッチがアルバニア系住民の多いコソボ社会主義自治州の併合を強行しようとすると、コソボは、反発して1990年7月に独立を宣言した。これをきっかけに旧ユーゴスラビア国内は、内戦状態となった。1991年6月に文化的・宗教的に西欧・中欧に近いスロベニアが10日間の戦闘により短期間で独立を達成し(十日間戦争)、次いでマケドニアが独立した。その後、歴史上、セルビアと最も対立していたクロアチアが激しい戦争を経て独立した(クロアチア紛争)。ボスニア・ヘルツェゴビナは、1992年に独立したが、同地域に住むセルビア人がボスニアからの独立を目指すと、激しい内戦となった(ボスニア・ヘルツェゴビナ紛争)。セルビア国内でもコソボ自治州が独立を目指したが、セルビアの軍事侵攻によって戦争となった(コソボ紛争)。その後、コソボ地域のアルバニア系住民がマケドニア国内に難民として大量に押し寄せたことから、マケドニアにも戦火が飛び火した(マケドニア紛争)。このようにスロベニアやマケドニアが比較的スムーズに独立を達成できた一方で、ボスニア・ヘルツェゴビナやクロアチア東部、コソボでは「スレブレニツァの虐殺」のような凄惨なジェノサイド、略奪等による民族浄化が起きた。こうした戦争犯罪の一部は旧ユーゴスラビア国際戦犯法廷で裁かれている。元々、旧ユーゴスラビアは、建国時から各民族が入り混じって暮らし、第二次世界大戦後に移住や民族間の結婚が進んだ。冷戦後、セルビア人やクロアチア人等の異なる民族を集めて連合国家を形成しようとしたが、民族主義者の台頭により互いに武力衝突が生じて深刻な人道的危機が引き起こされた。また、旧ユーゴスラビアは、国土防衛ドクトリンとしてトータル・ナショナル・ディフェンスを採用していたことから、平時から武器類が自主管理組織によって管理されていた。そのため、市民が武器類の扱いを知っていたことが紛争激化の要因の一つともいわれている。

254 ナチス・ドイツにより民族浄化の憂き目を経験したユダヤ人は、イスラエル建国後、元々居住していたパレスチナに居住するアラブ人を実質的に追放し、これまでヨルダン川西岸地区やガザ地区、そして、ヨルダン、シリア、レバノンに難民となって逃れた人々に対して、時より無差別攻撃を繰り返してきた。その結果、これらの地域では、多くの死傷者を出してきた。

255 北京からウルムチまでは、飛行機で6時間程度である。上海～カシュガル間の直行便もある。ウルムチからは、アゼルバイジャンのバクーや周辺の中央アジア諸国への定期便も就航している。しかしながら、この地域は、飛行機が欠航することも多い。

256 中国共産党中央軍事委員会主席の鄧小平・中国共産党中央委員会総書記の胡耀邦・国務院総理の趙紫陽によるトロイカ体制の下で「改革開放」が推し進められた。この頃の胡耀邦と趙紫陽は、「天が落ちてきても胡耀邦と趙紫陽が支えてくれる」と鄧小平が語るほどの信任を受けていた。その後、胡耀邦は、共産党左派と長老派の攻撃を受けて失脚し、1989年4月8日の政治局会議で熱弁を振るった直後、心筋梗塞のため倒れ、一旦は、意識を取り戻したものの2回目の発作を起こし、同年4月15日に死去した。その後、「胡耀邦追悼」と「民主化」を求める学生デモが激化し、「五・四運動」の70周年記念日にあたる同年5月4日には、北京の学生・市民の約10万人がデモと集会を行い、「第二次天安門事件」へと発展した。日本人残留孤児と漢族の養母との実話を基に執筆された「大地の子」の著者である山崎豊子は、胡耀邦と親交があり、執筆の際の中国での取材にあたり全面的な協力を得た他、幾度も中南海の公邸に招かれている。

257 日本人は、砂漠というと海岸の平坦な砂浜が広がるイメージを持つことが多い。しかしながら、実際の砂漠は、砂の山々が続く風景が広がっており、起伏が激しく勾配も大きい。一旦、足を踏み入れると砂山を登山している感覚に陥る。

258 井上靖の原作である映画「敦煌」は、徳間書店の徳間康快が中心となって1988年に日本・中国の合作映画として制作された。1989年の第12回日本アカデミー賞の授賞式にて複数の賞を獲得した。「敦煌」の映画撮影は、甘粛省敦煌の郊外に建設された城壁等の大型ロケセット内において行われた。現在も当時の大型ロケセットは、残されており、一時期、多くの日本人観光客が押し寄せた。

259 2016年11月26日、平山郁夫美術館関係者より聞き取り。「シルクロードを行くキャラバン」は、平成17年、日中平和条約締結30周年記念の北京展に出品された晩年の大作である。仏教絵画に造詣が深かった平山郁夫は、三十数万キロに及ぶ仏伝来の 道・シルクロードを130回以上にも渡り取材を重ねている。それは、まさに、今から1,400年ほど前、天竺まで求法の旅に出た玄奘三蔵の追体験そのものといえる。シルクロードについて、平山郁夫は、「絹の道という優雅な名称とは、異なり、たいへん厳しい道である。そして、私は、長大な道の中でも砂漠地帯に心惹かれるものを覚える」と述べており、シルクロードの厳しさの中に秘められた魅力を語っている。

260 中央アジア諸国への訪問は、事前に観光ビザの取得が必要であるのに対して、中国への訪問の場合、短期間であれば、事前に観光ビザの取得が不要であるため、シルクロード観光を目的に多くの日本人が訪問した。

261 (Abulimiti 2005)参照。

262 (Abulimiti 2005)参照。

263 (Abulimiti 2005)参照。

264 中国における「西部」とは、新疆、チベット、雲南、青海、寧夏等の主に非漢族が住む広大かつ貧しい地域のことである。中国の国土面積の約70%を占めており、GDP(国内総生産)では、約18%程度を占めている。

265 2008年5月および2010年5月、新疆ウイグル自治区内の各都市およびウイグル人農村部を訪問してウイグル人関係者から聞き取り。2008年5月にトルハンを訪問した際には、漢族とウイグル人との軋轢は、特にみられず、漢族もウイグル人農村部を観光により訪問して干しブドウやナン等をお土産に買う等、互い友好的に接していた。2010年5月になると、ウルムチでは、ウイグル人の姿が少なくなり、カシャガル等でもウイグル人を監視する漢族の姿もみられるようになった。ウイグル人は、肌も色白く薄緑であり、明らかに漢族と違う容姿をしている容貌をしている。また、中国は、国土が広いのに北京時間を統一標準時としていることから、西端に位置する新疆ウイグル自治区では、真夏の場合、現地時刻が21時であっても日が沈まない等の社会生活での矛盾がみられる。夏場に彼らの生活をみていると22時頃になって漸く夕日が沈む頃に街の中心部にあるバザールに人が押し寄せ、食事をしたり、買い物をしたりと活況をみせるようになる。朝も10時頃でないと日が昇らないため、経済活動の開始時間も11時頃でないと始まらない等、社会的な制約が多い。しかしながら、学校や官庁等は、北京時間に合わせて始業や終業が行われているため、深夜の暗闇の中で通学や通勤をしなければならない。

266 (毛里 2021)参照。2009年7月5日、ウルムチにおいて発生した騒乱事件である。この事件に先立つ6月に広東省の工場でデマを発端として玩具工場で労働者として勤務しているウイグル人が漢族女性に性的暴行をした疑いで漢族に襲撃され、2人が殺戮されたが、襲撃した漢族の刑事処分が曖昧にされたことからウイグル人の中で不満が高まったことが本事件の引き金となった。新華社通信によると、死者192名、負傷者1,721名に上る犠牲者が出たといわれている。犠牲者の大部分は、漢族であった。新疆ウイグル自治区における抗議事件としては、2008年3月のホータンでの抗議デモ以来の事件であり、1997年に起きたグルジャでの大規模な官民衝突に匹敵する犠牲者を出した。

267 World Uyghur Congress,https://www.uyghurcongress.org/jp/(August 29,2009)参照。世界ウイグル会議によると、武装警察の介入もあって、死者3,000人(中国当局によると死者156人)となっている。主要国首脳会議(ラクイラ・サミット)に参加するためにイタリアを訪問していた胡錦濤が「新疆ウイグル自治区の情勢悪化」を理由に主要国首脳会議(ラクイラ・サミット)をキャンセルして三日後に急遽帰国することになった。

268 2018年8月、ウイグル人関係者より聞き取り。

269 (毛里 2021)参照。2014年4月30日に新疆ウイグル自治区ウルムチで発生したテロ事件である。習近平が国家主席として同自治区を初めて視察した直後に発生し、自爆した2人を含む3人が死亡し、79人が負傷した。同年5月14日、逃亡していた容疑者7人が拘束された。同年5月18日、公安部(※地方機関を含む。)は、ウイグル独立派組織である東トルキスタンイスラム運動(Eastern Turkistan Islamic Movement：ETIM)の関与を公表した。

270 World Uyghur Congress,https://www.uyghurcongress.org/jp/(November 29,2019)参照。欧米諸国の報道機関が参加する国際調査報道ジャーナリスト連合(ICIJ)が内部文書を基に収容所の運営や拘束法等を「チャイナ・ケーブル」として報じている。「チャイナ・ケーブル」には、2017年に新疆ウイグル自治区の共産党副書記で治安局長の朱海倫が、収容施設責任者らに宛てた9ページの連絡文書も含まれている。駐英大使の劉暁明は、「収容所は、新疆ウイグル自治区の人々を守るための施設であり、

この施設により過去3年間テロ攻撃が起きていない」と反論した。2018年5月、米国防次官補のランドール・シュライバーは、「少なくとも100万人、若しくは300万人の民が強制収容所に勾留されている」と述べた。2020年9月、豪州戦略政策研究所は、少なくとも61個所で新たな収容所建設の徴候があると指摘した。

271　World Uyghur Congress,https://www.uyghurcongress.org/jp/(November 29,2019)参照。2019年の推定では、毎年最大150万人以上が勾留されている。中国政府は、「過激テロリストを再教育して更生させるために数十万人のウイグル人を収容している」と主張している

272　2020年6月17日、元国家安全保障問題担当大統領補佐官のジョン・ロバート・ボルトンが2019年G20大阪サミットに出席した際にトランプが習近平に対して、「ムスリムによるテロ対策としてウイグル人のためのキャンプの建設は、促進させるべきで正しい選択だ」と発言する等、「中国のウイグル政策に同調する姿勢を示した」と回顧録で述べている。同時期、トランプは、米国上院議会および米国下院議会を通過したウイグル人権法に署名している。トランプ政権には、ウイグル人の強制収容等に関わり、責任がある立場の中国の当局者に制裁を科すことが義務付けられていたにも拘らず、トランプの発言は、それを無視したものであった。

273　The New York Times, https://www.nytimes.com/ (November 24,2019)参照。

274　The New York Times, https://www.nytimes.com/ (January 30,2021)参照。

275　2021年5月、リトアニア共和国議会もジェノサイドと認定する決議を可決した。日本は、対中外交への影響を考慮し、ジェノサイド認定に慎重であった。

276　UN Human Rights Office(2022)参照。国連人権高等弁務官事務所が公表したこの報告書は、中国の刑務所に拘束されたウイグル人の多くが「性暴力やジェンダーに基づく暴力」、「強制的な医療行為」、「差別的な家族計画や出産制限」等の「不当な処遇パターン」を受けてきたことを国連が事実として認めたものである。国際人権団体ヒューマン・ライツ・ウォッチによると、中国北東部・新疆地区の収容所には、100万人以上が拘束されていると推定している。国連は、中国に対して「恣意的に自由を奪われたすべての個人」を直ちに解放するように勧告している。また、中国によるこうした行為の一部は、「人道に対する罪を含む国際犯罪の遂行」に当たる可能性があることも示唆している。世界に約60団体あるウイグル人の団体を統括している世界ウイグル会議は、この報告書を歓迎しており、「迅速に国際的な措置を講じてほしい」と訴えた。米国や英国では、新疆ウイグル自治区における中国の行為を「ジェノサイド」と表現している。しかしながら、報告書を事前に読んだ中国は、「ジェノサイド」の疑惑を否定しており、収容所を「テロと戦うための手段だ」と主張している。報告書は、国連人権高等弁務官であるベロニカ・ミチェル・バチェレ・ヘリア(以下、「バチェレ」という。)の4年間の任期の最終日に発表されたものである。バチェレは、任期中、ウイグル人に対する「ジェノサイド」の告発を担当していた。バチェレは、2022年8月25日の記者会見において「報告書を公表するかしないかを巡って、巨大な圧力を受けた」と主張している。

277　Ministry of Foreign Affairs, the People's Republic of China(2022)参照。中国政府は、特別版のWEBサイトを立ち上げて国連人権高等弁務官事務所に対して抗議し、真っ向から反論している。

278　United Nations Human Rights Council, https://www.ohchr.org/en/hrbodies/hrc/pages/home.aspx (June 22,2021)参照。

279　Science Portal China,https://spc.jst.go.jp/statistics/statictisc_index.html(March 1,2021)参照。

280　Science Portal China,https://spc.jst.go.jp/statistics/statictisc_index.html(March 1,2021)参照。

281　(坂本 2021)参照。

282　Science Portal China,https://spc.jst.go.jp/statistics/statictisc_index.html(September 12,2022)参照。中国の一人っ子政策は、中国共産党が1980年ごろに導入した人口抑制策である。1組の夫婦が生む子供の数を1人に制限した。主に都市部で実施され、労働力を必要とする農村部や少数民族地区では、適用されなった。当時、中国政府内では、「中国の人口は、2050年に40億人まで増える」との報告がされていた。その背景には、当時、世界の最貧国だった中国では、人口増加による食料不足への懸念が強かったからである。人口抑制の効果はあった。1987年に2,500万人を超えていた出生数は、20年後の2007年に約1,600万人まで減った。しかし、人口構成が歪み、15〜64歳の生産年齢人口は、2013年をピークに減少が続いている。高齢化も主要国では、最速で進んでいる。全人口に占める65歳以上の比率は、2021年末に14.2%となっており、国際基準では、同14%超とされる「高齢社会」に入った。同7%超の「高齢化社会」になってからの期間は、21年で、40〜50年だった欧米諸国や25年だった日本より短い。中国政府は、2016年に全ての夫婦に2人目、2021年に3人目の出産を認めた。しかしながら、子供の教育費負担が大きい等の理由により、「子供は、1人で十分」という考えが既に社会に浸透しており、一段と少子化は、進んでいる。2021年の出生数は、1,062万人と1949年の建国以来、最少を更新している。

283　(坂本 2021)参照。新疆ウイグル自治区では、男性の精管や女性の卵管を結ぶ不妊手術等が中国国内でも突出して増えた。中国国家統計局が毎年発行する「中国保健衛生統計年鑑」によると、2016年に6,823件だった新疆ウイグル自治区の不妊手術件数は、2018年には、6万440件と8.8倍に急増した。IUD装着手術数は、2016年の24万6,778件から2018年は、32万8,475件に増え、約1.3倍となる。出生率(人口千人当たりの出生数)の激減は、不妊処置の急増に伴うものとみられている。

284　坂本2021)参照。中国共産党の組織が住民への「宣伝」や「管理」を強化し、広い範囲で住民に対して手術を施したとの指摘がある。

285　World Uyghur Congress,https://www.uyghurcongress.org/jp/(November 29,2019)参照。1998年2月、東京大学大学院人文社会系研究科の博士課程後期に在学し、アジアの歴史を研究していたウイグル人男性のトフティー・トゥニヤズ(以下、「トフティー」という。)は、病気の母親を見舞うために、中国に一時帰国した際に逮捕され、国家分裂扇動罪等で収監された。当時、トフティーは、旧東トルキスタン共和国について研究しており、中国における少数民族政策の博士論文に取り組んでいた。トフティーは、同自治区の公文書館で資料目録をコピーしたことについて中国当局から責められ、「国家機密の不法入手」に問われて逮捕された後、「新疆独立を扇動する本を執筆する目的だった」と強制的に自白させられており、1999年に実刑判決を受けている。その後、2009年2月10日に11年の刑期を終えて釈放された。東京大学大学院人文社会系研究科にてトフティーの指導教官であった東京大学の佐藤次高名誉教授他、日本人支援者は、早朝から、ウルムチ郊外の刑務所前でトフティーの釈放を待ったが、中国当局は、未明にトフティーを車で既に移送しており、再会できなった。今でもトフティーと外国人とを接触させない措置が続いている。トフティーの妻であるラビアと二人の子供は、日本国籍を取得して国内に居住している。中国に戻ると拘束される恐れがあるため、家族が再会できない状態が続いている。東京大学では、トフティーを支援しており、今でも休学扱いにしている。

286　(毛里2021)参照。胡耀邦は、1980年5月29日にチベット視察に訪れ、その惨憺たる有様に落涙し、ラサで行われた演説では、チベット政策の失敗を明確に表明して謝罪し、中国共産党にその責任があることを認めた。そして、政治犯を釈放し、チベット語教育を解禁した。1982には、中国憲法に基づき、「信教の自由」を改めて保証した上で、僧院の再建事業にも着手し、外国人旅行者にもチベットを開放した。しかし、この政策は、中国共産党内部において左派と長老派等の幹部から激しく糾弾され、胡耀邦の更迭後に撤回されている。

287　日本では、1980年代から特に高等教育機関への外国人留学生の受入れが盛んになった。日本政府が「留学生10万人計画」を発表した1983年の時点で日本国内において高等教育機関に在籍していた外国人留学生の数は、約1万人であったが、その後、大きな増加をみせた。

288　2008年7月29日、文部科学省によって策定された計画の一つである。

289　(白石 2019)参照。

290　入国管理法によると法務省告示の日本語教育機関とは、専修学校(日本語学科)・各種学校・設備および編成に関して各種学校に準じる教育機関・準備教育課程等を合わせた4つの種類からなる。

291　(白石 2019)参照。

292　(白石 2019)参照。

293　2021年5月、文部科学省高等教育局学生・留学生課より聞き取り。2019年に国内にある一部の大学等において不適切な入学者選考や不十分な在籍管理等により大量の所在不明者等が発生したことから、文部科学省としても国内の国公私立大学長・国公私立高等専門学校長に対して、「外国人留学生の適切な受入れおよび在籍管理の徹底等についての指導」をしている。具体的には、次のとおりである。一つ目は、「外国人留学生の適切な受入れについて」である。外国人留学生の入学者選抜に当たっては、「令和3年度大学入学者選抜実施要項について(通知)」(令和2年6月19日付け高等教育局長通知)により、真に修学を目的とし、その目的を達するための十分な能力・意欲・適性等を有しているかを適切に判定するようにと指導している。特に日本語等の必要な能力の基準(日本語で授業を行う場合、日本語能力試験N2レベル相当以上が目安 を明確化し、適正な水準を維持することを重視している。また、国際交流等の推進の観点から、独立行政法人日本学生支援機構が実施する「日本留学試験」の積極的な活用や当該試験を利用した渡日前入学許可の実施について配慮することとしている。さらに、国公私立大・国公私立高等専門学校等が入学を許可して受け入れた外国人留学生については、自ら責任を持って在籍管理を行う必要があることから、学生数の確保という観点で安易に外国人留学生を受け入れることを厳に慎むと共に充実した教育指導および外国人留学生を含んだ適切な定員管理を確保するために、当該大学等の入学定員、教職員組織、施設整備等を考慮した適切な定員にするべきとして教育体制の現状に見合わない過大な数とならないようにするべきだとしている。二つ目は、「外国人留学生の適切な在籍管理の徹底について」である。これは、外国人留学生各々について、学業成績、資格外活動の状況等を的確に把握するように努めるべきだとしている。特に外国人留学生によるアルバイトとして資格外活動許可の要件(週28時間等)が外国人留学生に十分に理解されておらず、在留期間許可申請が不許可となる事例が発生していることについて留意するべきだとしている。また、長期欠席者や学業成績の良好でない者に対する連絡や指導を徹底すると共に改善の見込みのない場合には、退学について協議する等、適切な対応をするべきだとしている。その際、退学等の処分を行う際は、大学等が責任を持ってその後の帰国や進学・就職の指導等を行い、当該学生が不法滞在にならないように適切な対応をするべきだとしている。三つ目は、「留学生別科および研究生・聴講生・科目等履修生等について」である。大学に設置される外

国人留学生向けの別科や研究生や聴講生等の、いわゆる「非正規生」については、学生数の確保という観点のみで無秩序な規模の受入れを行わないように努めると共に大学設置基準や日本語教育機関の告示基準等を参考にし、教員数、校地・校舎面積、学生数、授業の方法、施設および設備その他について教育にふさわしい環境の確保を図るべきだとしている。研究生・聴講生が留学の在留資格を得るためには、出入国管理および難民認定法第7条第1項第2号の基準を定める省令(平成2年法務省令第16号)により、1週間に10時間以上の授業時間が必要だとしている。さらに、外国人留学生を受け入れる大学の学位課程や日本語教育以外を行う外国人留学生向け別科は、各大学等や日本語教育機関における大学進学のための日本語予備教育を実施する課程等とは、異なる位置付けとなっていることから、受け入れる外国人留学生の在留資格の位置づけや在留期間等にも影響が生じるため、これらの課程や別科が実質的に予備教育課程等として実施されることのないように適切な対応をするべきだとしている。四つ目は、「外国人留学生の卒業後等における教育機関の取組等について」である。出入国在留管理庁においては、外国人留学生の増加によって不法残留者が増加することのないよう、外国人留学生の卒業後等における教育機関の取組や所在不明となった外国人留学生の取扱いについて、「外国人留学生の卒業後等における教育機関の取組等について」(平成27年1月法務省入国管理局)を示している。そのため、引き続き、外国人留学生を受け入れる各大学等においては、この内容に基づき、外国人留学生が卒業後の在留資格関係手続や所在不明となった外国人留学生の届出が実施されるよう適切な対応をするべきだとしている。五つ目は、「退学者・除籍者・所在不明者の定期報告について」である。各大学等の外国人留学生の退学者・除籍者・所在不明者等の文部科学省への定期報告については、前月中に退学(転校・転学を含む。)、除籍又は所在不明となった者について毎月10日までに報告をするようにしている。また、定期報告の方法については、2020年度より従来の電子メールでの報告からオンラインでの報告に変更されており、リアルタイムにより状況を把握できるようになっている。さらに、文部科学省では、上記の定期報告の他、教育機関において外国人留学生の不法残留事案が発生した場合の再発防止の観点から、出入国在留管理庁より法令の範囲内で情報提供を受け、不法残留者数および退学者・除籍者・所在不明者が一定数以上発生した大学等に対してヒアリングおよび追加調査を実施し、出入国在留管理庁へ当該情報を提供すると共に該当大学等に対し、不法残留者、除籍者、所在不明者等の発生要因の分析および対策を講ずるよう要請している。六つ目は、「新型コロナウイルス感染症(COVID-19)に関する外国人留学生への対応について」である。文部科学省では、外国人留学生の入国後の検疫や修学上の配慮等について「新型コロナウイルス感染症(COVID-19)に関する日本人留学生および外国人留学生等への情報提供および学生の学修機会の確保について(依頼)」(令和3年3月31日文部科学省高等教育局)により、学修機会の確保に努めるように指示している。

294　実際、外国人留学生の存在は、日本経済にとって欠かせない労働力となっている。日本人が敬遠する職種であっても、外国人留学生は、底辺労働者として国内労働市場の人手不足を補い、しかも稼いだ賃金から学費として留学先に還元してくれる。また、不当な扱いを受けることがあっても、彼らは、決して不満の声を上げない。都市部においては、新聞配員が外国人留学生頼みであるところも多い。

295　公立大学や私立大学に対する補助金額も減少傾向にあることから、公立大学や私立大学は、設置形態を問わず資金集めに奔走している。すなわち公立大学・私立大学は、国立大学と同じマーケットにて熾烈な生存競争を繰り広げることになった。その結果、私立大学の中には、生存競争に敗れ、定員割れ、さらには学生募集停止にまで追い込まれる大学も出るようになる。こうした大学間の生存競争を生き残るために、公立大学や私立大学は、教育・研究の質の向上を目指しつつも、効率的かつ効果的な経営を計ることが求められるようになった。

296　これまでは、工学部に機械工学科や電気工学科を設置する場合や学科名を変更する場合、省令で定める必要があった。また、あるポストを廃止して別に新たなポストに替えるだけでも、その都度、文部科学省に要求をするなどして、総務省や財務省と調整する必要があった。これでは、大学による独自の施策が制限され、研究資金の運用も柔軟にできない等の弊害が生じていた。さらに、教職員は、国家公務員であるため、給与体系が一律に決められ、優秀な教員でも給与が低いため、高額な給与と良い待遇、充実した研究資金と研究環境を求めて優秀な教員が海外に流出する等の問題が生じていた。それに対して、欧米諸国においては、国立大学や公立大学でも法人格があり、自由な運営ができる。そうした点を見習い、日本の国立大学は、優れた教育や特色ある研究に各大学が工夫を凝らし、より個性豊かな魅力のある大学にするために、国の組織から独立した「国立大学法人」に移行することになった。法人化後の国立大学では、大学の外の人間が大学運営に参加することや大学運営の透明性を確保するための仕組みが導入されている。そして、国立大学は、国民に対して積極的に情報を発信し、国民の理解と信頼を得られることが期待されている。

297　国立大学法人および大学共同利用機関法人の組織および運営方法について定めた国立大学法人法が2003年7月16日に公布、2003年10月1日に施行されている。

298　2021年5月、文部科学省高等教育局国立大学法人支援課より聞き取り。

299　2022年12月4日、文部科学省科学技術・学術政策局人材政策課より聞き取り。2012年8月公布の「労働契約法の一部を改正する法律」(2013年4月1日施行)により、有期労働契約について「無期転換ルール」等が導入された。その後、2013年12月公布の「研究開発システムの改革の推進等による研究開発能力の強化及び研究開発等の効率的推進等に関する法律及び大学の教員等の任期に関する法律の一部を改正する法律」(2014年4月1日施行)により、大学等及び研究開発法人の研究者、教員等については、無期転換申込権の発生までの期間を5年から10年とする特例(以下「10年特例」という。)が設けられた。大学等では、「10年特例の対象者」と有期労働契約を締結する場合には、相手方が特例の対象者となる旨等を書面により明示し、その内容を説明すること等により、相手方がその旨を予め適切に了知できるようにして、適切な運用を図る必要がある。なお、「大学の教員等の任期に関する法律」に基づき労働契約において任期を定める場合には、同法第4条第1項各号の何れかに該当することが必要であると共に同法第5条第2項の規定に基づき、予め「教員の任期に関する規則」を定める必要がある。

300　国内では、博士号の学位取得者が増えたことにより、大学教員の使い捨てが容易となった。特任教員ポストは、特殊プロジェクトの実施等のために利用されることが多く、プロジェクトが終了すれば、自然と教員を解雇できるシステムとして整備された。将来的に不安定な状態で特任ポストに就く教員は、過重労働に耐えながら、自分の研究も遂行しなければならない。そして、経済的にも不安定なことが多く、報道等では、「高学歴貧困者」と揶揄される場合もある。

301　日本学術振興会特別研究員出身の「若手教員」および「女性教員」等を優先しての登用が加速することになった。

302　2007年12月、東北大学大学院農学研究科教務掛より聞き取り。

303　短期滞在ではなく、3か月を超えて日本に滞在する外国人留学生は、全員が日本人と同じ「国民健康保険」へ加入する義務がある。この国民健康保険の対象となる治療の場合、医療費の30%のみが自己負担となる。国民健康保険については、前年度無収入の単身の外国人留学生の場合(40歳未満)、居住する市町村に「簡易申告書」を提出することにより、1年間の国民健康保険料が約10,000円に減額される場合もある。例えば、東北大学の外国人留学生の場合、国民健康保険に加入した後、留学中に訪日前に患っていた虫歯を全て仙台市内の歯科医院にて治療した事例もある。

304　2021年10月、政府関係者より聞き取り。長引く米中対立や新型コロナウイルス感染症(COVID-19)の蔓延拡大で露呈したサプライチェーン(供給網)の脆弱性等を背景にして、重要物資の安定調達や機微技術の海外流出防止を目指す「経済安全保障」の動きが注目を集めている。岸田文雄政権では、新たに経済安全保障担当大臣のポストを設けており、各省庁にまたがる施策をまとめる司令塔として防衛・エネルギー・農業等と同様に国民の生活や国益を守ることを使命としている。

305　(福田2020)参照。日本政府は、2020年夏に省庁横断的な水際対策の強化を盛り込んだ「統合イノベーション戦略」を閣議決定した。

306　2020年12月、政府関係者より聞き取り。日本の大学では、所属する研究者がどこから研究資金の提供を受けているかを把握していないケースが多い。中国は、技術獲得目的で各国への投資を活発化させており、米国軍とのつながりを指摘する中国通信機器大手の華為技術(ファーウェイ)についても、同社から資金を受け取っている研究室は、国内で複数あるとされるとされている。また、欧米諸国の大学等から拒絶された外国人留学生や投資が日本に流れてきており、日本の技術管理体制を整える必要がある。米国の大学の場合、学術スパイの他、高度人材を引き抜く役割を担う外国人留学生の行動も警戒している。

307　2021年10月、政府関係者より聞き取り。日本学術会議においては、現職・元職を問わず、会員が中国の大学や企業で役職を得ている場合もみられる。間接的に中国の軍事研究に寄与している可能性について、同会議は、「把握していないし、調べた形跡もない」と反論している。

308　中国軍の技術研究を行う中国の7大学「国防七大学(国防七子)」とは、国防産業を統括する工業情報化部が管轄している。機微度の高い兵器や軍用品等の開発、製造を行なっている。この7大学とは、北京航空航天大学、北京理工大学、ハルビン工業大学、ハルビン工程大学、南京航空航天大学、南京理工大学、西北工業大学を指している。文部科学省が平成29年にまとめた報告書によると、国防7校と大学間交流協定を結んでいたのは、京都大学、名古屋大学、千葉工業大学、慶応義塾大学、大阪大学、工学院大学、東京工業大学、上智大学等であった。

309　2021年1月、文部科学省関係者より聞き取り。公立大学および私立大学では、約6割程度しか順守されておらず、関連する規定を策定したのも約5割程度に留まっている。大学によって危機感に濃淡があり、規制対象技術を扱っていないことを理由に整備の必要性を否定するケースもある。

310　「千人計画」とは、中国政府が世界トップの科学技術強国を目指して外国から優秀な人材を集める人材招致プロジェクトである。国家レベルでは、2008年から実施されている。中国の人材招致プロジェクトに参加した外国の研究者らは、欧米諸国を中心に、2018年までに7,000人を超えたといわれている。近年、中国は、本計画への参加者を明らかにしていない。日本人研究者の中には、中国側の待遇の良さを紹介する者もいる。

311　(福田2020)参照。2021年1月、海外から優秀な研究者を集める中国の人材招致プロジェクト「千人計画」に、少なくとも44人の日本人研究者が関与していたことが判明した。日本政府から多額の研究費助成を受け取った後、中国軍に近い大学で教えていたケースもあった。「千人計画」に参加した理由については、「多額の研究費等が保証され、研究環境が日本より魅力的だ」と述べる研究者が少なくなった。44人のうち13人は、日本の「科学研究費助成事業」(科研費)の過去10年間のそれぞれの受領額が1億円を超えていた。国防7校のうち、「兵器科学の最高研究機関」とも呼ばれる北京理工大には、日本人が4人所属しており、「ロボット研究

センター」で、人工知能(AI) やロボット工学、ロボット製造に活用できる神経科学等を研究・指導していた。中国では、民間技術と軍事技術の線引きは、困難だともいわれている。

312　ハーパーは、「科学者は、戦時においては、祖国に属さなければならない」として兵器開発に尽力した。しかしながら、ユダヤ系の家系のために、最終的には、ドイツを追われて英国およびスイスに逃亡後、シオニズム運動家のハイム・ヴァイツマンと出会い、英国委任統治領パレスチナへ来るように誘いを受けて、ダニエル・シーフ研究所(後のヴァイツマン科学研究所) の所長になった。そのため 1934 年 1 月、パレスチナへ向かおうとしてスイスのバーゼルへと移動した際に体調を崩し、1934 年 1 月 29 日、バーゼルのホテルで睡眠中、冠状動脈硬化症により死去した。

313　文部科学省,https://www.e-stat.go.jp/stat-search/files?page=1&toukei=00400001&tstat=000001011528 (May 19,2021)参照。

314　文部科学省,https://www.e-stat.go.jp/stat-search/files?page=1&toukei=00400001&tstat=000001011528 (May 19,2021)参照。

315　文部科学省,https://www.e-stat.go.jp/stat-search/files?page=1&toukei=00400001&tstat=000001011528 (May 19,2021)参照。

316　2021 年 4 月、東北大学学生支援課生活支援係より聞き取り。東北大学がある仙台市は、外国人留学生にとって比較的に生活し易い環境にある。例えば、仙台市の賃貸住宅の不動産価格は、東京都・大阪市・名古屋市等の大都市と比べて安価である。また、最大 1 年間という制約があるものの、外国人留学生や外国人教員のための外国人専用寄宿舎として「東北大学国際交流会館」というアパート施設もある。2021 年 4 月時点での月額賃貸料金(※単位：円)は、次のとおりである。単身室:16㎡・22,800 円、夫婦室:32㎡・32,000 円、家族室: 64㎡・50,000 円。これ以外に、別途、管理費 1,000 円/月・入居時の預かり金 30,000 円が徴収される。さらに、別途、個別に電気料および水道料が発生する。今日、外国人に対して部屋を貸さない等の問題が発生している中で、一般の賃貸アパート等と比べて安い家賃で入居できる。

317　2021 年 5 月、東北大学総長・プロボスト室より聞き取り。

318　2021 年 5 月、東北大学総長・プロボスト室より聞き取り。東北大学は、グローバル大学として最先端の創造を担うために「教育」、「研究」、「産学連携」、「社会課題の解決」等を重視すると共に日本を代表する総合研究大学として未来へ挑戦し、「社会と共にある大学」としての責務を世界の大学等の多様な関係者と協働して果たすことを使命としている。この責務を果たすために、全学的かつ戦略的な取り組みと自由闊達な国際的活動・国際連携との有機的な組み合わせによる大学の諸活動における戦略的国際協働の深化、そして、包括的国際化を進めていく必要があるとしている。

319　東北大学では、中国文学の古典研究や中国史等の研究も盛んに行われており、中国からの留学生にとっても研究しやすい環境にある。

320　2021 年 3 月、東北大学大学院国際文化研究科国際文化研究専攻アジア・アフリカ研究講座の関係者より聞き取り。東北大学大学院国際文化研究科国際文化研究専攻アジア・アフリカ研究講座については、2021 年 3 月時点での在籍している学生の数として博士課程前期・後期を含めて中国からの留学生 14 人、日本人 2 人となっている(※2020 年度に修了した者も含む。)。本講座は、東北大学大学院国際文化研究科国際地域文化論専攻にあった旧アジア文化論講座・旧アジア社会論講座・旧イスラム圏研究講座の 3 つの研究室が統合改編されて設置されたものであり、主にアジア・アフリカ地域の今日的な実態を解明する目的で設立されている。具体的な研究内容については、次のとおりである。一つ目は、東南アジアから北アフリカまでの非常に広い範囲にわたって分布するイスラム地域における近代に至るまでアジア・アフリカ地域の紐帯を維持する役割と摩擦の要因についてイスラム地域の特性の実証的な研究を行うためである。教員は、イスラム地域の歴史学を専門とする教員が 1 名となっている。実際には、イスラム地域の研究をする学生は、中国からの留学生を含めて 2 人しかいない。また、地域別にみると、中東やアフリカを研究をする学生がいない。かつて旧イスラム圏研究講座の時代には、教員が 4 人おり、博士課程前期・後期に、筆者も含めて常時 30 名程度の日本人学生および外国人留学生が在籍しており、中東・中央アジア・アフリカ等、地域的にも多岐に亘って研究がなされていた。二つ目は、現在、超大国となり、世界の政治経済を牽引する中国の発展の基層にある歴史、文化に重点を置きながら、21 世紀のアジア・アフリカ地域における中国のプレゼンスについての研究である。教員は、中国文学と中国史学を専門とする者が 2 人(※1 人が漢族教員) である。中国からの留学生の多くが中国文学と中国史学を研究しており、時代としては、1949 年の国共内戦が終結した以前の歴史研究が多い。1949 年の国共内戦後の現代中国が建国して以来の「中国禁句テーマ」等のような現代中国のダイナミズムに関わる研究や現代中国における外交問題・安全保障問題・政治経済問題・社会問題等に関わる研究は、暗黙のルールとして決して行われることは、ない。

321　中国の大学は、4〜5 年制の本科と 2〜3 年制の専科がある。本科は、日本の 4〜6 年制大学に当たる。専科のみの学校は、専科学校と呼ばれる。日本の短期大学に当たる。職業技術学院では、専科と同様の職業教育を受けることができる。日本の職業能力開発短期大学校に当たる。

322　(魯 1988)参照。魯迅は、作家、思想家、革命家として中国において国民的英雄であり、その作品は、中国で世代を超えて読み継がれている。特に「藤野先生」は、「故郷」と共に継続的に日本および中国において中学校における国語の教科書に掲載されていることから、中国人の大半は、「藤野先生」を読んだことがあるか、少なくともこの作品を知っている。「故郷」は、魯迅の代表作ともいえる短編小説の一つである。1921 年 5 月『新青年』に発表され、のちに魯迅の最初の作品集である『吶喊』(1923 年) にも収録されている。作品に描かれた主人公の生家の没落、故郷からの退去は、魯迅本人の経験が元になっている。当時の社会に残存する封建的な身分慣習に対する悲痛な慨嘆が込められている作品である。その後、魯迅は、旧仙台医学専門学校に留学した際に教授であった藤野厳九郎から解剖学の指導を受けた経験を基にして、1926 年に「藤野先生」を発表している。魯迅が中国で高く評価されるにつれ、「藤野先生」のモデルである藤野厳九郎の名が世に知られるようになった。現代に伝わる藤野厳九郎の人物像のほぼ総ては、魯迅の描写に依存している。魯迅は、作品が世に知られることで消息不明の藤野厳九郎と連絡が取れることを期待していたが、結局、藤野厳九郎は、名乗り出なった。身内にも固く口止めしていたという。北京医科大学から教授として招請されたこともあったが、これも固辞した。しかし、魯迅の死後、藤野厳九郎の居場所を知った新聞記者による取材記録が残っている。戦後になると日中友好に貢献した人物として評価されるようになる。その後「藤野先生」は、日中両国で国語の教科書に取り上げられ、彼の名は、両国に広く知られた。1961 年には、記念碑が福井県福井市に建てられ、旧宅は、福井県あわら市に移築されて「藤野厳九郎記念館」となった。東北大学では、彼の名を冠した「東北大学藤野先生賞」および「東北大学藤野記念奨励賞」を創設した。「藤野先生」の作品では、次のとおり、魯迅が終生、藤野厳九郎教授を「師」として尊敬していたことが判る。「しかし、なぜだか分からないが、私は、今でもよく彼を思い出す。私が自分の恩師と思う人の中で、彼は、最も私を感激させ、私を励ましてくれた一人だ。私は、いつも思う。彼が私に対して強く希望し、たゆまぬ教誨を与えてくれたのは、小さく言えば中国のため、すなわち中国に新しい医学が生まれることを願っていたからであり、大きく言えば学術のため、すなわち新しい医学が中国へ伝わるのを願っていたからである。彼の姓名は、決して多くの人の知るところではないが、彼の性格は、私の目には、そして私の心の中では、偉大である。私は、彼が訂正してくれたノートを綴じて三冊の厚い本にし、永遠の記念として大事にしまっておいた。不幸なことに、七年前に転居した時、途中で本箱を一壊してしまい、その本箱の中の半分の書物をなくした。あいにくこのノートも紛失したものの中に入っていた。運送屋に督促して探させたが、まったく返事がなった。ただ彼の写真だけが、今でも北京の家の東側の壁の、机に面したところに掛かっている。毎夜、疲れて怠けたくなる時、ふと上を向いて、明かりの中に黒い痩せた、今にも抑揚の強い口調で話しだしそうな彼の顔が目に入ると、たちまち私は、良心に目覚め、かつ勇気を与えられ、そこでタバコに一本火をつけ、再び正人君子の輩に深く憎まれる文字を書き続けるのである。」

323　東北大学史料館,http://www2.archives.tohoku.ac.jp/luxun/1_4_luxun.html (May 19,2021)参照。魯迅は、1904(明治 37 年) 年 9 月に旧仙台医学専門学校に留学している。当時の日本は、日露戦争の最中で、仙台市内でも出征兵士歓送会や戦勝祝賀会等が頻繁に開催されていた。魯迅が下宿した仙台市にあった佐藤屋の主人も、遼陽陥落の際の行列係の一員に名を連ねていた。時代は、日本が日清戦争から日露戦争へ、さらに朝鮮・中国侵略へと走り込み、清朝政府は、武力を背景とした欧米列強の強迫外交に対抗できない状態が続いていた。魯迅が日本に留学し、旧仙台医学専門学校に入学することになった背景には、当時の清国の深刻な立ち後れがあった。例えば、日清戦争は、清国の軍隊が鉄砲の殺傷力には、無理解であり、勝敗が初めから決まっていたともいわれている。また、当時の清国では、人の死は、気の衰退だから生き身の肉や血を使えば起死回生が可能であると信じられ、瀕死の父親に自分の肉を削いで与える孝行息子の話や瀕死の老人に赤子の肝を与えたという話が現実のものであった。魯迅は、「狂人日記」の作品の中でそのことを示している。魯迅が医学を選んだのは、生命の尊重や健康増進を追求する上に、西洋医学がいかに有益であるかを示し、人々の間に近代化を支持する雰囲気を広げていこうと考えたからである。また、医学によって中国人を人種的に強化していこうとも考えていた。さらに、中国をよりよく変革し、医学のために医学を役立てようとも考えていたのである。魯迅は、旧仙台医学専門学校において教授であった藤野厳九郎に解剖学の指導を受けることになった。その指導は、毎週ノートを添削するという徹底したものであった。その過程を通じて、魯迅は、2 つの大きな問題を認識するに至った。一つ目は、「医学と革命を結合するのは、極めて困難であるということ」、特に中国では、難しいということである。二つ目は、「近代的な学術は、人類普遍的な真理を探究する営為であって、中国人の問題を考える上でも中国の革命を考える上にも、無視できない存在であると認識できたこと」である。一つ目の問題は、ある日、魯迅は、ロシア軍のスパイを働いたという罪により、1 人の中国人が処刑されようとしている場に遭遇する。そこで、魯迅は、その場にいた中国人は、それを全く無表情に、まるで神経が麻痺しているかのように呆然と眺めるばかりであり、その表情には、生命の尊重や健康増進を追求する意識が感じられず、社会変革の土壌を切り開く上で、彼らが相手では、近代西洋医学は、あまり役に立たないと考えたのである。また、医学で人種を強化できると考えたのは、方法として間違いだったことにも気がついた。二つ目の問題は、藤野厳九郎の厳格な指導の下で、解剖学の勉強を進める過程の中で、藤野厳九郎と魯迅の間の衝突や軋轢が起こっていた。当時の魯迅は、藤野厳九郎によって解剖図と芸術絵画とは、筋合いが違うと指導され、考えれば当然なのに、ひどく不満に感じたり、藤野厳九郎から纏足の状態に関する説明を求められて大変困惑したり、自分の感覚が非学術的なばかりに受ける叱責や指導、困惑の事例を作品の中で示している。その記述は、魯迅が近代学術に対する自分の認識が徐々に進む様子を描いたものでもあった。そして遂に、藤野厳九郎の指導によって、「自分には、医学よりも大きい人類普遍の真理を探究する世界がある」

108

と考えるようになり、「私は、人の身体よりも、人の心を治したい」という心境に至ったのである。

324　中国上海市虹口区には、魯迅公園内に魯迅記念館がある。これは、近代中国の文学者である魯迅をテーマにした博物館である。江沢民が設立に関わり、同記念館の壁の表札は、江沢民の直筆である。

325　中国の政治構造は、憲法に明記されているように、中国共産党が国家を領導する。従って、中国共産党の最高指導者(党首)が国家の最高指導者(最高領導人)となる。中国共産党の最高指導者は、党則上、中国共産党中央委員会総書記(1982年以前は、中央委員会主席)であるが、1980年代の鄧小平のように、中国共産党の最高職に立たずに最高指導者となったケースもある。これは、中国共産党の最高職である主席・総書記と、中国共産党の党軍であり、事実上の国軍でもある中国人民解放軍(以下、「解放軍」という。)を統帥する中国共産党中央軍事委員会主席を務める人物が分かれていたからである。鄧小平は、権力の源泉となる解放軍の統帥権者である中国共産党中央軍事委員会主席の地位を確保した上で腹心の配下である胡耀邦を中国共産党中央委員会総書記に据えると共に趙紫陽を国務院総理に据えることで主導権を掌握した。鄧小平は、1987年10月に開かれた中国共産党第13回全国代表大会で中国共産党中央委員・中央政治局常務委員を退いた後も中国共産党中央軍事委員会主席の地位は、譲らず確保していた。第13期中国共産党中央委員会第1回全体会議(第13期1中全会)では、鄧小平が中国共産党中央政治局の重要決定に関する最終決定権を持つことが承認された。その後、1989年に起きた「第二次天安門事件」を受けて開催された中国共産党第13期中央委員会第5回全体会議で鄧小平は、江沢民に中国共産党中央軍事委員会主席を譲って「完全引退」を宣言し、無位無官の身となったが、江沢民の後見役として1992年に「南巡講話」を発表し、「改革開放」路線を推し進めるように中国共産党指導部に迫る等、最高実力者として振舞った。同年10月の第14回中国共産党全国代表大会において江沢民体制が確立したことにより、鄧小平から江沢民へ最高指導者としての地位が移行した。江沢民は、中国共産党中央委員会総書記および中国共産党中央軍事委員会主席と共に1993年に国家元首である中華人民共和国主席(国家主席)に就任し、中国共産党・国家・軍の三権を掌握した。これは、毛沢東が国家主席に在職(1954年～1959年)していて以来のことである。その後、中国共産党の最高指導者が中国共産党・国家・解放軍の最高職を独占する権力集中体制は、胡錦濤、習近平にも継承されている。一度、この「三権」を手放してしまうと旧最高指導者といえども立場が苦しくなり、自らの旧側近や旧幹部達が汚職等の罪に問われて拘束され、政治的には、丸裸にされた状態で政治の表舞台から遠ざけられることが多い。

326　2008年1月、東北大学に在学する中国からの留学生より聞き取り。

327　日本学術振興会、https://www.jsps.go.jp(May 19,2021)参照。中国には、民間が経営している大学もあるが、政府機関から資金をもらって運営している日本でいう国公立大学に相当する公営大学の方が多い。中国教育部(文部科学省に相当)発表によると、2017年5月31日の時点で、中国の大学数は、計2,914校ある。その内訳は、普通大学が2,631校(独立学院265校を含む。)、成人大学が283校となっている。この場合、普通大学とは、中国政府の定める設置基準によって設立され、「全国大学入試統一テスト」に合格した高校卒業生を対象とする全日制の大学である。独立学院とは、学位授与権限をもつ普通本科大学が企業その他の社会団体と共同で設置した高等教育機関であり、本科教育を主に実施する。独立学院には、北京郵電大学世紀学院、首都師範大学科徳学院、上海外国語大学賢達経済人文学院、中山大学南方学院、華南理工大学広州学院等がある。大学名だけ見ると、中国の有名大学といわれる重点大学の名前がついている。例えば、中国の有名大学である浙工大学と杭州市政府は、提携して、1999年に浙工大学城市学院を設立したのが独立学院の始まりである。半官半民で運営されており、母体となる公営大学が運営ノウハウを提供し、大学の施設や運営費は、すべて民間の企業や団体・個人が提供する仕組みになっている。母体となる有名大学の名前がついているものの、大学キャンパスやカリキュラムは、母体の大学とは、全く異なる。関連する法律により、1つの公営大学が設立できる独立学院は、1つだけと決められている。中国社会では、独立学院を非正規の大学と認識することが多い。成人大学とは、全国成人高等教育統一テストに合格した高校卒業生および同等の学力を有する学生を教育対象とする。中国の大学には、日本でいう国公立大学に当たる公営大学と日本でいう私立大学に当たる民営大学がある。公営大学は、政府機関が設立した大学であり、政府の財政支援をもらいながら運営している。公営大学は、政府の主管部門が設置されており、教育部、各省(自治区、直轄市)等の中央政府若しくは地方政府が主管している。民営大学は、企業や社会団体または、個人が設立した大学であり、政府の財政支援をもらわずに運営している。民営大学の主管部門は、地方政府である省(自治区、直轄市)の教育庁若しくは教育委員会となっている。当然ながら、独自の建学理念により自由な大学運営をすることは、できない。

328　学校教育法第93条では、「大学には、重要な事項を審議するため、教授会を置かなければならない」と規定している。同条に規定する「重要な事項」については、その内容が必ずしも明確でないため、国公立大学法人化まで適用されていた教育公務員特例法に基づき、各大学の学部教授会が学部長選考や教員人事、勤務評定について大きな権限が認められていた。現在でも各大学の学部教授会の審議事項の中に大学の経営に関する事項が含まれており、学長のリーダーシップを阻害している。

329　国立大学の人文科学系の分野では、中国の歴史を研究する学部学科および研究室等が数多く存在している。

330　(Sandel 2010)参照。サンデルは、「正義」を議論するには、「3つのアプローチ」があるとしている。それは、「幸福」、「自由」、「美徳」である。また、「正義」は、「美徳」や「善良な生活」と深い関係にある中で、現代政治において「美徳」は、保守思想や宗教的右派思想と結びつきやすく、「善良な生活」は、不寛容や弾圧を招きやすいとしている。

331　(Xia 2022)参照。中国における癌の新規患者数は、世界最多である。2020年時点で、かつて癌大国といわれた米国の癌の新規患者数は、2,372,145人であるのに対して、中国の癌の新規患者数は、4,820,834人となっており、米国の約2倍程度となっている。罹患部位をみると、肺癌が一番多く870,982人(全体の18.07%)、次に直腸癌の592,232人(全体の12.28%)、三番目に胃癌の509,421人(全体の10.57%)となっている。また、癌による死亡者数についてみてみると、米国が640,724人であるのに対して、中国は、3,208,516人となっており、米国の約5倍程度となっている。死亡原因をみると、肺癌が一番多く766,898人(全体の23.90%)、次に肝臓癌の412,216人(全体の12.85%)、三番目に胃癌の400,415人(全体の12.48%)となっている。中国の場合、健康保険制度の整備が遅れていることから、癌患者が先端治療を受ける際の高額医療費に対する補填がほとんどなく、癌患者の自己負担額が平均年収の約5倍程度にもなる等、大きな負担となっている。癌患者の中には、高額費用により経済破綻に陥り、高額費用に耐えかねて治療を断念する人も多い。その要因としては、北京を含め中国の都市部における近年の工業化および経済成長によって深刻化した大気汚染の蔓延や農薬等の化学物質による飲料水への影響等が指摘されている。この問題は、中国政府による医療政策の不備として新たな火種となっている。

332　2023年10月、中国社会科学院関係者より聞き取り。中国では、1950年代から、都市戸籍労働者を対象とした「労働保険条例」に基づき、国家保障による公的年金制度を実施してきた。例えば、国有部門の定年退職年齢は、女性幹部(高学歴者)が55歳、女性労働者(低学歴者)が50歳であり、男性幹部及び労働者は、60歳と規定され、定年退職後には、公的年金が支給されていた。一方、農村戸籍住民を対象とする公的年金制度は、設けられていなかった。そのため、農村住民の老後生活は、子供やコミュニティに頼らざるを得なかった。その後、中国では、公的年金制度の改革が進み、中国政府は、1997年に都市戸籍雇用者を対象とする従業員基本年金保険を改革したのに続き、2009年に農村戸籍者を対象とする新型農村社会年金保険を改革すると共に2011年には、都市戸籍非就業者や自営業者を対象とする都市住民社会年金保険を創設した。その後、中国政府は、2014年以降、新型農村社会年金保険と都市住民社会年金保険を新たに住民基本年金制度に統合した。しかし、現行の公的年金には、いくつかの問題が存在する。まず、年金受給額の格差である。2021年の1人あたり年間年金受給額は、都市戸籍雇用者(従業員基本年金保険加入者)が41,200元なのに対し、住民基本年金加入者は、2,000元程度となっている。住民基本年金加入者は、低所得者が多いため、公的年金制度が所得格差を拡大させていることになる。また、将来の生産年齢人口の減少により、持続可能な年金基金の維持が課題となっている。従業員基本年金保険の基金は、2027年の約7兆元をピークに急速に減少し、2035年には、枯渇する可能性がある。今後、公平性を保ち、持続可能な公的年金制度を構築していくことが中国にとって重要な課題となっている。

333　2023年3月、中国政府関係者より聞き取り。中国政府は、戸籍制度の改革に乗り出している。従来は、社会福祉の恩恵を受けることができる対象を都市部の戸籍保有者に限定していたが、戸籍制度の緩和により、農村部から都市部へ労働者の移動を促進させようとしている。これは、都市部の労働者不足を補い、減速する中国経済の活性化を目指す目的がある。元々、中国の戸口(日本の戸籍に相当)の登記管理制度は、1950年代後半に人々の移動を制限するために導入されたものである。1980年代に始まる「改革開放」政策では、大量の出稼ぎ労働者がより高い所得を求めて農村部から都市部に流入したものの、彼らの多くは、戸籍を農村部から都市部に移せなかった。そのため、彼らの受ける医療や教育、住宅購入に制約を受け、社会福祉等の恩恵を受けられずにいた。そうした問題に対処するため、習近平は、格差是正を目指す「共同富裕」の方針を掲げながら、戸籍改革を実行しようとしている。実際、2019年12月以降、人口300万人未満の都市では居住要件を撤廃している。例えば、人口1,000万人以上を抱える浙江省杭州市は、労働者が居住申請できる年齢の下限を45歳から35歳に引き下げると共に繁華街を除き、浙江省全域において出稼ぎ労働者が居住権を申請できるようにしている。また、江蘇省南京市等も学歴や雇用を指標化した居住要件を緩和している。

334　1999年、創業者である馬雲(ジャック・マー)が中国浙江省にあるアパートの一室でalibaba.comをスタートさせたことから、アリババの歴史は、始まる。それ以降、alibaba.comを基盤に、淘宝網(Taobao)や天猫(Tmall)をはじめとして、様々なインターネットサービスを提供してきた。そして、今なお急成長を遂げており、中国国内のインターネット業界を支え続けてきた革新的な中国系IT企業である。2021年のアリババグループの売上高は、約12兆円(7,172.89億元、※サンアート・リテール統合含む。)となっている。主な事業別売上高としては、中核コマース事業で約10.5兆円(6,211.46億元)、国内小売事業で約8兆円(4,736.83億元)であり、グループ全体の純利益でも約2.5兆円となっている。

335　JETROビジネス短信(2021年04月22日)参照。中国の国家市場監督管理総局は、2021年4月10日、電子商取引(EC)大手のアリババ集団に対して、罰金182億2,800万元(2,916億4,800万円、1元=約16円)の行政処罰を課すと発表した。同社のインターネットプラットフォームに出店する企業に「二者択一」を強要する行為

が、独占禁止法に違反したとしている。国家市場監督管理総局は、2020年12月からアリババ集団の市場支配的地位の乱用について調査を実施し、同社が2015年以降、自社のプラットフォームに出店する企業に対して、競合他社への出店を禁止する「二者択一」の強要行為によって、他のインターネットプラットフォームを排除・制限し、商品・サービス・資源要素の自由な流通を阻止し、出店企業・消費者の利益を侵害したと指摘した。その上で、独占禁止法上の市場支配的地位の乱用に該当すると認定し、アリババ集団に対して2019年の同集団の中国国内における売上高4,557億1,200万元の4%に相当する罰金を科すことを決定した。プラットフォーム企業に対する独禁法適用については、国務院独占禁止委員会が2021年2月7日に公布した「プラットフォーム経済における独占禁止ガイドライン」においてプラットフォーム企業の市場支配的地位の乱用を認定する上での審査基準が具体的に示されている。

336　欧州においては、アフリカや中東からの経済移民が数多く押し寄せて来て深刻な社会問題となっている。そのため、欧州内では、政治的に経済移民の排斥を訴える保守派勢力が台頭している。

337　LGBTとは、Lesbian、Gay、Bisexualの3つの性的指向とTransgenderという性自認の各単語の頭文字を組み合わせた表現である

338　中国における人口抑制政策である。特に1979年から2014年まで実施された。一組の夫婦につき子供は、一人までとする計画生育政策である。2016年からは、一組の夫婦につき子供が二人までとされている。2018年時点で、91万3,593個所の拠点と9,400万人の職員により構成されている中国計画出産協会が違反した夫婦を取り締まっている。違反した場合、年収の20年分の罰金が科せられる等、厳しい処分を受ける。

339　「未富先老」とは、経済成長がピークを迎える前に高齢化によって衰退が始まることを指す。中国は、豊富な労働力を強みに1978年の改革開放から約40年にわたり経済成長を続けてきたが、現在、転換期を迎えつつある。民間の債務が積み上がり投資余力が落ちているのに加え、人口構成問題による潜在成長率の低下が影を落とす。少子高齢化は、1980年頃に導入した「一人っ子政策」の影響が大きい。中国国家統計局のデータによると、全人口に占める生産年齢人口の比率は、2010年をピークに減少傾向にある。中国政府は、2021年に産児制限を事実上撤廃したが、教育費の出費がかさむことから2人目や3人目の出産を躊躇する人が多い。生産年齢人口の伸びが鈍化すると経済成長の停滞が起きる。例えば、先行して少子高齢化が進んだ日本では、経済成長の停滞が続いている。中国も、このまま高齢化が進めば、社会保障費が膨らみ経済成長の重荷になる。これまでは、インフラ投資等で景気浮揚をしてきたが、政策の選択肢も狭まることになる。

340　「特定技能」とは、建設業、造船・舶用工業、自動車整備業、航空業、宿泊業、介護、ビルクリーニング、農業、漁業、飲食料品製造業、外食業、素形材産業、産業機械製造業、電気電子情報関連産業等の14業種の仕事を対象とした新しい在留資格である。2019年4月より導入されている。これらの業種は、単純労働を含むことから、これまでは、外国人の雇用が難しい状況であったが、国内では、十分な人材が確保できないことから、外国人の就労が解禁されたのであった。それでも、「特定技能」は、一時的な労働力不足を補うために始められた制度にすぎず、人口減少問題を直接的に改善するものでは、ない。「特定技能」の在留資格には、「特定技能1号」と「特定技能2号」の2種類がある。「特定技能1号」は、特定産業分野において相当程度の知識または経験を持つ外国人に向けた在留資格である。特別な育成や訓練を受けることなく、すぐに一定の業務をこなせる水準であることが求められる。そのため海外に住む外国人が「特定技能1号」の在留資格で来日するためには、日本語スキルに加え、仕事に関する知識・経験に関しての試験に合格することが必要となる。「特定技能1号」の在留資格で日本に在留できる期間は、通算5年、家族の帯同は、認められていない。「特定技能1号」は、就労ビザの一つなので理論上は、出身国の国籍を問わず取得することが可能(イランやトルコ等の一部の国籍を有する外国人については、付与の除外対象)であるが、現状、「特定技能評価試験」の実施国は、限られている。2020年4月時点で「特定技能」の二国間協定を締結している国は、フィリピン、カンボジア、ネパール、ミャンマー、モンゴル、スリランカ、インドネシア、ベトナム、バングラデシュ、ウズベキスタン、パキスタン、タイの12カ国である。また、「特定技能2号」は、基本的に、「特定技能1号」の修了者が望んだ場合、次のステップとして用意されている在留資格であり、2021年度に建設業や造船・舶用工業の2業種にて試験的に始まった。「特定技能」と「技能実習」は、名前が似ていることに加え、共に1号・2号の区分があることから、同じような在留資格だと思われている。「特定技能1号」の修了後の試験に合格し、定められた用件を満たしていれば、在留期間や更新回数の制限は、なくなる。「特定技能2号」では、家族の帯同も認められている。他方、「技能実習」は、外国人の方に日本の技術を学んで戴き、その技術を母国に持ち帰ることで、母国の経済発展に役立てるといった国際貢献を主な目的としている。そのため、技能実習法第3条第2項には、「技能実習は、労働力の需給の調整の手段として行われては、ならない」と明記されており、飲食店の盛り付け等の単純労働が行えない。それに対して「特定技能」は、外国人の方を労働者として受け入れる在留資格である。人材不足の産業に即戦力となる人材を提供することが目的なので、「特定技能」は、広い範囲の労働を行なうことができる。

341　日本や韓国の場合、地理的な観点からみて、将来的に、経済移民が大挙して押し寄せて来るという可能性は、低い。

342　(PricewaterhouseCoopers LLP 2017)参照。

343　(PricewaterhouseCoopers LLP 2017)参照。

344　最も過熱感が強まったのは、世界で年2%近く人口が増えた1970年代前半である。先進国の経済成長率は、平均4%台を記録し、インフレ率は、年10%だった。先進国が社会保障制度を相次ぎ拡充した「福祉の黄金時代」が始まった頃である。しかしながら、高成長・高インフレを前提にした社会システムに亀裂が走る。世界人口の伸びは、1%に減速、経済成長率やインフレ率は、2%台に鈍化している。金利の低下が続き、年金制度の維持が困難になっている。

345　人口置換水準とは、出生数の増加で死亡数を補い、人口推移を安定させるというものである。国の人口が置換水準に達すれば、出生数と死亡数は、バランスがよくなる。国際的には、2.1が人口置換水準とされている。

346　(IMF 2020a) 参照。「シュリンク(縮小)」と「エコノミクス(経済学)」を合わせた「シュリンコノミクス」という造語がある。

347　(Cline 1975) 参照。

348　報道および表現の自由が制限されている社会では、国民は、偏ったプロパガンダによる情報による影響を受けやすい。

349　各種報道資料参照。2022年2月25日、ロシア軍の即時撤退等を求める決議案が国連の安全保障理事会にて、ロシア自身の拒否権で否決された後、国連総会にて、ウクライナ侵攻に対するロシアへの非難決議が採択された。この非難決議は、ウクライナ情勢を巡り、ロシアを国際的に孤立させた。決議案に反対した国は、ロシア、ベラルーシ、シリア、北朝鮮、エリトリアの5カ国である。決議案に棄権した国は、アルジェリア、アンゴラ、アルメニア、バングラデシュ、ボリビア、ブルンジ、中央アフリカ、中国、コンゴ共和国、キューバ、エルサルバドル、赤道ギニア、インド、イラン、イラク、カザフスタン、キルギス、ラオス、マダガスカル、マリ、モンゴル、モザンビーク、ナミビア、ニカラグア、パキスタン、セネガル、南アフリカ、南スーダン、スリランカ、スーダン、タジキスタン、ウガンダ、タンザニア、ベトナム、ジンバブエの35カ国等である。

350　(易 2021)参照。中国が2021年5月に公表した「第7次国勢調査」について、易は、「この『第7次国勢調査』は、前回、前々回の調査に輪をかけてひどいものであり、実態に即して公表すれば、前代未聞の政治的な激震に直面する。中国の総人口は、2018年から減少し始め、2020年は、12億8,000万人ほどだったと考えられる。公式発表は、14億1,000万人なので、約1億3,000万人の『水増し』があった。また、インドの人口は、既に中国を超えている。最近になって、中国共産党は、『1組の夫婦に3人目の出産を認める』との新方針を示したが、その効果は、ほとんどない。夫婦どちらかが一人っ子の場合に2人目の出産を認める政策、その後の2人目出産の全面的容認もいずれも失敗に終わっており、3人目容認の政策を打ち出したのは、予想外で滑稽である」と分析している。中国では、子供は、1人だけ産むという考えが主流となっている。出生数は、今後も減少が続き、合計特殊出生率を1.25で安定させることも難しくなるとみられる。出生数が増えない中で経済成長率は、伸びない。よって、この先、国内総生産(GDP)で米国を抜くことは、あり得ない。また、今後の世界人口の見通しとしては、世界の合計特殊出生率が2020〜2025年の2.17から、2095〜2100年には、1.47に低下するといわれている。さらに、易によると、世界の人口は、2020〜2025年の段階から国連推計を大きく下回るはずであり、世界人口は、2050年より前に減少し始め、ピーク時の人口は、85億人以下になると指摘している。

351　(易 2021)参照。易は、「1991年から2016年の中国の新生児の数は、3億7,760万人で、公式データの4億6,480万人より少なく、出生率(人口千人当たりの出生数)は、高く計算されている」と主張している。実際、中国には、新生児出生システムというのがある。新生児は、出生証明が発行されれば、戸籍登録されたかどうかに拘わらず関連部門は、出生の情報を把握できる。そのため、中国の新生児の数は、正確のはずである。しかしながら、中国の計画出産政策は、厳しく管理されており、計画出産数を上回れば罰金を課せられるため、報告しない人もいる。国家衛生計画生育委員会副主任の王培安は、「中国の人口に数の不足問題は、ない。今後数十年、100年経っても人口が不足することは、ない。2030年のピーク時、中国の人口は、14億5,000万人前後になり、2050年には、14億人前後、今世紀末には、11億人以上になる。したがって、人口の質だけでなく、人口構造問題にも関心を寄せる必要がある」と分析している。

352　中国網,http://m.china.com.cn/appshare/doc_1_76799_433246.html.(July 18,2017)参照。易富賢が示した「中国の国家統計局が発表した人口データは、実際、9,000万人少ない」という見解について、国家発展改革委員会社会発展研究所所長の楊宜勇は、「米国のウィスコンシン大学研究員の易富賢の見解については、同意できない。中国の人口統計が数十万人から100万人違うというのであれば、判るが、9,000万人違うというは、常識外れである。中国の国勢調査は、国が決めた時期に同じ方法、同じ項目、同じ調査表により、全ての世帯および全ての人に対して実施されている。国勢調査は、世界各国が採用しており、国の人口統計の元にもなる。当然ながら、中国の国勢調査に基づく出生率(人口千人当たりの出生数)は、水増しされて計算されていない」と反論している。

353　2021年5月12日中国外交部定例記者会見より聞き取り。欧米諸国のメディアが「中国は、人口危機に直面し、中国の夢の実現に影響が生じる恐れがある」と報道したことについて、華春瑩は、「中国は、人口規模が増加し続けており、依然として世界最大の人口大国だ」と反論している。

354 中国通信社，https://china-news.co.jp (August 17,2021)参照.

355 (飯田 2015) 参照.

356 (高田 2014) 参照.「ドイツが東部に領土を拡大すべき」とする思想は、ドイツ帝国以前から既に現れている。プロイセン王国の政治家ハインリヒ・フォン・トライチュケを嚆矢とし、帝政時代には、ゲオルク・フォン・シェーネラーやハインリヒ・クラース(以下、「クラース」という。) 等の全ドイツ連盟をはじめとする国家主義者達が「東方への衝動」という名でドイツの東方進出を主張していた。クラースは、1912 年に「もし我が皇帝なれば」(Wenn ich der Kaiser wär) という本を変名で出版している。この著作の中でクラースは、海外植民地の取得ではなく、本土から陸続きの欧州南東部、オーストリア＝ハンガリー帝国、バルカン半島への植民地取得を主張している。クラースが海外の植民地に否定的であったのは、民族の力の消耗、民族喪失へと繋がり、人口流出を危惧したからである。また、クラースは、「場合によっては、ロシアから入植地を奪取し、ロシア人を排除する必要がある」とも述べている。国家社会主義ドイツ労働者党(Nationalsozialistische Deutsche Arbeiterpartei) (以下、「ナチス・ドイツ」という。) 党首となったヒトラーは、1920 年にクラースと面会し、「『もし我が皇帝なれば』を読んで大きな影響を受けた。ドイツ民族にとって最も重要なこと、必須のことの全てが書かれている」と絶賛している。ヴェルナー・マーザーは、ナチス・ドイツの 25 カ条綱領には、クラースの「もし我が皇帝なれば」の影響がみられると共にナチス・ドイツの人種差別政策を進めるためのニュルンベルク法やアーリア人優越主義は、クラースの理念を実現したものであると指摘している。クラースは、初期にナチス・ドイツに援助を行っていたが、ミュンヘン一揆の裁判では、「ヒトラーとは、無関係である」と弁明して、ナチス・ドイツと敢えて距離を取ったことから、それ以降、ヒトラーは、クラースを含めた全ドイツ連盟の派閥と絶縁し、著書等でも彼らについて言及していない。ナチス・ドイツは、その 25 カ条綱領において「我々は、我が民族を扶養し、過剰人口を移住させるための土地を要求する」としているが、対象となる土地については、明言していない。ヒトラーは、1925 年の著書「我が闘争」(Mein Kampf) の中で初めて「東方に生存圏を獲得する」と記している。

357 (高田 2014)参照.

358 2021 年 4 月、ロシア政府関係者より聞き取り.

359 Reuters，https://jp.reuters.com/news (July 21,2021)参照.

360 2021 年 4 月、ロシア政府関係者より聞き取り.

361 米国経済の成長力に陰りが生じ、富の偏在が加速した。国内の政情が揺らぐ中で、20 年に及んだテロとの戦いを中断しアフガニスタン撤収を余儀なくされた。

362 (森川1999)参照.

363 (森川1999)参照.

364 2011 年 5 月、国父史蹟館の関係者より聞き取り.

365 1938 年 9 月に、旧チェコスロバキアのズデーテン地方の帰属問題を解決するためにドイツのミュンヘンにおいて開催された「ミュンヘン会談」においては、古典ドイツ語(イデッシュ語)を話すドイツ系住民が多数を占めていたズデーテン地方について、ドイツ帰属を主張したドイツのヒトラーに対して、英国およびフランスは、「これ以上の領土要求を行わない」との約束を条件にヒトラーの要求を全面的に認めることになった。1938 年 9 月 29 日付けで署名されたこの「ミュンヘン協定」は、後年になり、「第二次世界大戦勃発前の宥和政策の典型」とされている。

366 (United Nations, the Department of Economic and Social Affairs 2017)参照。報告書では、1999 年以来 10 億人近くが極度の貧困状態から脱したが、2013 年の時点で、1 日 1.9 ドル未満で家族と暮らす人は、7 億 6,700 万人を数え、その数を上回る人が飢えと戦っている現状を指摘した。その上で発育不全となっている 5 歳未満の乳幼児は、世界全体で減少しているものの、依然として推定 1 億 5,500 万人存在しており、食料援助などの取り組み加速が必要であるとしている。

367 (毛利2021)参照。「大躍進政策」は、中国共産党内の主導権を得た毛沢東の指導の下、1958 年 5 月から 1961 年 1 月までの間に行われた農作物と鉄鋼製品の増産計画である。反対派を粛清し、合作社・人民公社・大食堂など国民の財産を全て没収して共有化する共産主義政策を推進した毛沢東は、核武装や高度経済成長によって先進国である米国や英国を 15 年で追い落とすと宣言したものの、非科学的な増産方法の実施、四害駆除運動で蝗害を招くことになる。中国国内で大混乱を招き、大飢饉の発生、産業・インフラ・環境の大破壊等を招いた。また、「人民公社政策」は、かつて中華人民共和国において農村に存在した組織である。一郷一社の規模を基本単位とし、末端行政機関であると同時に集団所有制の下に、工業、農業、商業等の経済活動のみならず、教育、文化さらには軍事の機能を営んだのである。すなわち、従来の権力機構(郷人民政府と郷人民代表大会) および「合作社」を一体化した「政社合一」の組織であった。中国がスターリンによる農業集団化を模倣して、1958 年から開始した「大躍進政策」の一環で導入されたが、杜撰な政策を推進したことにより数千万人を餓死させたといわれている。

368 (司馬 2015)参照.

369 (魯迅 1998)参照.

370 (SIPRI 2020)参照.

371 (IMF 2020) 参照.

372 Ipsos, https://www.ipsos.com/en (September 23,2021)参照。Ipsos の世論調査によると、「既存の政治は、庶民を軽んじている」⇒「そう思う」(2019 年: 67%)(2021 年: 72%)、「富裕層や有力者が経済を操っている」⇒「そう思う」(2019 年: 66%)(2021 年: 71%)、「富裕層や有力者から国家を取り戻すことができる強い指導者を望む」⇒「そう思う」(2019 年: 66%)(2021 年: 70%)、「専門家は、庶民の生活を理解していない」⇒「そう思う」(2019 年: 65%)(2021 年: 70%)、「ルールを破れる強い指導者を望む」⇒「そう思う」(2019 年: 35%)(2021 年: 43%)等となっている。このように米国民の多くが政府・富裕層・専門家に対して不満を抱いていることが判る。

373 U.S. DEPARTMENT OF LABOR, https://www.dol.gov/newsroom (July 29,2021)参照。トランプ政権が米国人の雇用を優先するために就労ビザ(査証)の審査を厳しくしたことで、ハイテク技術者等が利用する H-1B (専門職ビザ)の新規発給件数は、頭打ちとなった。

374 AFP,https://www.afpbb.com/articles/-/3259252(October 29,2018)参照.

375 Brown University,https://www.brown.edu/brown-research/(September 10, 2021)参照.

376 The Washington Post,https://www.washingtonpost.com/(September 10, 2021)参照.

377 Nikkei Asia,https://asia.nikkei.com/Economy/(September 17, 2021)参照.

378 The Washington Post,https://www.washingtonpost.com/(September 10, 2021)参照.

379 China-Pakistan Economic Corridor, http://cpec.gov.pk/introduction/1#/(September 17, 2021)参照。中国とパキスタンは、1950 年に外交関係を樹立している。「反インド」という外交戦略・経済戦略・安全保障戦略等の点で同調している。2015 年に公表された中国・パキスタン経済回廊(China-Pakistan Economic Corridor : CPEC)(以下、「CPEC」という。) は、中国の新疆ウイグル自治区カシュガルから標高 4,693m のフンジュラーブ峠を超え、パキスタンの北から南まで国内を縦断しアラビア海に面したグワダル港までを繋ぐ全長約 2,000km に及ぶ長大な経済回廊建設プロジェクトである。CPEC には、グワダルの港湾および周辺の開発の他、水力発電所建設を含む電力インフラの整備、カラチやペシャワールにおける都市交通整備等 67 件のプロジェクトが含まれる。中国からパキスタンへの融資額は、600 億ドルを超えるといわれている。

380 2021 年 9 月 13 日には、タリバンがカブール近郊のアイナック鉱山を視察した。中国企業は、2008 年に有望な銅鉱床があるこの鉱山の開発権を 30 億ドルで獲得したが、実質的な工事に着手していない。アフガニスタンには、未開発の鉱物資源が大量に埋蔵されているといわれている。

381 Nikkei Asia,https://asia.nikkei.com/Economy/(September 17, 2021)参照。2021 年 9 月 8 日に開かれたアフガニスタン周辺の外相会議において中国は、アフガニスタン側に穀物、防寒具、医薬品等 3100 万ドルの緊急支援を約束している。タリバンの報道担当は、記者会見で「中国とよい関係を築きたい」と主張している。その前に中国の呉江浩外務次官補は、タリバン幹部と電話で協議しており、「アフガニスタンへの友好政策を励行する」といった姿勢を示している。

382 JETRO,https://www.jetro.go.jp/biznews/2021/09/02332d5efe90ef65.html(September 21,2021)参照。この首脳会議には、加盟国とオブザーバー国の 12 カ国の首脳が参加している。アフガニスタン情勢をはじめ、新型コロナウイルス感染症(COVID-19)の感染拡大に関する協力等も話し合われた。イラン外務報道官のサイード・ハティーブザーデは、SCO への加盟(※2023 年 7 月に開催された SCO 第 23 回首脳会議にて正式加盟が承認された。) が認められたことを受けて「今回の決定は、近隣諸国との関係強化に向けた大きな一歩であり、我が国のアジア中心の外交政策の重要な推進力となる」と述べている。また、パキスタンの首相イムラン・カーン、インド首相のナレンドラ・ダモダルダス・モディ等もイランの SCO への加盟について祝意を述べている。

383 2021 年 9 月 22 日、イラン外務省関係者より聞き取り.

384 CSTO は、旧ソビエト連邦構成諸国による安全保障・領土保全を目的とする条約機構である。1992 年に集団安全保障の条約として成立している。2004 年に同機構に発展し、最高意思決定機関の集団安全保障会議は、加盟国の首脳により構成されている。ロシア・アルメニア・ベラルーシ・カザフスタン・キルギス・タジキスタン・ウズベキスタンの 7 か国が加盟している(2017 年現在)。1991 年 7 月に解散したワルシャワ条約機構(Warsaw Treaty Organization: WTO)の解散後、東欧の旧社会主義諸国が相次いで NATO に加盟したため、周辺地域への影響力を保持し、NATO に対抗するため、ロシアを中心として設立されたものである。

385 2022 年 9 月、ウズベキスタンで開催されたサマルカンド・サミットでは、イランが SCO の加盟に向けた覚書に調印しており、2023 年 7 月に開催された SCO 第 23 回首脳会議にて正式加盟が承認されている。

386　SCOの原加盟国は、中国・ロシア・カザフスタン・タジキスタン・キルギスとなっている。追加加盟国は、ウズベキスタン(2001年)・インド(2015年)・パキスタン(2015年)・イラン(※2021年9月に準加盟、2023年7月に開催されたSCO第23回首脳会議にて正式加盟が承認されている。)となっている。事実上、「欧米諸国の価値観と異なる反欧米主義」を貫いている。そのため、親中および親露寄りの外交姿勢を示している。中国の上海で設立されたため、「上海」の名を冠するが、本部(事務局)は、北京にある。冷戦時代の中国は、旧ソビエト連邦一国と長大な国境線を持ち、中ソ対立終結後の国境画定交渉で1990年4月に「中ソ国境地帯の兵力削減と信頼醸成措置の指導原則に関する協定」を結んだ。しかし、翌年1991年12月にソビエト連邦が崩壊したことで、中国は、多くの国と国境を接することになり、これらの旧ソビエト連邦圏の内情は、独立国家共同体(Commonwealth of Independent States: CIS)の影響力不足もあって非常に不安定であり、国家統制の及ばない武装勢力から国境を共同で管理して地政学的にもハートランドとして重要なこれらの国に一定の影響力を持つことで、長期的な安全保障を確立する必要があった。ロシアとしても「第二次天安門事件」で欧米諸国から武器の禁輸措置を受けた中国との軍事的協力関係を深めることで兵器を輸出し、人口と予算の規模の点でロシアよりも勝る中国との国境に兵力を配備する負担を減らす狙いもあった。また、資源問題でも石油と天然ガスの産出国であるロシアや中央アジアは、その消費国で成長著しい中国へのエネルギー輸出を強化したい思惑もあり、「国境地区における軍事分野の信頼強化に関する協定」(上海協定)の調印を目的に1996年4月26日に上海で集った上海ファイブ(中国・ロシア・カザフスタン・キルギス・タジキスタンの5か国首脳会議)がSCOの前身となっている。元々、SCOは、「テロリズム、分離主義、過激主義」に対する共同対処の他、経済や文化等幅広い分野での協力強化を図る組織であり、名目の上では、特定の国を対象とした軍事同盟ではないとされているが、発足から経過するにつれて次第に単なる国境警備やテロ対策の組織としての枠組みを越えつつある。SCOは、加盟国の拡大が続いている。2009年のエカテリンブルク・サミットでは、オブザーバー・対話パートナーだけでなく、客員参加国を含めた最大規模の会合となっている。SCOの正規加盟国の領域は、発足当初、中国以外は、ロシアや中央アジアといったユーラシア経済共同体の国々のみだったが、インド・パキスタンの正規加盟に伴ってユーラシア大陸の約5分の3の国々が加盟を希望するようになった。加盟国の総人口は、約30億人を超える規模で世界人口の半分近くを占め、面積と人口では、世界最大の多国間協力組織となっている。中国・ロシア・インドといったユーラシア大陸における潜在的超大国を抱え、東南アジア諸国連合(ASEAN)、モンゴル・アフガニスタン・イラン・トルクメニスタン・トルコも様々な形で参加する等、北アジア・西アジア・中央アジア・南アジア・東アジアに勢力を広げて一大連合体に発展する可能性を持つSCOは、いずれ欧米主導のNATOに対抗できる勢力として成長することをアフリカやラテンアメリカ等の発展途上国(G77プラス中国)から期待されている。SCOは、ウズベキスタンに駐留するアメリカ軍の撤退を要求する等、米国との対立路線を明確にしている。過去のSCOサミットでは、度々、間接的に米国への反感が示されている。2009年のサミットでは、イランのマフムード・アフマディーネジャード大統領が米国を痛烈に批判しており、対米同盟としてのSCOに強い期待を寄せる演説を行っている。2008年には、客員参加枠が新たに設立され、加盟申請で留められていたアフガニスタンがASEANやCIS等統合を検討している国家連合の代表等と共に会議参加を許可されている。その後、2012年にアフガニスタンは、オブザーバーとなっている。2021年9月のタリバン政権の復権後、アフガニスタンは、SCOへの正規加盟向けた手続きを進めている。SCOへの加盟の希望については、年々増加の一途を辿り、2004年のモンゴルに始まり、2005年には、インド・パキスタン・イランがオブザーバー出席の地位を得た。加盟要請には、正規加盟やオブザーバーになるのに必要な資格となる対話パートナー等の段階的な参加制度を設ける事で対処している。2012年には、アルメニア・アゼルバイジャン・バングラデシュ・ベラルーシ・ネパール・スリランカが加盟を申請し、2013年には、トルコも正規加盟を要請し、2015年にアルメニア・アゼルバイジャン・スリランカ・ネパール・カンボジアが対話パートナーとなり、ベラルーシは、対話パートナーからオブザーバーに昇格した。2014年には、加盟国の拡大に向けた合意文書を採択し、2015年にインドおよびパキスタンの正規加盟が決まった。2015年から2019年にかけてシリア・エジプト・イスラエル・カタール・バーレーン・イラク・サウジアラビアといった中東諸国の参加申請も発表され、このうちサウジアラビア・カタール・エジプトが2021年9月に対話パートナーとして参加することになった。そして、イランの正式加盟(※2021年9月に準加盟、2023年7月に開催されたSCO第23回首脳会議にて正式加盟が承認されている。)が認められた。2022年9月には、新たにアラブ首長国連邦・ミャンマー・クウェート・バーレーン・モルディヴが対話パートナーとしての参加が決まった。今後、正規加盟国の増加は、十分に考えられる。オブザーバー国の多くも正規加盟を希望している。

387　2021年9月、アフガニスタンにおけるタリバン政権関係者より聞き取り。

388　イランは、国際連合による制裁下では、正規加盟が許されず、イラン核合意がなされて以降、ロシアと中国は、イランの加盟を支持したものの、タジキスタンの反対で正式加盟が認められなかった。その後、2021年9月のドゥシャンベ・サミットにてイランの正式加盟が認められた。オブザーバーは、次のとおりである。モンゴルは、2005年に参加しており、インド・パキスタン・イランに先駆けてオブザーバーの地位を獲得した。ベラルーシは、2009年に参加しており、エカテリンブルク・サミットにて対話パートナー資格を獲得した後、2015年にオブザーバーに昇格している。アフガニスタンは、同時多発テロ事件後、同国への米国の介入を招いたことで、正規参加はおろか、オブザーバーや対話パートナーも却下されている。しかし、2011年にロシアが「オブザーバー・対話パートナー昇格への協力を行う」と表明した後、2012年にアフガニスタンは、オブザーバーとなっている。対話パートナーとは、2002年6月7日に決定されたSCO憲章第14条に基づき、2008年に拡大する新規加盟・オブザーバー申請国を受け入れる枠として設けられたものであり、「加盟国・オブザーバーと同じ目標や信念を共有するパートナーであり、対話を通じて協力体制を確立する事を望む国」と定義されている。2012年に対話パートナー資格を獲得したトルコは、SCOの全参加国の中で唯一のNATO加盟国である。

389　タジク人は、スキタイ遊牧民の東イラン系に由来するタジキスタン、アフガニスタンを中心に居住するペルシア系民族である。アフガニスタンに860万人以上、タジキスタンには、585万人以上が居住している。「タジク」とは、ペルシア語で「王冠」を意味する"Taj"に由来する。現在のタジク人の宗教は、イスラム教のスンニ派が主流である。しかし、シーア派のイスマーイール派に属する者もいる。これは、イランにおけるペルシア人が主にシーア派の十二イマーム派であるのとは、異なる。タジク人は、平野タジク人と山岳タジク人の2つに分かれている。平野タジク人は、比較的早期にパシュトゥン人の王朝に服従しており、その大部分は、スンニ派である。平野タジク人は、王権中枢を構成する集団以外のパシュトゥン系集団への対抗勢力の兵士としても利用され、その上層部の中には、王国における文書行政官僚若しくは、軍人貴族を形成する者もいた。山岳タジク人は、非常に独立精神に富み、かつ好戦的であり、パシュトゥン系王朝に対して反抗的であり、アフガニスタンの歴史を通して、多くの反乱や戦争に関わってきた。山岳タジク人は、スンニ派若しくはシーア派に属している。旧ソビエト連邦のアフガニスタン侵攻や、その後の内戦の際には、「英雄」として今でもタジク人から尊敬されているアフマド・シャー・マスード等のような有能なタジク人の野戦指揮官を多数輩出している。旧ソビエト連邦の撤退後、タリバンが台頭すると「タジク人は、タジキスタンへ帰るべきだ」としてアフガニスタン国内において弾圧を受けるようになった。

390　ロシアによるクリミア併合は、国際的にウクライナの領土とみなされているクリミア半島を構成するクリミア自治共和国・セヴァストポリ特別市をロシアの領土に加えるものであり、2014年3月18日にロシア、クリミア、セヴァストポリの3者が調印した条約に基づき実行された。クリミアとセヴァストポリにおける住民投票、独立宣言、併合要望決議、そしてロシアとの条約締結という段階を踏んで併合宣言が行われたが、国際連合やウクライナ、そして、日本や欧米諸国等は、主権・領土の一体性やウクライナ憲法に違反していることを理由に、これを認めておらず、ロシアによるクリミア併合は、国際的な承認を得られていない。

391　ロシアによるウクライナへの軍事侵攻後、日本を含む欧米諸国は、ロシアに対して厳しい経済・金融制裁を科し、半導体等の戦略物資のロシアへの輸出停止やロシア産資源の輸入停止等を行った。金融面では、ロシアの個人・企業・銀行(中央銀行を含む。)の資産凍結や一部銀行の国際決済網からの排除等を挙げることができる。経済・金融制裁は、ロシアの物資・戦費調達を困難にし、経済・金融面から戦争継続を難しくさせることを目的としている。ロシアにとっては、日本を含む欧米諸国との貿易縮小や輸入品の価格上昇を通じて実体経済にマイナスの影響が及ぶことが想定される。また、経済・金融制裁に伴って、外資系企業がロシアでの事業停止やロシアから撤退することは、生産力の低下に繋がる可能性がある。一方で、戦争開始から天然ガス価格等が高騰していることから、ロシア側に立てば主要輸出品目の価格上昇は、交易条件の改善を通じて実体経済にプラスの恩恵を得ることができる。戦争が長期化し、日本を含む欧米諸国の制裁やロシア側の対抗措置が強化される中で戦争開始後のロシアの実体経済に関するデータも明らかになっている。ロシアは、石油および天然ガスの主要輸出国としての存在感が大きく、資源輸出が経済成長の原動力になっている。ロシアは、石油および天然ガスを武器に欧州諸国に揺さぶりをかけることができるが、石油および天然ガス輸出の減少は、ロシア経済の低迷に直結する。ロシアにとって経済制裁により輸入が困難になったモノやサービスについて、質が悪化したとしても、輸入品から国内品への代替が進み国内需要が増加している。消費者の満足度は、低下するかもしれないが、ロシアの国内生産は、増加し、GDPを押し上げる可能性がある。しかし、輸入品の価格上昇や生産力の低下により生産コストが増加しており、物価が上昇すると購買力が低下して、逆に国内生産が減少する可能性もある。

392　2022年10月、ロシア産天然ガスの輸入が滞っている中で、ドイツの元首相のアンゲラ・ドロテア・メルケルは、「環境問題への配慮を踏まえ、原子力発電若しくは石炭火力発電のどちらかを選択することが迫られている中で、ロシア産天然ガスをノルド・ストリーム・パイプラインにて輸入し、拡大してきたエネルギー政策に誤りは、ない」と主張している。

393　(Anderson 1987）参照。中東諸国は、長い間、政治制度と経済構造の関連についての理論的研究の対象外とされてきたが、1980年代後半になってこの種の問題を取り扱う枠組みとして、「レンティア国家論」が登場してきたといえる。

394　(Kennedy 2021）参照。

395　1993年8月、筆者は、米国の首都ワシントンD.C.にあるアメリカン大学に降り立った。この大学にて国際関係学を学ぶためである。早朝、講堂の前に広がる広場を歩いていると30年前の1963年6月10日、同じ場所にて開催されたアメリカン大学の卒業式において当時、ケネディが行った演説「平和のための戦略(The Strategy of Peace)」が聞こえてくるようであった。

筆者紹介

Dr. Abe Masato

安部雅人

1970年8月12日、山形県米沢市生まれ。
山形県立米沢興讓館高等学校卒業。
在学時は、山形県立米沢興讓館高等学校応援団幹事会・応援団幹部副団長として活躍する。
中央大学法学部政治学科卒業。
在学時は、中央大学体育連盟應援部副團長兼リーダー部長として活躍すると共に石川敏行教授主宰の行政法ゼミナールVSIのゼミ長として「文武両道」に励む。
東北大学大学院国際文化研究科国際地域文化論専攻イスラム圏研究講座博士課程前期修了。
東北大学大学院農学研究科国際資源政策学講座資源環境経済学専攻資源政策学分野博士課程後期修了。
博士(農学)(※国際開発学)。
高等学校教諭一種免許状(地理歴史・公民)、中学校教諭一種免許状(社会)、小学校教諭一種免許状、学校図書館司書教諭の修了証書を取得している。
2020年9月3日、一般社団法人日本安全保障・危機管理学会奨励賞受賞(永世名誉会長：安倍晋三(当時)内閣総理大臣)。
2022年3月28日、東北電力NW宮城支社長奨励賞受賞(「地域の大学での講義を通じた地域貢献」)。
所属学会：一般財団法人日本国際政治学会、一般社団法人日本安全保障・危機管理学会、国際開発学会(社会的連帯経済研究部会会員)。

　メキシコ国内において国公立大学における教育プログラムとして法制化されて長年実施されているMultidisciplinary Community Social Service Brigade(「地域社会サービス事業」)に着目し、メキシコ外務省の国費招聘により、メキシコの国立工科大学(National Polytechnic Institute ： IPN)にて行われているMultidisciplinary Community Social Service Brigade(「地域社会サービス事業」)の各種プログラムに従事すると共に現地調査によって得られた知見を基に考察することで、その特質を明らかにしている。

　東北大学大学院国際文化研究科国際地域文化論専攻イスラム圏研究講座博士課程前期に在学中は、アゼルバイジャンの国立外国語大学およびジョージアのトビリシ自由大学にてコーカサス研究に従事し、国際政治の舞台におけるナショナル・インタレストをめぐるパワー・ポリティクスの観点からカスピ海周辺地域における石油および天然ガス開発を分析すると共にパイプライン・プロジェクトに係るカスピ海周辺諸国、その他関係諸国、メジャー・商社、国際機関等の行動に着目し、国際レジームの観点から考察することで、その特質を明らかにしている。学位論文(※修士論文)は、「ユーラシア政治地理の新しい構図 ―カスピ海エネルギー資源開発と地域再編成―」となっている。現在でも、同じ観点からユーラシアにおける天然ガス市場に対するロシアの天然ガス輸出戦略について、ウクライナ情勢等も踏まえながら研究分析を行っている。

　他方、東北大学大学院農学研究科国際資源政策学講座資源環境経済学専攻資源政策学分野博士課程後期に在学中は、発展途上国を対象とした持続可能型開発について社会システムの観点から考察することで、その特質を明らかにしている。具体的には、都市部と地方部との間で経済格差がさらに拡大するという社会的矛盾がみられるベトナムに着目し、これまで貧困緩和のために発展途上国に対して行われてきた地方電化事業の援助形態の特質を踏まえながら、ベトナムの北部山岳部地域を中心に進められている地方電化事業について研究分析をしている。その結果、発展途上国において持続的で汎用性のある地方電化事業を進めていくためには、①技術伝達・選択、②制度設計、③住民参加といった3つの要素が重要であることを解明すると共にエンパワーメントが大きな役割を果たしていることを見出している。学位論文(※博士論文)は、「ベトナムの農村電化における技術移転に関する研究」となっている。

　公益財団法人東北活性化研究センター地域・産業振興部主任研究員、尚絅学院大学非常勤講師等に従事する。

　現在、東北大学大学院農学研究科次世代食産業創造センター主管の東北大学復興農学マイスター・東北大学IT農学マイスターとして国際開発学および国際政治学の研究に努めている。

　専門は、国際開発学、国際政治学、国際資源政策学。

　代表論文は、「ベトナム北部地域における再生可能エネルギーによる地方電化政策に関する研究」(『国際文化研究』第11号)、「カスピ海周辺地域におけるエネルギー資源開発の戦略的構造―パイプライン・プロジェクトの事例を中心に―」(『国際文化研究』第12号)、「ロシアにおけるエネルギー戦略の新外交機軸ー欧州を巡るロシア産天然ガスの輸出戦略を中心にー」(『安全保障と危機管理』Vol.47、Vol.49) 、「日本の農村社会における地域社会サービス事業の実施および地域活性化の可能性ーメキシコにおける地域社会サービス事業の観点からー」(『安全保障と危機管理』Vol.53、Vol.54、Vol.55)、『東北発・新型アグリツーリズム』(共著、公益財団法人東北活性化研究センター)等がある。

　なお、筆者の思想信条は、次のとおりである。
教育の理念　Carpe diem. Seize the day,boys and girls. Make your lives extraordinary.
座右の銘　　自反而縮雖千萬人吾往矣.
人生の真髄　Nur wer die Sehnsucht kennt, Weiß was ich leide! Allein und abgetrennt Von aller Freude, Seh' ich ans Firmament Nach jener Seite.

人新世における失われた世界の未来
米国社会の分断と中国社会の権威主義を中心に

The Future of Lost World in Anthropocene
Focusing on Division of American Society and Authoritarianism of Chinese Society

2024年3月30日　　初版第1刷発行

著　者　　**安 部 雅 人**
　　　　　URL：https://researchmap.jp/dr.masato

発　行　　**株 式 会 社　　三 恵 社**

〒462-0056　愛知県名古屋市北区中丸町2-24-1
TEL：052(915)5211
FAX：052(915)5019
URL：https://www.sankeisha.com